未読
UnRead
–
思想家

# 大加速
# THE GREAT
# ACCELERATION

## 为什么我们的
## 生活越来越快？

### HOW THE WORLD IS
### GETTING FASTER
### FASTER

［英］

罗伯特·科尔维尔

著

张佩

译

ROBERT COLVILE

北京联合出版公司
Beijing United Publishing Co.,Ltd.

献给我的父亲
你教会了我如何放慢脚步
安德烈娅
你让我心跳加速

# 目录

## 第三章　方便快捷的交友套餐

## 第四章　速度裹挟艺术

## 第五章　今天的明日要闻

## 致 谢

# 引言

**一切物体皆在运动、奔跑、急速变化。**

**——未来主义画派的技巧宣言**

下次你走在街道上，请留意行人的脚步。不消片刻，你便会发现，无论你身在何处，周围的行人是多是少，他们都是一个紧跟着一个地向前行进。你可以想办法打破这种模式，刻意加快或放慢脚步；可稍有懈怠，你就会发现，自己只有步幅大小有所变化，步速依然和周围人一致。

仔细想想，你可能会感到不可思议。我们对节奏与生俱来的感知是如此之强烈，内在的节拍是如此之强劲，以至连意念都无法与之抗衡。即使你耳朵里插着耳机，听着音乐，情况也不会有什么变化。也许你的手机正放着舒伯特的曲子，而在一侧行走的人正在听Jay-Z的饶舌歌曲，但你们的步伐还是会完全保持一致。

我们之所以会不自觉同步，是因为一种叫作"节律同步"（entrainment）的生物学现象。在其影响下，生物体的生理节奏无意识地相互调节，达成一致。正是因为这股神奇的力量，燕子整齐划一地在天上盘旋或俯冲；猕猴加快或放慢交流的速度，去适应同伴们的节奏。于是我们很自然地认为，我们之所以会在步行时不自觉地和周围人同步，是因为在我们体内有某种像心跳那样的原始生理节奏。但其实，真正的原因在于我们所处的环境。人们所处的地点不同，步速也会有所不同：有时我们的步子像蜗牛一样缓慢，有时我们的步子像野兔一样飞快。

决定我们步速最关键的因素是我们所处环境的特征。而城镇越大，居民走路越快。有人曾说，19世纪普通纽约人走路时，"总像是前有可口的晚餐在等着他，后有警察在追赶他"。如今，在城市长大的孩子逛超市的速度，是小城镇长大的孩子的两倍，后者花在和超市工作人员沟通或查看商品上的时间，要比前者多出许多。不仅如此，如果你让人们注意一定时长的声音停顿，来自人口逾百万城市的人声称停顿的长度，是那些来自农村的人所感受到的两倍。

但是，这种差异的形成因素并不只是取决于社群大小，还取决于社群文化。一位来自美国加利福尼亚州的心理学家罗伯特·V. 莱文（Robert V. Levine）来到巴西休假。在休假期间，他发现美国人对守时的重视与当地悠闲的文化格格不入。于是他决定集中研究世界各地生活节奏的差异。20世纪90年代初，他和他的学生历时三年，前往31座不同的城市，测量了各种与生活节奏相关的差异。

他们的研究显示，一个国家经济越发达，工业化程度越高，文化越倾向个人主义，这个国家的生活节奏就越快。西欧和日本忙忙碌碌，而非洲和拉丁美洲却悠闲散漫。美国范围内，东海岸节奏最快，西海岸次之，而中部地区则慢悠悠地跟在后面。

然而，文化会随着时间改变，与此同时，生活节奏也会跟着发生变化。2006 年，一位来自英国的心理学家理查德·怀斯曼（Richard Wiseman）在英国文化协会（British Council）的协助下，再次进行了莱文的实验。该协会在全世界 32 个城市的职员在 8 月的一天走上街头，像 10 年前莱文的团队所做的那样，他们在各自城市的中心地带标出一段 60 英尺（约 18 米）的无障碍人行道，然后端杯咖啡，开始用秒表计时。

这项实验发现，世界各地的行人走过同一段路所花的时间，整体上比 20 世纪 90 年代初减少了 10%。尤其值得注意的是，亚洲的城市也不幸中了这种叫作"速度"的传染病。莱文当年曾惊奇地发现，虽然东方繁荣喧闹的城市一直以匆忙著称，但那里的生活节奏远没有僵化的旧欧洲快（他提出的解释是因为东方城市的气温更高）。不过，在两项实验中间的那些年里，新加坡和广州的生活节奏从排不上名次，到和最匆忙的西方首都不相上下——这种趋势正如亚洲经济先是学习西方高度活跃的气质，然后将这种气质变得更强一样。发展中国家在美国和欧洲的大规模文化帝国主义影响下，似乎不仅学到了个人主义和消费主义的文化特色，还被传染了忙碌感。


## 大加速


用哪个形容词描述我们的社会正在经历的变化最为确切呢？我们的生活更公平、更平等、更富足了吗？不是。正如以上实验所显示，我们的生活最显著的变化是节奏越来越快。这是我们中的许多人都在亲身经历的现实。比如说，这本书之所以诞生，就是因为我意识到逐渐加快的不只是我们的电子设备，也不只是我们的工作节奏，我从事的媒体行业，以及我负责报道的政治制度，都在经历迅猛的变化。新趋势、新概念、新危机似乎眨眼间就会出现。我和我的朋友都感到根本没时间放缓脚步，休息放松。

随着我对这一现象研究的深入，我越发意识到这一切都息息相关。科技正在使不同领域的生活变得更方便、更快捷、更无摩擦，尤其是当越来越多的摩擦被迁移至网络上的时候。人们热议的网络对大脑的影响或人类对地球资源的过度使用等问题，其实都是同一基本现象的不同体现，我把这一现象称为——**大加速**（great acceleration）。

这种加速通常让我们有失控感。曾经，在处理日常事务时，我们的祖辈闲庭信步，我们的父辈大步流星，如今，我们连跑带跳。有关时间利用的研究显示，智能手机已成功将我们拴在了工作上，从办公室带回家里的工作越来越多。就如同"节律同步"现象——所有人都步伐紧凑地在同一节奏中前行——所昭示的那样，我们在工作中无意识地、本能地去追赶最快的那个同事的节奏。

1990 年，49% 的欧洲人感到工作安排过重。到 2000 年，这个数字上升到了 60%，而那些感觉工作忙碌的人出现背部或肩颈疼痛等常见压力症状的可能性是一般人的两倍。在电子设备和管理层的连番刺激下，我们陷入了一种近乎无限期的"战或逃"状态。儿童与青少年中出现焦虑以及精神健康问题的人数正在逐渐攀升，许多人认为儿童与青少年的生活节奏加快是导致这种现象发生的主要原因。

心理学家斯蒂芬妮·布朗（Stephanie Brown）认为，在美国，"忙乱的生活方式已经成为一种嗜好。人们像疯了一样地争取做更多事，努力保持在线，随时待命，对新任务照单全收"。速度代表进步和成功，而慢下来则无异于遭受失败和亏损。为了找回某种控制感，我们又陷入了其他嗜好——食物、赌博、电脑。她哀叹道："对很多人来说，他们与科技和速度之间的关系要比人际关系更重要，有些甚至已经取代了人际关系。"

与此同时，在我们的社会，速度不仅随处可见，而且还备受尊崇。坐落在硅谷的公司争先恐后想成为变化最快、最具颠覆力的公司。一项研究分析了 20 世纪 60 年代以来寄出的圣诞群发信件，发现不仅"忙乱""耗尽""拼命"一类字眼的使用频率明显上升，而且这些字眼的使用是为了表明自己的价值，几乎带有一种炫耀的意味。小说家乔纳森·弗兰岑（Jonathan Franzen）就曾描述过一个"像资本主义一样躁动不安"的社会。

随着生活节奏加快，我们的忍耐阈值逐渐降低。1999 年，只要网站页面加载时间长达 8 秒，就会失去三分之一的访问量。到 2006 年时，只需 4 秒，就能让网站损失同样多的访问量。如今，页面加载超过 2 秒的网站会被谷歌公示。心理学家菲利普·津巴多（Philip Zimbardo）在《今日美国》（*USA Today*）的读者中间进行过一次调查，该调查发现，人们对任何一种烦心事（比如排队等候或塞车）产生的愤怒情绪或挫败情绪，在过去的二十年里猛增。

发生变化的不仅是我们的生理特征，我们的经济也正在经历让许多人担忧的变化。工业上颠覆性和自动化的进程，电脑对人力的替代，正使一个又一个产业陷入混乱。先是工人阶级发现电脑能以更高的效率、更低的成本完成他们的工作，现在中产阶级发现同样的事情也发生在了他们身上。约翰·梅纳德·凯恩斯（John Maynard Keynes）将这种现象称为"技术性失业"（technological unemployment）。这一切似乎都在表明，科技进步越快，随之而来的混乱我们就越难以应对。

**但这本书的中心论点是：加速不仅是件好事，而且是我们主动的选择。**我们并非单纯是某种巨大而无情的力量的被动受害者，大加速是我们的集体选择。渴求新奇、热爱速度、追求便利是我们作为人类的天性。在快节奏地区生活的人虽承受了各种各样的压力，但他们对自己生活的满意度更高。正如莱文发现的那样，"总体节奏较快，能充分反映出一个国家各个层面的经济状况和普通公民的经济状况，以及人们是否能够满足自己的最低需求"。换言之，我们将会看到，那些奔波于国际大都市的人通常都步伐轻快。

确实，快节奏的生活充满压力和不确定性，我们时常因此感到压抑，但它还有同等重要的积极一面。正如《经济学人》（*Economist*）杂志的运营编辑兼专栏作家阿德里安·伍尔德里奇（Adrian Wooldridge）所说："创造性破坏的风暴将我们吹向了更好的地方。"加速所带来的繁荣甚至超过了乐观主义者的想象。2003年，高盛经济学家吉姆·奥尼尔（Jim O'Neill）和他的同事在一份报告中预测，权力和财富将迅速从西方转移到东方。这份报告使用了"金砖四国"（BRIC）这一概念，指代未来将在全球事务中扮演重要角色的四个新兴国家，即巴西、俄罗斯、印度和中国。奥尼尔和同事预测，到2008年，中国的国内生产总值将高达2.8万亿美元，而事实上，2008年中国国内生产总值已逾4.3万亿美元。同样，巴西的国内生产总值也比他们预测的高出了2.5倍。经济的持续加速发展让数十亿人得以摆脱贫困。

2011年，亚当·高普尼克（Adam Gopnik）在《纽约客》（*New Yorker*）杂志的一篇文章中称，科技评论者分为三大派，"拍手叫好派"（Never-Betters）、"扼腕叹息派"（Better-Nevers）和"从来如此派"（Ever-Wasers）。他写道："'拍手叫好派'认为，我们正走向一个新的乌托邦时代，到那时我们将实现信息自由和信息民主，新闻自下而上产生，爱会统领一切，饼干自动烘焙。"而"扼腕叹息派"时常抱怨那些旧规则和旧习惯的遗失，借此表达对英国独立党或美国茶党的支持。与此同时，"从来如此派"明智地指出，自贝塞麦转炉炼钢法发明以来，科技的加速发展已是无法改变的事实，而且人们对其所作的反应自始至终惊人一致——拥抱一切加快生活节奏的机会，与此同时，每向前一步都充满抱怨。

"从来如此派"是想表达：生活节奏加快这一现象存在了多久，我们对其是好是坏的争论就持续了多久。那些对家人玩 iPad、看电视、彼此不交谈而感到忧心的人应该找出 1907 年的《教育期刊》（Journal of Education）看看，其中就有一期抱怨道，"我们的现代家庭是这样的，大家安静地围着火炉坐着，每个人手里捧着最喜欢的杂志，全神贯注地看着"。约翰·弗里曼（John Freeman）也在《电子邮件的暴政》（The Tyranny of E-mail）一书中描述了众多发生在过去的烦心事，对于浸淫当今网络文化的人来说，这些事听起来熟悉到不可思议。比如，垃圾邮件并不新鲜。G. S. 史密斯（G. S. Smith）在 1868 年雇用了 430 名员工，让他们全体出动发放了大量让人讨厌的广告传单。尼日利亚电邮诈骗也不新鲜。活跃于 19 世纪 80 年代末的英美"财产认证机构"通知天真的美国佬，英国的亲戚给他们留下了一笔遗产，有时甚至是不动产，而他们只需要交笔小小的手续费就能认领。网络暴力也不新鲜。明信片刚出现没多久，人们就普遍抱怨，有些明信片没有署名，但上面写满了"极其傲慢或侮辱性的话语"。

然而，仅仅因为这些争论由来已久，并不能说明它们无关紧要。在人类活动的各个领域，变化的速度正在加快。如果我们像硅谷的某些人那样被科技的潜力迷得神魂颠倒，我们就会无视飞速发展的经济和社会所带来的真正危害。同理，如果我们只盯着科技不好的那一面，我们也会错失绝佳的机会。

100兆的物联网、自动驾驶的汽车、逼真的虚拟现实、正在普及的3D打印、在我们尚未察觉时诊治疾病的医用纳米机器人，面对这些似乎很快就会进入我们生活的科学技术，只有最执拗的因循守旧者才会毫不激动。与此相对，我们对地球资源的贪婪开采，我们可能会创造出极具智慧但损害人类利益的机器，诸如此类会迅速让人类自取灭亡的方式也越来越多。面对这些，只有最没心没肺的乐天派才会毫不担忧。

## 本书的七个主题

这本书主要讨论的并不是科技本身，而是人的本性以及我们的本性对科技发展的反应。每一章都探讨一个不同的社会层面在加速的作用下发生的改变。需要说明的是，已有前著着重讨论过生活节奏的加快，比如詹姆斯·格雷克（James Gleick）的《越来越快》（Faster），这本书首次尝试将生活节奏加快的相关话题串联起来，并且说明了其影响遍布社会生活的方方面面。

为此，本书将在第一章讨论科技的加速发展，以及现代商业的节奏如何日益加快；第二章讨论大加速对我们的大脑以及身体所产生的影响；第三章讨论大加速对我们的社会生活和感情生活的影响，比如我们的生活方式、工作方式，以及养育儿女方式的变化；第四章追溯了大加速对大众文化的影响；第五章和第六章探讨大加速对媒体与政治造成的令人不安的影响；第七章和第八章着重关注金融市场以及全球贸易与物流体系；第九章讨论所有这些贪婪的活动对自然世界造成的影响。本书结尾部分探讨大加速会将我们带向何处——也许是一个充满人工智能、人造生命，乃至人造人的世界。

这些探讨论证了以下七个主题，这些主题将在本书中反复出现。

**第一，大加速利大于弊，但其弊端的出现更具急剧性。**尽管股市长年累月地缓慢上涨，我们更在意的却是某一天它突然下跌10点。我们为手机对孩子大脑的影响感到忧虑，对手机为人与人之间的联系带来的巨大便利却不甚在意。

**第二，生活节奏加快正在助长招摇与肤浅。**不过，也有越来越多的人需要能帮我们停下来喘口气的产品和服务，比如电影、书籍、水疗。真正被市场淘汰的是介于快与慢之间的产品，这些产品或服务既不够快捷，又没慢到能让人沉浸其中。虽然许多生产商因此格外倒霉，但对消费者来说，这是件好事。

**第三，与这种快慢两极化相似的还有大小的两极化。**无论是在科技业、出版业还是在大众文化中，大加速都造就了一大批活跃的、颠覆性的创新者。不过，大加速也缔造并奖励了个别巨头，他们精通速度之道，在行业中取得了成功，并最终支配该行业的生态系统，统领行业中机敏的小经营者。这个世界不属于鬣狗，这个世界属于狮子和苍蝇，既非巨擘通才亦非小众专家的人会逐渐被这个世界淘汰。

**第四，享受变化越来越快带来的好处，就要付出越来越难以预测的代价。**世界变化、日新月异的确令人激动，但这也意味着这个世界正如卡尔·马克思在《共产党宣言》里所描述的："生产的不断变革，一切社会状况不停的动荡，永远的不安定和变动。"

**第五，难以预测的代价中包含着脆弱的代价。**随着变化的节奏加快，我们适应的余地在减少，这就意味着，发生灾难性错误的可能性在增加。准时送达的物流系统能让我们享受到更便宜的商品和更优惠的食物，但也会为我们带来惊吓和混乱。网上搬家服务简单便捷，却也容易被非法侵入。同样，金钱、想法和病原体因为缺少阻碍，能在世界范围内轻松传播，这意味着灾难会在我们尚未察觉时蔓延，我们根本来不及作出反应。

**第六，促成大加速的种种趋势相互依存。**我们被城市生活的快节奏吸引，来到城市——城市生活提高了我们的创新力和生产效率——更高的创新力和生产效率产生更好的技术，带来新的思路——这些让我们的生活节奏变得更快，并且让我们更富裕——随着我们变得更富裕，我们也变得更加都市化。以此类推，类似的反馈回路一次次不断地发生，每一次都在进一步加快我们这个时代的节奏。

**第七，也是最后一点，这个新世界未必是公平的。**借用赛车手迈克尔·舒马赫（Michael Schumacher）的话："对于完美的事物来说，速度是一种统治力；对不完美的事物来说，速度是一种毁灭力。"那些不善于对加速做出反应的人或机构会深受其苦，而那些愿意并且（尤其重要的是）能够适应这种加速的人或机构，会从能提高他们的思维能力和行动速度的那些运行速度更快的设备、更强化的生物技术中获得巨大的收益。

在这本书英文版初版发行的一年时间里，世界的加速度又有所加剧。大西洋两岸的欧美民众对这种加速的反对情绪也更加高涨。

因为这些动荡，要想说服人们相信未来是光明的，也变得更加困难了。

　　总的来说，大加速对人类来说仍是件极好的事情。虽然它的好处分布并不均匀，它所带来的危害也几乎和它带来的机遇一样大，但这也是为什么懂得如何消减变化的最差后果、拥抱变化的最佳效果从未如此重要的原因。我们无法阻止这种加速，但我们能利用其巨大的潜力来满足我们的需求。**我们面前有两个选择，要么建设有史以来最伟大、最富足的社会，要么继续自私贪婪、自取灭亡。我们到底会选哪条道路，要看我们是甘于沦为受困于大加速的奴隶，还是力争成为引导大加速的主人。**

# 第一章
## 永不停息的革新

Chapter One

**任何值得做的事都值得做得更快。**

——黑莓平板电脑的广告口号

"谷歌已死。"比尔·阮（Bill Nguyen）说这句话时漫不经心，几乎可以说是轻率，反正不像是宣布真相，倒像是提起尽人皆知的消息。他仿佛在说：什么，你们还不知道吗？

那是 2011 年 5 月，这个打扮利落、彬彬有礼的小个子越南裔美国人是科技行业的新贵。他在 40 岁之前创办了多家成功的公司，最近的一家则被苹果公司收购。他刚为新建的照片定位分享网站 Color 筹到 4100 万美元的资金。这家网站受到大肆炒作，被吹捧为"奇迹""变革"，有可能打败谷歌和脸书（Facebook）的新新事物。英国《每日电讯报》（*Daily Telegraph*）邀请他前往伦敦总部，向报社记者发表演讲，他答应了，这被报社管理层视作一件了不起的重要成就。

阮的这句话基本上是在说，网络正逐渐偏离谷歌开创的自动模式，转而采用脸书所使用的社交模式，即你所看到的网络内容是你的朋友从他看到的内容中选出来的。他这句话还隐约暗示，谷歌的魔力已经消失，已不再是科技行业最酷的公司。比谷歌更有活力、发展更快、理念更时髦的新公司正蓄势待发，随时准备将其取代，比如他创立的 Color。

我们把时间往前快进几周。很明显，Color 惨遭失败，华丽的失败。阮的态度发生了惊人的转变，他不得不承认，他想吸引的用户群已在脸书安家，并且无意搬迁。在接下来的数月里，Color 被彻底重建，最终不过是成为脸书庞大的生态系统中的又一款应用。一年半内，这家公司将会彻底关闭。

这个故事讲的只是高层的狂妄自大吗？还是它仅仅是在告诫我们，硅谷那些痴迷新奇的投资者和创业者有多糊涂？恰恰相反。这个故事让我们认识到商业界所奉行的颠覆性创新文化的一些极其重要的方面。我们将在本章看到，这种文化推崇野心、速度以及能改变世界的想法。在其影响下，成功的回报比以往任何时候都要高，失败的代价也比以往任何时候都要低。最重要的一点是，这种文化建立在科技发展的加快、商业运作的加快，尤其是消费者品位和需求更新加快的基础之上。

## 芯片改变一切

Color 和许多科技公司一样，其运营的核心理念是速度。它的APP 的思路是，仅仅使用手机，你就能拍摄高清数字图片，并让它瞬间出现在身处另一个大陆的朋友的屏幕上。

这个想法现在看起来平淡无奇，但在当时很新奇，因为它需要依赖前所未有的计算能力和数据传输速度。

**计算机运算能力的迅速升级是驱动大加速的最显著因素。**关于这点，最著名的例子是摩尔定律（Moore's Law）。1965年，芯片制造商英特尔的创始人之一戈登·摩尔（Gordon Moore）提出，单个集成电路上可容纳晶体管的数量一直是每两年翻一番（最初的表述是每年翻一番），而且会持续以这样的速度增加。对于计算机行业来说，这个预言已经应验：在过去的二十年里，全球计算能力每年增长58%。因此，虽然今天个人电脑的价格是1981年的六分之一，计算能力却是当时普通电脑的五百倍；因此，现在你家冰箱的计算能力可能已经超过了阿波罗11号宇宙飞船的计算能力。

迅速增长的不只是一般的计算能力。美国未来学家、技术专家雷·库兹韦尔（Ray Kurzweil）表明，包括计算能力、数据传输、记忆存储在内的几乎所有技术指标都能适用他所谓的"加速回报定律"（law of accelerating returns），在其影响下，这些指标以指数倍增长，而非线性增长。他说，想象一下某个国王要奖赏发明象棋的人。狡猾的发明者要求国王以指数的方式奖赏他，即在棋盘的第一格上放1粒大米，第二格上放2粒，第三格4粒，第四格8粒，以此类推。当米袋刚搬进来时，皇帝还觉得自己占了便宜，但逐渐地，指数曲线的效果明显起来。截至最后一格，皇帝要奖赏这位发明者 $2^{63}$ 粒大米，也就是9223372036854775808粒，约重2500亿吨，相当于胡夫金字塔重量的四万倍。

摩尔定律和加速回报定律的威力常人可能难以想象。用技术专家杰伦·拉尼尔（Jaron Lanier）的话说，就是"打个比方，你跪下来种下一粒树种，还没等你站起身，这棵树已经长到你整个镇子那么大了"。

要想见证这一现象发挥作用，其中一个最佳去处是瑞士日内瓦的欧洲核子研究中心（CERN）。这个地方因为是大型强子对撞机的所在地而闻名科学界，因为蒂姆·伯纳斯－李（Tim Berners-Lee）在此发明万维网而闻名科技界（如果你观察得足够仔细，你会发现他的老办公室外面，在过时的"呆伯特"漫画拼贴对面挂着该成就的纪念匾）。

伯纳斯－李最初来到这里就是为了促进信息共享，特别是世界各地科学家之间的信息共享。那时，信息共享是通过一个由国际商业机器公司（IBM）资助了一部分的链接达成的，这个链接的运行速度是每秒 1.5 兆位，在当时已经算是快得惊人。时间推后二十年，现在，连表现最平庸的 3G 智能手机接收数据的速度都能比这快近乎十倍。

欧洲核子研究组织没有停滞不前。它设计出价值 80 亿美元的大型强子对撞机，用来模仿大爆炸（Big Bang）发生后一百万分之一秒的情形。在对撞机内部，粒子束以 99.9999991% 接近光速的速度沿着 17 英里（约 27 千米）的环形轨道飞速前行。当粒子束以每小时 10 亿千米的速度相撞时，释放出的海量数据，超出任何一台超级计算机的处理能力。于是，这项工作由世界各地数百个数据中心的数千台机器分担，它们构成的网络被称为"网格"（the Grid）。

网格每年能传输数 10 亿 GB 的数据，如果把因特网比作普通火车，网格就是子弹头列车。不过，等摩尔定律再发挥作用二十年，我们能使用的处理能力将会是现在的一百万倍。也许很快，我们就都能以几乎无限快的速度，接触几乎无限多的数据，使用几乎无限强的处理能力。

以上这些性能越来越强大的硬件走入我们的生活，是造成社会节奏加快的一大因素。不仅如此，这些科技提供的可能性令人目不暇接。英特尔公司计划在五六年内将它运行最快的处理器尺寸从 14 纳米缩小到 5 纳米,尺寸之微小,已经使量子物理开始成为设计过程中必须考虑的因素。值得注意的是,我们尚且不能精确测量出亚原子粒子的状态与位置。再往后,你便能一个分子一个分子(或用其他任何东西)地搭建处理器。这项技术通过搭建纳米器件和材料,不仅有可能革新计算机行业,还可能会给建筑业、医药业、能源业以及农业在内的各行各业带来巨大的变化。

## 颠覆简史

这种硬件的加速是大加速产生的必要条件,但不是充分条件。毕竟,过去的技术革新也曾带来剧烈的变化,比如大规模电气化和二战后汽车普及对城市的重塑。那么,现在这个有什么不同?

问题的答案不在于设备如何,而在于观念,特别是我们对创新的追求。

创新的基本方法一直有两种:一种是对产品、服务或流程的增量式改进,另一种是创造出全新的事物。谷歌创始人之一拉里·佩奇(Larry Page)说,他的公司的目标不应是将既有产品的质量提高 10%,而应该是创建出比既有产品好 10 倍的产品。

19 世纪的通信革命正是这种颠覆性创新的一个经典例子。1845 年,詹姆斯·诺克斯·波尔克(James Knox Polk)*总统向加利福

---

* 美国第 11 任总统,任期为 1845 年 3 月 4 日至 1849 年 3 月 4 日,卸任三个月后即病逝。——译者注,下同

尼亚州发一条信息，半年后才能收到。而到 1861 年林肯发表就职演讲时，这个时间被缩短到 7 天又 17 个小时。造成如此变化的部分原因在于公路和铁路状况的改善，这些改善带动了社会经济的巨大变化；此外，这种改变与新形成的驿马快信制（Pony Express）也有关。这种邮寄的经营模式是卸下套在马匹身上笨重的马车，并狠命鞭打这些可怜的牲畜。（还有雇用特别的骑手，当时流传一则招聘广告："招聘：18 岁以下瘦小、结实的年轻人。必须是专业骑手，愿意每天冒死亡危险，孤儿优先。"这则广告虽然传奇，但有可能是杜撰的。）

驿马快信是快递业的一个奇迹，考虑到它雇用的年轻骑手要穿过地势险恶的区域，所以这个职业也很需要勇气。但业务展开还不到两年，它就沦为市场基本法则的牺牲品：快的事物必将取代慢的事物。

《萨克拉门托蜜蜂报》（Sacramento Bee）在驿马快信的"讣告"中，将其替代者称为一种"全新的、更高的力量"——电报。电报是一项具有爆炸性、颠覆性以及巨大影响力的技术，《经济学人》的作家汤姆·斯丹迪奇（Tom Standage）将其称为"维多利亚时代的因特网"。1844 年，全世界只有华盛顿和巴尔的摩之间有一条试验性的电报线路，这条线路长 40 英里（约 64 千米），由塞缪尔·莫尔斯（Samuel Morse）铺设。到 1850 年，全世界铺设的电报线路已长达 1200 英里（约 1931 千米）。而到 1858 年时，第一条跨大西洋电报电缆投入使用，令人欣喜不已。一位不知名的诗人作诗欢呼："大功告成！咆哮的大海点头，国与国不再相离，洲与洲十指相扣，感受彼此心房跳动。"当时的庆祝活动火热到点燃了纽约市政厅，险些烧毁了那里。

带来巨变的不只是电报。维多利亚时代的人和我们一样，抓住一切机会，让自己的生活节奏加快、生活方式更加便利。1871 年，第一张明信片被寄出；而到 1873 年时，被寄出去的明信片就已超过了 7200 万张。1896 年，世界上第一部电影在纽约的一家音乐厅向大众放映；到 1910 年，尽管托马斯·阿尔瓦·爱迪生（Thomas Alva Edison）的专利律师百般阻挠，新兴的电影产业仍以每周 200 部的速度出品单盘影片。

交通工具经历了同样的过程。保存到今天的爱德华七世时代的人晃悠悠地骑在前轮大后轮小的自行车上的深棕色影像资料，象征着那个时代的文雅风度。自行车在那时是尖端技术产品，有段时间，生产商争相改良自行车设计，美国授予的专利权中有三分之一属于自行车技术。自行车所带来的影响最明显的标志——和从蒸汽机车到脸书的每一个变革性技术一样——是造成了道德恐慌。有人忧心忡忡地提醒，未婚情侣在乡间一起骑自行车会酿成恶果；也有人说，女性迎风快速骑行会长出疲惫的"自行车脸"（bicycle face）。

诸如此类的发展促使奥地利经济学家约瑟夫·熊彼特（Joseph Schumpeter）提出"创造性破坏理论"（creative destruction）。他指出，一次接一次的颠覆性变化不仅是商业及技术的特征，还是商业及技术的目的：激起一次次的创新，从而使市场运作更加完善，使消费者更加满意。

那么，为什么我们讨论的是大加速，而非"大持续"呢？因为这种变化的本质仍是加速。雷·库兹韦尔计算过各种不同的技术获得"广泛接受"（他将其定义为被四分之一的家庭使用）所花的时间。印刷机花了几个世纪，电视机和收音机花了几十年，而网络只花了六七年。库兹韦尔指出，接受速度的曲线正变得越来越陡，也就是说，人们接受一项新技术的速度越来越快。2005 年时，只有 5% 的美国成年人使用社交网站；六年后，这个数字达到 65%，并且依然在快速攀升。

到底是什么发生了变化？过去的人们像我们一样急切地接受新技术——明信片、电影、收音机、铁路，但这些发明由于受到在位企业的阻碍或者因投资者缺乏远见，在想进入大众市场时，面临的是崎岖艰难的道路。

早在 1816 年，也就是塞缪尔·莫尔斯发明电报前 30 年，一位名叫弗朗西斯·罗纳尔兹（Sir Francis Ronalds）的英国人就已经在他家后院用一条长 8 英里（约 13 千米）的缆线展示过电报的原理，但海军不感兴趣，也没人愿意做风险投资。

缺乏想象力不是唯一的原因，还有一个重要因素是在位企业的蓄意阻挠。正如马基雅维利所说："对创新者来说，所有在旧环境中表现出色的人都是敌人，而在新环境中有可能表现出色的人则是不温不火的捍卫者。"亚历山大·格拉汉姆·贝尔（Alexander Graham Bell）创建的美国电话电报公司（AT&T）的律师为了保护他们的现有业务，成功地把录音机、电视机和传真机引进美国的时间延迟了好几年。而像收音机和电影那样的重大突破则迅速被大公司垄断。哈佛大学学者及《总开关》（The Master Switch）的作者吴修铭（Tim Wu）将这个现象称为"周期"（The Cycle），指代创新性和开放性从出现到被同业联盟和垄断企业无情扼杀这一过程。

如今，在位企业尽其所能维护自己的地位早已是千真万确的事实。比如，大型汽车公司想方设法削弱电动汽车的影响，直到埃隆·马斯克（Elon Musk）的公司特斯拉（Tesla）出现，迫使它们不得不开始正视这项技术。不过，由于各种各样的原因，这种阻挠的想法要想成功，比以前难得多。

现在的行业高管们，纵观动荡的经济和技术环境，深知自满以及死守一种具有漏洞的商业模式的种种危害。结果，执着于自我颠覆，不仅被视为 21 世纪资本主义的根本概念，还被盲目崇拜到荒诞的地步，以至造就了以比尔·阮为代表的一种文化。

这种企业经营理念的影响已经逐渐扩大，但将它推上神坛的是美国学者、商业哲学家克莱顿·M. 克里斯坦森（Clayton M. Christensen），他出版于 1997 年的书籍《创新者的窘境》（*The Innovator's Dilemma*）成为现代资本主义的《圣经》。在这本书中，克里斯坦森讲述了美国钢铁产业的故事。传统钢铁产业以大型工业铸造厂为中心。从 20 世纪 70 年代开始，规模较小的"迷你工厂"出现了，这些小工厂能廉价高效地加工钢材。钢铁市场的领导者们并不担心，因为迷你工厂只能生产最劣等的钢材，而放弃那块竞争激烈的市场将会提高他们的利润率，这样他们就可以专注于生产技术含量更高的钢材。不久后，迷你工厂的技术提高了，能生产次等钢材了。大工厂再次放弃了这个竞争激烈但回报低的市场，继续坐看自己的利润率和股价飙升。最后，当这些大工厂意识到他们完全被挤出了市场时，一切都太晚了。

如果是在美国电话电报公司垄断的时代，这个故事的寓意可能就是：无论你的敌人从哪里冒出来，规模有多小，都要将其消灭于襁褓之中。但克里斯坦森要说的是——颠覆自己，否则你将被颠覆。其实他还可以用这些前市场领导者的溃败说明这一观点：柯达公司（Kodak）的倒闭，或者鲍德斯连锁书店（Borders）的关门，又或者安信达公司（Ashton-Tate）被收购（安信达曾是排在微软和莲花之后的第三大软件公司）。克里斯坦森想要让读《创新者的窘境》的公司董事们清醒地认识到一点：在这个瞬息剧变的年代，即使是英明睿智的优秀管理者，如果不坚持创新，也可能会眼睁睁地看着公司垮下去。而且，处在这种危机四伏的环境中，不全力以赴是不够的。

有数据证明克里斯坦森的观点是正确的。1956 年到 1981 年，平均每年有 24 家公司被挤出《财富》（Fortune）世界 500 强之列，而 1982 年到 2006 年，这个数字上升到了 40 家。一项类似的研究发现，每两周就有一家公司从标准普尔 500 指数（S&P 500 Index）上市公司名单上跌落下来。就在过去的几年中，诺基亚（Nokia）、黑莓（Blackberry）、星佳（Zynga）等公司在对行业加速发展的趋势预测失败之后，纷纷从天下无敌变成了明日黄花。

身处这种狂热的创造性破坏氛围，即使是最成功的公司，也必须不断进行创新和内部竞争，方能在行业内保持领先地位。就算是英特尔这样大名鼎鼎的公司，也认为企业能免遭淘汰，多亏了克里斯坦森的理念。最近，一家咨询公司进行了一次"全球速度调查"（Global Speed Survey）。他们让数百名高管对自己的公司进行评价：那些自称"速度更快"的公司销售额高出行业 40%，营业利润也高出 52%。

于是，一种"永远的革新不仅是一种商业模式，而且几乎是唯一合理的商业模式"的企业经营理念应运而生。为了防止自己的公司变胖、变老、变懒，或者被加利福尼亚州一间卧室里诞生的某个灵感变成老古董，在位企业正在采用新兴企业的经营理念：在未被颠覆之前，先设法自我颠覆。早在 1999 年，加里·哈默尔（Gary Hamel）就在《哈佛商业评论》（Harvard Business Review）上写道："面对现实吧！就在某个车库里，一个创业者正在锻造一颗子弹，上面刻着你公司的名字。你只有一个选择：先开枪。"或者，套用谷歌公司内部的非官方座右铭："如果不够快，那就死定了。"（If you're not fast, you're fucked.）

## 创造性破坏的继承者

企业的经营理念发生这种转变，并不是公司基于自身利益作出的判断，而是因为它们往往别无选择。造成这种状况最明显的原因是：技术的加速发展带来的种种机遇。

比如，想想消费者历史上最重要的那盒录像带的故事。那是盒朗·霍华德（Ron Howard）的电影《阿波罗13号》（*Apollo 13*）的录像。1997年，一位名叫小威尔蒙特·哈斯廷斯（Wilmot Hastings Jr.）的软件企业家及前美国和平队志愿者将它借走。哈斯廷斯的中间名大家都知道，是里德（Reed）。当时，里德的事业和家庭生活都遇到了一些问题。由于种种原因，他六周后才腾出时间去还那盒录像带，此时，滞纳金已经涨到40美元。

这个故事如果发生在多数人身上，可能到此就结束了。也许，他们最多会痛下决心以后一定按时归还，或者一怒之下决定以后不再光顾那家店。而同样心存不满的里德·哈斯廷斯的决定是要建立一家新公司，提供无限量的DVD，并且免费配送，无须缴纳滞纳金。（事实上，哈斯廷斯的合伙创始人以及其他人对这个故事的版本存有争议，但它仍然是公司创建的神话。）

这家公司就是名字颇具未来主义色彩的流媒体平台"网飞"（Netflix）。它的商业模式并不是全新的，而且服务也不比直接走进一家百视达（Blockbuster）快多少。但网飞的与众不同之处在于它的便利性（你不必出门，只需在网上下单然后等待即可），以及它创新的决心。2006 年，网飞公开悬赏 100 万美元，奖励能将公司影片推荐引擎的推荐效率提高 10% 的人，来自全球各地的计算机专家团队接受了这个挑战。紧接着，网飞又做了一个更重大的决定，将其商业模式从实体转向虚拟，网飞上线了全新的流媒体服务，用户可以直接在卧室或客厅在线或下载电影观看。

这一转变带来了惊人的效果。数字音像迅速占领了美国的国内音像市场，就这样将以往音像租赁业的巨头百视达变成了又一个黑莓和柯达。今天的网飞是企业中的大猩猩，其流媒体用户遍及全球数百万家庭，而且还筹得了数十亿资金进行未来的业务扩张，其中包括自制的由好莱坞大牌主演的电影和电视剧。

网飞的成功体现了现代商业环境的多方面特征。第一，哈斯廷斯受益于技术进步的加速。突然之间，技术能够使商家向我们的笔记本电脑播送电影，不必再将电影刻在磁带或光盘上。第二，哈斯廷斯受益于从硬件到软件的总体转变。今天的创新更多的是编写代码，而不是插入电线。

软件创新带来影响的速度更快，并且深受投资者的青睐。因为扩大虚拟产品无须建造工厂，也不必搬运实物，难度低得多。特别是一旦你的代码库就位，增加一百万顾客的边际成本，压根儿不会超过你租用额外服务器容量的成本。

从硬件到软件的转变还大大降低了公司创建和发展的难度，这又反过来加快了革新的速度。正如约翰·帕尔弗里（John Palfrey）和厄尔斯·加瑟（Urs Gasser）在他们合著的《网络原住民》（*Born Digital*）一书中所说："创造数字作品要比以前创造同样的实体作品成本效益高出许多。比如 20 世纪 80 年代，一支新成立的摇滚乐队想录制一张专辑，要花大约 5 万美元购置或租借必备的录音设备。今天，只需一台笔记本电脑，外加一些硬件和软件设备，就能录制一张唱片，这些也许总共花费还不到 1000 美元。"

今天的创业者不需要创造实体产品，他们唯一需要投入的成本，用科技记者大卫·柯克帕特里克（David Kirkpatrick）在讲述脸书的历史时使用的字眼，就是"服务器和工资"。甚至这些成本也在降低，这是因为有其他公司，特别是硅谷巨头欣然提供辅助。例如，美国最近这股创业浪潮背后的一大助力是亚马逊网络服务（Amazon Web Services），这是一个亚马逊构建的云计算服务平台。借助这个平台，创业者能按照自己的业务需求，租用适量的计算能力和数据存储。由于计算机计算能力的加速发展，现在你不仅能将公司的信息技术问题外包出去，你还能外包公司的财务报告、人力资源系统，以及其他许多部分。比方说，如果你的新创公司需要法律服务，那你可以使用一款叫作 EDiscovery 的软件。2011 年，EDiscovery 为位于帕洛阿尔托的"黑石发现"（Blackstone Discovery）公司分析了 150 万份法律文件，收取的费用却不到 10 万美元。如果将这个任务交给人类的话，收费则要高出一个数量级，准确度却会低很多。

事实上，现在硅谷的整个生态系统都致力于培育和支持具有非凡创意的小团队。硅谷最近流行"精益创业"，从小开始，创造一个拥有最小可行性的产品，并做好迅速转型的准备（这种商业理念用比尔·阮体总结就是，"继续失败，直到成功"）。和那种数百人团队追求一个特定目标的初创公司相比，很明显，这样的微型初创公司建立和筹资容易得多。对于最近的初创公司来说，雇用实际员工和租用办公空间都算是一种累赘。比如优步（Uber）这样的公司，成千上万的人通过智能手机成为承包商，公司的开支却不会因此而增加。这种远程工作者通过手机软件就能从一个中心枢纽接收任务。

这里有一个自相矛盾的地方：这些初创公司的体积之小前所未有，而它们的野心之大也前所未有。事实上，这就是革新理念对我们的生活产生了如此巨大影响的最重要原因，这种理念也是促成马克思所预测的"生产的不断变革"的最重要原因。在我们这个新新世界，仅仅分一杯羹是远远不够的（尤其是其他人可能会半路杀出，将这杯羹从你手中夺走）。要想跻身身黑马之列，你要考虑的是该如何彻底革新某一产业或者颠覆某一商业惯例。马克·安德森（Marc Andreesen）是世界上首个网页浏览器的合作开发者之一，目前从事风险投资。他在声称"软件正在吞噬世界"时，其实是在说，硬件向代码的转变降低了初创公司进入市场的门槛，旧的市场领域在硅谷力量的作用下，像多米诺骨牌一样，一个接一个地倒塌。

事实上，像安德森这样的风险投资家是带动加速的另一种动力。正如塔德·弗兰德（Tad Friend）在《纽约客》对安德森的简介中所表述的那样，"风投加速了美国的不耐烦周期，现存事物不好，替代事物才好——至少在它必须被替代之前"。你选择的目标越是雄心勃勃，你面对的市场机遇就越大。因此，优步不仅要革新出租车行业，还要革新汽车拥有的概念本身。于是各式各样的初创公司或实验室纷纷致力于革新农业或征服死亡本身。就像安德森告诉弗兰德的那样："我们不是在资助特雷莎修女搞慈善。我们是在资助一心粉碎对手、建立自己的帝国，并能将意志转化为力量的人。公司只有变大，才能对这个世界产生巨大影响。"

因此，《经济学人》称创业界正处于"寒武纪时期"（指五亿四千万年前的生物大爆发），也就不足为怪了。《经济学人》说："软件初创公司如雨后春笋般涌现，推出的产品和服务种类纷繁，涉及了经济的每个角落。"这种加速不仅仅局限于软件。3D 打印等新技术使公司能够通过直接制作实物,大大加快了产品成型、完善、进入市场的速度。

总之,在一系列因素的共同作用下,不管是初创企业奋力抢夺,还是在位企业拼命阻止,商业模式的创新与加速已成为常态,同时也是众人的期待。而且,鉴于许多企业的利润率很低,在竞争如此激烈的全球市场中,这导致了稍许变革就会制造一片混乱,比如爱彼迎民宿(Airbnb)的发展对传统酒店的冲击。用熊彼特的话来说,就是注入了一种创造性破坏的元素。


## 顾客永远是对的

这种注重速度和颠覆性创新的商业模式很强大,但也存在一定问题——它孕育出了一种崇尚"先斩后奏"的风气。比如,发布一个程序员用一周时间加班加点赶制出来的产品,也比发布一个更加精美但已过时的产品强。因而,脸书举行彻夜无休的"编程马拉松"比赛。因而,马克·扎克伯格(Mark Zuckerberg)赠送给他的公司这样的座右铭:"快速前进,打破常规。"

在软件市场中,要想保持领先,就意味着要不断向用户推出新的设计。有时你会出错,但那只是运气不好。正如职业社交网站领英(LinkedIn)的创始人、脸书的早期投资者、亿万富翁里德·霍夫曼(Reid Hoffman)所说:"如果你推出的第一个版本没有让你感到不好意思的地方,那么说明你出货太晚了。"(霍夫曼还打了一个绝佳的比喻,能够完美地概括新技术的商业模式:"你从悬崖上跳下去，然后在下落的过程中组装了一架飞机。"）

然而，表面上来看，这种变化好像也被强加在了用户身上。《微软奴隶》（Microserfs）的作者道格拉斯·库普兰德（Douglas Coupland）最近说过："想想过去，人们安安心心地过日子，不用担心加利福尼亚州的某个怪才会随时给我们带来又一个颠覆性的媒体新技术，那感觉真是让人怀念。"那些因为这种竞争而失业的人有同样的感受。当叫车软件优步和竞争对手来福车（Lyft）陷入相持不下的价格战时，旧金山的一位司机抱怨道："我不想成为风险资本家幻想的牺牲品，我只想挣钱养家。"

要想反驳类似怨言，可以引用熊彼特的话："在资本主义社会中，经济发展就意味着混乱。"而照这个逻辑，动荡越多，就意味着进步越大。不过，我们的生活之所以不停地受到越来越多的创新冲击，原因很简单——我们自找的。这也是最好的解释。

例如，优步和爱彼迎能成功，不仅是因为风险投资家的支持，更是因为我们中有足够多的人喜欢它们提供的服务。虽然要想摸清我们的喜好可能需要大量反复的实验，但是随着计算机处理速度的加快和数据准确性的提高，对用户反馈作出反应的效率也在飞速提升。于是，这些公司能以前所未有的速度改进自己的产品与服务，提高用户满意度。

当然，企业也在孜孜不倦地提高经营效率。弗雷德里克·温斯洛·泰勒（Frederick Winslow Taylor）是第一位研究工时与动作的专家。19世纪90年代，他在费城的米德韦尔钢铁厂（Midvale Steel）开始了他的研究。为了计算出工人们完成各项（诸如打开抽屉和拾起铅笔）任务所花的时间，他做了大量辛苦繁杂的测试。最后得出的等式很简单，即速度越快、效率越高等于所需员工越少、生产力越高。

今天，管理学、生产力学和领导科学本身就是一种行业。管理者参照各式各样的指标，不间断地对下属的业绩进行评估。不过，软件行业的加速不仅使得改善产品生产方式变得更加容易，提高用户对产品的评价也变得轻松许多。

以 A/B 测试（A/B testing，又称分组测试）为例。这种测试通常会向不同人展示同一产品的两种不同版本（谷歌做过一次著名的测试，展示了 41 种深浅有所不同的蓝色任务栏）。使用这个方法，你能获得用户喜好的实时反馈。这样你就不需要挑选用户、组织焦点小组*讨论，产品开发所需的时间就能大幅缩短。而且，只要样本量足够大，你就能测试同一产品的上千甚至上万个不同版本，直至得出理想版本。

这个测试方法很强大。奥巴马竞选美国总统时，用这个方法设计过竞选网站主页上的照片和口号，注册支持的人数因此上涨了四成（注册邮箱多出了 400 万，捐款则多出 7500 万美元）。我在 BuzzFeed 做编辑时，我们对几乎每个新闻故事都使用了这个方法，设计出十几种图片和标题的搭配，然后看读者喜欢哪一种。你在玩手机游戏时，其实一直都在参与这种分组对比测试。所以，像 Wooga 或 Zynga 那样的软件公司本质上是数据分析师伪装成了游戏设计师。诸如 *Brain Buddies* 或 *Monster World* 之类的游戏，刚发布时版本粗糙，却在之后经过了毫不留情的改良。于是用户越玩越上瘾，直到最后越玩越熟练，在上面花的时间和金钱也越来越多。

---

* 焦点小组是一种小组座谈法。采用小型座谈会的形式，挑选一组具有同质性的消费者或客户，由一个经过训练的主持人以一种无结构、自然的形式与一个小组具有代表性的消费者或客户交谈，从而获得对有关问题的深入了解。

而如果这种渐进式的创新不管用，你的产品确实没市场，你还可以直接抛弃那款产品或策略，"转型"（pivot）去试试别的。

这种测试还有一个特点，即速度制胜。想想谷歌的发展史。谷歌对它的搜索引擎算法做了各种创新，随后又将业务拓展到了各种不同领域，但它最初带给客户的服务极其简单：速度。谷歌之前的主要搜索引擎速度十分缓慢，就是为了让你停留在它们的网站上，而谷歌是想让你去到你真正想去的网站。谷歌使用纯白主页，不仅有审美的考量，还有技术的目的。需要加载的图片越少，意味着网页打开速度越快，这表示服务器承受的压力就越小，搜索速度就越快，用户也就更开心。

今天的谷歌不断鼓吹速度的好处，还开展了一个名为"每一毫秒都很重要"的活动，敦促其客户以谷歌为榜样，优化它们的主页，并且用拉低搜索排名的方式处罚加载速度慢的网站。谷歌有一条众所周知的"指导方针"是"快比慢好"，他们吹嘘道："在这个世界上只有我们的公司，能说我们的目标是让用户尽快离开我们的主页。"

2009年6月，谷歌公布了一个十分有趣的受控实验的结果，即"搜索结果延迟严重影响用户的搜索次数"。延迟时间越久，搜索次数越少。前谷歌工程副总裁维克·冈多特拉（Vic Gundotra）称："我们的内部数据显示，用户明显下意识更喜欢反应更快的网站和应用。"2007年，微软公司的罗恩·柯哈维（Ron Kohavi）和罗杰·朗博瑟姆（Roger Longbotham）表明，亚马逊网站加载时间每延长十分之一秒，其销售量就下降1%，而谷歌的搜索结果每延迟半秒，那个网页的收入就会下降20%。最近，谷歌的一位高管透露，加载时间只要减少400毫秒，网页流量就会增加0.5%。

也就是说，我们不仅要快，还要更快。正因为如此，谷歌在你还在输入问题时，就为你显示搜寻结果；也因为这个原因，在你编辑信息时，苹果会显示提示词语。这些公司认为，只有"我们的速度超过你打字的速度"，才能让越来越没有耐性的用户感到满意。

还有一个硅谷巨头的经历也说明了这点。这家公司的故事听起来可能很熟悉：一位才华横溢、特立独行的程序员在惨遭分手后，心碎不已，决心要创建一个社交网站，用来勾搭妹子。这样的网站此前就有几家，但他的有所不同。首先，你必须得用真实姓名，用户因此要在一定程度上为自己的言行负责，不能任意妄为。其次，这个网站还提供一个"杀手级应用"，能让你轻松上传新款数码相机里的照片。

这家社交网站于 2003 年 3 月上线，不到半年，300 万用户蜂拥而至。这家网站的创始人其实发现了一种加快交友过程的途径，并在途中一举成名。他接受了各种访问，登上了杂志封面，还获得了风投精英的投资。不到一年，谷歌提出用 3000 万美元收购这家网站，但被拒绝。

反转来了！我所描述的并不是脸书的创办过程，而是一家更早的社交网站 Friendster 的创办过程。这家网站的创办者是一位名为乔纳森·艾布拉姆斯（Jonathan Abrams）的硅谷红人。Friendster 已经具备了扎克伯格后来创办的脸书的一切条件，包括商业模式、资金支持，以及用户。那你为什么没听说过它？

答案很简单：因为欠缺速度。Friendster 团队身陷对新市场和产品特征的激烈讨论以及创始人和董事会之间的争执，却忘了将重点放在网站的运营上。由于访问量远超其网络承载能力，网站的加载速度变得极其缓慢。很快，用户就成群结队地离开了。虽然这家网站在亚洲部分地区站稳了脚跟，但今天的 Friendster 用《纽约时报》（New York Times）的话来说，已经成为未发挥出潜力的代名词。

所以，当 2004 年 2 月马克·扎克伯格推出脸书时，最重要的有利条件不是他的编码技能或者他在哈佛建立的关系，而是正如大卫·柯克帕特里克在介绍脸书发展史的《Facebook 效应》（The Facebook Effect）一书中所说，是他绝不重蹈 Friendster 覆辙的强烈愿望。扎克伯格创建的脸书网站与拉里·佩奇和谢尔盖·布林（Sergey Brin）创建的谷歌网站一样，去除了所有无关紧要的东西。扎克伯格嘲笑竞争对手"太有用了""有太多功能了"。爱德华多·萨维林（Eduardo Saverin）是扎克伯格最初的创业伙伴，萨维林为了让用户多看一个广告，一心想在申请添加好友的过程中增加一次点击，扎克伯格为此与他进行了激烈的争执。对扎克伯格来说，这种做法等同于离经叛道。

脸书此后的种种经历一次又一次地证明了这种坚持的睿智。然而脸书最初上线 News Feed（动态消息）功能，使用户能实时关注好友发布的动态时，抗议队伍在短短三天壮大到 70 万人。扎克伯格为此做出了道歉，并且改进了隐私设置，但 News Feed 依然被保留了下来。原因很简单，News Feed 出现之前，脸书用户每个月共查看页面 120 亿次，News Feed 出现后不久，这个数字增长到了 220 亿次。

2008 年，扎克伯格在将 Wall（用户的主页）与 News Feed 结合起来时，其目的明显是"为了提高用户之间的信息传递速度"。脸书在升级 Messages（信息）功能，将站内电子邮件、手机短信和聊天整合到一个清晰的对话记录中时，扎克伯格解释说，这是因为使用脸书的青少年用户越来越不愿意使用正式的邮件，嫌既要添加主题还要拼写正确太麻烦，他们更愿意使用更加即时的消息软件，就像他们不愿使用语音电话，更喜欢发简短快捷的文字一样。

因此，加速变化绝没有被强加在我们身上，相反，它是我们的一种渴望和需求。我们会在下一章探讨我们之所以产生这种需求的神经学原因。而到目前为止，这种需求所带来的影响可以说是力量强大、势不可当。

我要举的最后一个例子将证明这一点。多年来，大家都认为，盗版会摧毁音乐产业，整垮软件公司。当然，这种情况大家已经司空见惯。2011 年，据英国音乐产业估计，英国国内所下载的歌曲有四分之三是从非法途径获得的；16 岁至 54 岁的人群中，非法下载音乐的比例是购买音乐的两倍（29% 与 14% 的对比）。2009 年至 2010 年度，随着 Kindle 和类似的阅读器进入主流市场，用谷歌搜索未经授权电子书的次数上升了五成。美国商业软件联盟（Business Software Alliance）曾经计算出，P2P 流量（即电脑间文件的直接传输，通常是非法文件的传输）的使用占所有网络流量的 49% 到 89%，到夜间时，这个数字会上升到 95%。

如果盗版是一个问题，那这个问题的根源是什么呢？是在于文化、道德，还是在于技术？抑或是在于速度？事实证明，绝对是最后一种。2015 年 6 月，根据英国政府的一份详尽报告表明，约六成网民在网络上下载或在线看过电影、玩过游戏、看过书、听过音乐、看过电视节目或用过软件，而只有两成的网民使用的是非法途径，其中很大一部分人表示他们之所以会这样做，不过是因为他们没办法快速或从合法途径获取想要的内容。而在美国，使用非法的文件分享服务下载音乐的人数比从前减少了一半。

为什么盗版会减少呢？或者说，至少盗版没能按我们预测的速度摧毁音乐、娱乐和软件产业，这又是为什么呢？简言之，因为速度。人们之所以会非法下载音乐，是因为这样做最简单快捷。而在 iTunes 出现后，使用正版变得容易了很多。随着 iTunes 受到 YouTube 或 Spotify 上更加便捷的流媒体服务威胁，拒绝盗版变得更容易了。

或者，我们还可以以苹果应用商店（App Store）的成功为例。从技术上来讲，不是没有人绕过苹果应用商店的安全设置下载软件。但是，只需点击一个图标，就能看着应用下载，这与费时费力去破解系统相比快捷方便得多。

这种按需求即时满足的经济，其背后的逻辑是，消费者会奖励那些能随时提供他们想要的服务的公司，惩罚那些不这样做或不具备这种能力的公司。这个原则不光适用于初创公司。猫途鹰（TripAdvisor）上的旅游评论就大大激励了酒店或餐馆去整顿它们的经营方式，以提供最好的服务。至于视频数据的传输方式，就像美国科技记者法尔哈德·曼约奥（Farhad Manjoo）指出的那样：

> 网飞力压比特流（BitTorrent）（主流文件共享服务商之一，其访问量迅速被网飞超越），说明了我们对网络的使用正在发生改变……我们正使用更多宽带下载此刻需要的东西，而不是下载以后需要的东西……等到我们习惯了即时观看视频时，比特流那种先下载后观看的模式就过时了。

## 越庞大，越幸运

企业不仅在积极主动地进行颠覆和创新，而且这种颠覆与创新受顾客需求的推动还在不断深入，这似乎已构成了一种完美的竞争条件。这点在技术领域最为明显，因为是技术领域催生了大加速，所以大加速带来的诸多影响在这一领域的作用也最为显著。如果变化速度快的公司真的会吞噬掉变化速度慢的公司，那大型企业不是应该已经一家家倒闭，让位给更小更灵活的公司了吗？

这也许是加速的商业文化最违背预期的一个影响，而且这个现象我们还会反复遇到。变化快这种优势并不会均匀分布，相反，这种优势会在大公司身上不断叠加，直至领先竞争对手的企业最终占据主导甚至垄断的地位。

这种状况的出现具有多重原因：第一，这些公司已经具备完善的体制，使得它能以更快的速度发展。第二，由于规模更大，这些公司能压低价格，满足客户的要求。第三，网络效应。如果这些公司的产品拥有社交元素，用户越多，这些产品就会越有用（想想脸书、推特、猫途鹰）。而且，这一现象不局限于硅谷，（我们将在后面看到）在金融市场的推动下，这种超大企业的势头在现代市场中随处可见。投资者要求企业实现一个接一个无穷尽的短期增长和收入目标，而要想实现这些目标，企业通常只能通过收购来扩大规模。

那创新的步伐为何没有因此而放缓，就像吴修铭的"周期"理论所预测的那样呢？其实，有些领域确实因此减缓了变化速度——就像之前提到的汽车巨头在特斯拉出现前对电动汽车无甚兴趣。但这里有一个质的区别：由于前文所述的原因，新一代垄断企业自身即致力于持续创新，尤其是这些企业有许多本身就是在加速中脱颖而出，并且以推动加速为使命。因此，这些企业频频争相笼络具有创新力的公司或个人，将他们制作的游戏、商品或视频通过自己的渠道发布出去。

最能说明以上所有趋势的也许就是杰夫·贝佐斯（Jeff Bezos）创办的亚马逊公司（Amazon）。（贝佐斯曾经是一家由算法驱动的股票交易公司的雇员，我们将在第七章讨论贝佐斯的工作。）和脸书的马克·扎克伯格或谷歌的拉里·佩奇一样，贝佐斯也是一个速度狂。布拉德·斯通（Brad Stone）在《一网打尽》（The Everything Store）一书中对亚马逊公司的历史进行了精彩的描写。他写道："他（贝佐斯）从骨子里不愿看到亚马逊公司的制度出现任何一种懈怠，他催生源源不断的想法，去改善网站体验，使其对客户更具吸引力，并始终保持领先竞争对手一步。"

亚马逊经营模式的核心是其所谓的"良性循环"。简单来说，随着亚马逊规模的扩大，它能从供应商那里获取更低的价格，再将这些优惠回馈给客户，从而促成亚马逊销售量的增长和规模的扩大，这使它反过来又能对供应商施加更大的压力。

但是，亚马逊也和其他科技公司一样，在摧毁竞争对手方面毫不留情。但凡察觉到有公司危及它在某个新兴产品类别的垄断地位，亚马逊愿意竭尽所能地收购或打败这个对手，或者施加压力迫使其低价脱手股权。

以尿布类产品为例，亚马逊为了将当时的市场领导者 Diapers.com 逼进它的怀抱，在短短三个月内花了一亿美元，打造了收费极其低廉的送货服务。与此同时，在它最初的图书销售业务上，律师坚持将"羚羊计划"（Gazelle Project）更名为"小型出版商协商计划"（Small Publisher Negotiation Program），因为羚羊计划所描绘的"亚马逊将那些弱小的动物扑倒在地，并掏出它们的内脏"的形象，不是这家公司想要呈现的。

最重要的是，亚马逊公司的发展历史展示出了平台的力量。这种平台既能鞭策其他公司积极创新，还能作为堡垒帮助平台拥有者抵御竞争压力。亚马逊的 Marketplace 允许第三方在其网站上销售商品，这部分销售额占亚马逊零售总额的 40%，一年销售商品 20 亿件。这对亚马逊和卖家都有利，但相对来说，还是亚马逊占据了更多的好处。因为亚马逊的自动程序会将其产品的价格降至可能的最低点，从而迫使其他卖家的定价与之匹配。

平台的力量还体现在亚马逊的物流服务上，亚马逊允许其他卖家使用其仓库和云计算业务。这样做的直接效果是，其他卖家在亚马逊的帮助下，能以比他们自己操作更低的成本来进行关键的运转；前提是他们接受并且不僭越自己在亚马逊食物链中所应处的位置。比方说，如果我想开一家物流公司，要想和亚马逊的算法竞争，那是门儿都没有，因为这些算法会为每一个包裹计算出上万种可供选择的递送机制，最大限度地缩短了递送时间，降低了递送成本。

亚马逊能做到这点不只因为它的聪明才智，还因为它为解决种种问题投入了巨资。比如在一年之内，将"点击发货"的平均时间从 3 天降到 4 小时（那时同行业其他公司的标准是 12 小时）。亚马逊的另一个优势是，它不仅在运作这些平台，而且还在充分使用平台。所以，如果它看到市场中某一类别产品销售量上升，或者注意到某一品牌的 T 恤衫需求激增，那么它就能在别人察觉潮流之前，先让自己的用户得到满足。

其他科技巨头亦是如此。YouTube 在谷歌的管理下取得了惊人的成功。然而，如果没有谷歌服务器维持网站（成本惊人）的运营，或者没有谷歌的"内容识别"（Content ID）算法来识别受版权保护的内容以避免诉讼缠身，YouTube 要想维持爆炸式增长，难度要大得多。比尔·阮的 Color 就是众多试图挑战巨头的企业之一，它的下场我们也都看到了。

真正使这些巨型企业与以往的企业不同的是，尽管拥有诸多优势，它们仍旧时常担忧会因技术变化而流离失所。的确如此，马克·扎克伯格、拉里·佩奇、杰夫·贝佐斯，这三位脸书、谷歌、亚马逊老板的共同特点是，他们不仅心怀远大，而且惊恐万分。他们担心更快的事物随时会出现，抢走他们的客户；他们担心自己的步伐还是不够快，快不过大众的喜新厌旧。

例如，脸书之所以从未停止其无休止的重新设计，部分原因在于其高管深信，他们不过是顾客的奴隶。顺从顾客，满足他们对信息与日俱增的需求是他们的宿命。扎克伯格的一位老朋友，亚当·安捷罗（Adam D'Angelo）告诉大卫·柯克帕特里克："马克认为，脸书最好不要违背这个世界的种种趋势，否则它就会渐渐过时。信息的传播速度正在加快。无论脸书做什么，未来的世界在科技的作用下都会如此运作。"贝佐斯也曾宣称："不是亚马逊在改变图书业，正在改变图书业的是未来。"而他只是未来趋势的工具，如果不是他，还会有别人充当这一工具。

因此，这些人的公司在保持敏捷和创新方面做出了疯狂的努力。尽管公司体量不断壮大，脸书和谷歌仍然坚持初创理念：保持较少的员工人数和小规模的项目团队，并且重视创意思维。而且，两家公司都情愿在被颠覆前，先自我颠覆。谷歌开发出一款名为 Inbox 的支持移动客户端的消息应用程序，其明确目标就是为了颠覆自己的 Gmail；脸书几乎同时推出了一款名为 Rooms 的应用程序，来为脸书的核心服务提供一个更快更好的版本。拉里·佩奇已经开始用他的手机，而非台式电脑，来完成他的所有工作。如果亚洲和非洲数十亿的潜在客户是用智能手机访问网络的，他想确保谷歌在其他公司之前先接触到他们。

里德·哈斯廷斯也是这种自我颠覆行为的典型代表（然而结果有好有坏）。2011年，哈斯廷斯做了一个让大众错愕不已的决定：把邮寄租赁DVD光盘的服务（那时仍是主要利润部分）与在线视频的业务（网飞）分拆，并取名为"Quikster"。然而此举加上订阅费上涨，共导致了80万客户的流失；几周后，哈斯廷斯被迫宣布，这两项举措非常愚蠢，一切将会恢复正常。

这种自焚行为背后的原因是什么？哈斯廷斯的想法是，将他以及公司人才的全部精力投入到流媒体的角逐中，因为这部分面临的竞争和颠覆的威胁最大。克里斯坦森可能会赞同他的这种想法。正如法尔哈德·曼约奥所写："网飞用一种'吃干抹净'的商业模式颠覆并最终打垮了从前占主导地位的百视达影碟租赁模式。于是，哈斯廷斯很可能在担心，网飞也会遭到同样被颠覆的命运。这就是邮寄和流媒体分离举措背后的逻辑。哈斯廷斯宁愿在别人下手前，亲手杀死自己下金蛋的鹅。"


## 今天的硅谷，明天的世界


这种颠覆性的企业文化或许是诞生在加利福尼亚州的技术行业，自那以后却蔓延开来，征服了全世界。事实上，这种企业文化最明显的特点是能够防止任何垄断企业利用其地位减缓技术变革的速度。这种垄断企业一般局限于某个特定领域，或者局限于我们使用的技术的某种迭代过程里，因而容易受到来自外部的颠覆。

举例来说，众所周知，我们现在的市场是全球性的，消费者比历史上任何时期都更热切，企业家也比历史上任何时期都更专注，这些都是老生常谈了。但这并不能降低这一现象的强大影响力。如今的高管们知道，从上海到萨拉托加，再到圣保罗，哪里都有他们的客户和竞争对手。他们也知道，要想战胜对手，你就得比他们动作快。如此带来的累积效应就是，市场进一步加快了。

这种加速还有很大的增长空间。尽管全球化的影响非常剧烈，但这个世界依然极其狭隘，跨国投资所占比例仍是个位数。沟通的增加以及竞争所施加的压力削弱了国界的限制，新想法正以越来越快的速度来回传播，比如中国手机上的双卡双待设计逐渐被西方的产品采用，方便了人们在工作和家庭账户间无缝切换。更重要的是，亚洲是一个巨大的新兴市场。到 2030 年，亚洲中产阶级人口将占全球中产的 60%。亚洲同时也将成为创新的温床。中国培育的博士人数已经超过美国，而中国自己类似谷歌、脸书、亚马逊、优步的公司正将触角伸向海外。

在本章中，我们看到了硬件和软件、技术和理念的相互联合是如何产生巨大作用，推动大加速前进的。日复一日，年复一年，随着硅谷现有及潜在亿万富翁们的野心不断壮大，大加速会逐渐渗透到我们生活的方方面面。太空旅行、教育、能源、农业、交通，所有这些以及更多行业都已进入他们的视线。几十年前还难以想象的超强计算能力现在变成可能，辅助并怂恿着他们以及世界各地像他们那样的人，在颠覆世界的征途上勇往直前。然而，这种大加速的进程之所以如我们所见的这般势头凶猛，其真正的原因是——我们的大脑已经设定好程序，让我们渴求这种加速。

# 第二章
# 大脑的反应速度

Chapter Two

那些破碎的片段就是我们的日常生活。

——乔纳森·弗兰岑

　　乔治·米勒·比尔德（George Miller Beard）在现代人眼中的地位之所以不高，是有多重原因的。比尔德是一位来自康涅狄格州蒙特维尔镇，蓄着浓密鬓胡的精神病学家。他深信电击的作用，习惯将病人捆在一台大型仪器上，解开或脱掉他们的衣服，然后让不同强度的电流穿过病人的身体。而且，他还有点偏执。他将美国的诸多问题归咎于"女性的精神活动"，声称民主带来了灾难性的副作用。（他写道："让每个孩子、每个女人都懂得政治和神学，是用活着的人类所做的代价最大的实验之一。"）他还相信"次等种族"从不会长蛀牙。

　　不过，比尔德有一点特别值得我们注意。比尔德是因 1878 年对"缅因州的惊跳者"所做的调查而一举成名的。这些"惊跳者"是一个法裔加拿大伐木工人群体。这群人的惊跳反射十分反常，对于任何突然的命令，他们都会不假思索地服从。这让他意识到他在病人身上看到的种种症状并非是由生理原因造成的，而是由精神原因造成。这些症状包括"失眠、潮红、嗜睡、噩梦、大脑刺激、瞳孔扩大、疼痛、眼部的压迫和沉重感、神经衰弱、耳鸣、尿不尽和尿失禁、头发和胡须的脱落、抽搐、极度疲劳、全身和局部瘙痒"等。

比尔德认为，这种新型疾病是文明自身的产物。他写道："美国的焦虑，就像是美国的发明和农业，既独特，又显著。正是这种压力（以及美国的干燥气候），促使美国人语速更快，乐器音调更高，最终耗尽了人的'神经力量'（nerve-force）。"他还认为，"现代人的大脑在方方面面比古人的大脑负荷更重"。

神经系统持续运作和承受焦虑的能力并没有随着它对这些能力的需求的提升而提升。尤其是在本世纪（19 世纪）过去的 25 年里，在电报与铁路的压力和刺激下，大脑受到的刺激剧增，大脑的负荷运作远远超过了大脑发育的平均速度……现代人的焦虑正是大脑神经系统难以招架环境压力和刺激而发出的呼声。

比尔德将这种综合征称为"神经衰弱症"（neurasthenia），很快他又给它添了两个绰号，先是"美国病"（Americanitis），后是"纽约病"（Newyorkitis）。并且，他对这种病症所做的基本诊断，即人类神经系统难以应对变化越来越快的环境，自此受到了前所未有的广泛传播。

今天致使压力和焦虑产生的因素似乎数不胜数。比如，机器人正在抢走我们的饭碗，"性短信"（sexting）正在腐蚀我们的孩子，单调枯燥的工作正在破坏我们的家庭，互联网正让我们的大脑运转得如加速轰鸣的引擎。在我们生活的社会，投资回报期越来越短，自律与克己逐渐让位于即时满足。这或许是因为我们感到生活节奏太快，已然招架不住。《华盛顿邮报》（*Washington Post*）的记者布里吉德·舒尔特（Brigid Schulte）在她讲述现代生活压力的精彩作品《不堪重负》（*Overwhelmed*）中援引了一项社会调查，调查中人们声称自己太忙了，以至于没时间度假、聚餐、交友，甚至做爱。

一些评论家严肃地指出，由于以上种种原因，我们注定要进入一个新的黑暗时代，或者人类注定要像赫伯特·乔治·威尔斯（H. G. Wells）在《时间机器》（*The Time Machine*）里描绘的那样演化成艾洛伊族（Eloi）和莫洛克族（Morlocks）＊两个种族。神经学家苏珊·格林菲尔德（Susan Greenfield）在她发人深省的科幻小说《2121：来自下个世纪的传说》（*2121: A Tale From the Next Century*）中，将两种人彻底分离开来：一种人能够摆脱对技术的依赖，另一种人完全沉浸在她所谓的"Yakawow 无脑的不堪文化"中难以自拔。她在书中描述了她所预见的未来："电子游戏和信息处理磨炼出的技能，逐渐削弱了人类的其他才能，比如理解能力和智慧。"因而，"那种未经处理的主观感受，即时体验带来的感觉"成为了最重要的东西。

但是这种诊断正确吗？尽管有以上几条末日论，相关调查却显示，我们中的大多数人基本上是幸福、健康、满足的，而且我们的感受也是越来越好，而不是越来越糟糕。虽然我们都声称所承受的压力前所未有的大，但这种说辞从来都有，并不新鲜。威廉·拉思伯恩·格雷格（William Rathbone Greg）在 1875 年写道："毫无疑问，19 世纪后半叶的生活最显著的特点就是它的速度。"他说，维多利亚人的生活"既无闲暇，也无停歇，忙忙碌碌，充满刺激……

---

＊ 艾洛伊族是精英阶层的后代，他们演化得苍白瘦弱、头脑简单、只知玩乐。莫洛克族是工人阶级的后代，他们则演化成了地底穴居的阴暗、残暴的性格，并且会在夜晚捕食艾洛伊人。这是对人类技术未来的悲惨预言。

我们的生活是如此辛劳，以至于根本没有时间反思我们来自何方、去向何处"。

这又是"从来如此派"的论调：虽然技术发生了变化，但人性却没变。如果我们注意力集中的时间真的在缩短，那为什么我会花这么多时间连续几小时地看 DVD 呢？为什么《纽约时报》畅销书的平均字数在上升而非下降呢？为什么随着聊天应用和聊天语言的兴起，文字正在经历人类历史上最繁荣的时期呢？

本章将重点介绍大加速正在对我们的大脑和身体进行的改变。这些变化之所以如此强烈，正是因为它们就像是前一章所提到的软件公司提供的服务一样，切合我们身体内部某些最基本的渴望。在探究这些影响时，我们必须承认某些局限确实存在，许多科学证据指向不明，或者尚无定论。例如，我们使用互联网的时间还不够长，所以就其长期影响，还无法拿出一份适当的同行评议研究。事实上，以我们使用的技术变化之快，要想赶在进入下一个技术阶段之前，对某个特定技术形式的利弊下一个定论，几乎不可能。

虽然如此，我们还是掌握了足够多的知识，能够得出一些比较牢靠的结论，特别是在越来越快的生活方式对注意力、压力和睡眠等关键因素的影响方面。其中一些变化可能看起来令人不安，甚至令人担忧，但最终都在我们可控的范围内。如果我们吸取了正确的教训，那我们不仅能过上更有效率的生活，还能过上更好的生活。


## 欲罢不能的愉悦感

在探究大加速的后果之前，我们需要先从前因入手来剖析使我们渴望速度和新奇的神经机制。因为那些对大加速后果忧心忡忡的人总是提到这一点。

尼古拉斯·卡尔（Nicholas Carr）在著作《浅薄》（*The Shallows*）的开篇中写道："在过去的几年中，我有过一种不舒服的感觉，仿佛某个人或某件事正在摆弄我的大脑，改变我大脑中的神经回路，重塑我大脑中的记忆。就我所知，我的思维没有在进步，但确实发生了变化。我思考的方式和以前不一样了。"

确实如此，然而我们的思维本来就不是一成不变的。我们的神经回路具有"可塑"属性，也就是说，它会根据我们的经验进行自我更新，不断形成新的联结，并删除旧的联结。这一过程发生在我们所有人身上，阅读这篇文章的行为也是在不知不觉地重塑思维，但在儿童和青少年身上，这一过程是以惊人的速度发生着。这就是为什么我们对未成年人接触具有潜在危害性的习惯和技术的忧虑，远高于对成年人接触这些东西的忧虑，因为，要想纠正未成年人因此受到的任何一种不良影响，需要付出更多的努力。

人脑还有另外两个重要的属性需要我们在深入探究之前对此有所了解。第一，我们的大脑具有惰性（或者也可以说是节俭），因为它总是不断在寻找节省精力的办法。每当我们的大脑执行一个特定行为，这个行为就会被刻印在神经元上。当这个行为被再次执行时，刻印就会加深。很快，当刻印的凹槽变得足够深时，这个行为就变成了一种习惯。习惯由"低级"的大脑区域支配，不需要人下意识地思考，是一种节省精力的自动行为。

第二，我们的大脑容易上瘾，总是渴望特定的化学物质和感觉。尤其是在我们体验快感时，大脑中叫作腹侧被盖区的部分会释放一种化学物质多巴胺，会被送至大脑的适当区域。神经科学家大卫·J. 林登（David J. Linden）在《愉悦回路》（*Pleasure*）一书中，描述了各种各样的活动——"购物、性高潮、学习、吃高热量食物、赌博、祈祷、跳舞、上网"，这些行为都触发了相同的神经信号。这些信号集中在一小块相互关联的大脑区域，该区域在医学上被称为"内侧前脑束愉悦回路"（medial forebrain pleasure circuit）。

内侧前脑束愉悦回路的作用十分强大。林登在书中说到，20 世纪 70 年代，科学家们创造了一个"斯金纳箱"（Skinner box）（以心理学家 B. F. 斯金纳的名字命名），盒中的老鼠能通过按压一根杠杆，直接让大脑感受到一股愉悦。受试的老鼠按压杠杆的次数高达每小时 7000 次，以至于完全忘记了吃饭、喝水或交配的需求。当同样的实验方法在人类患者身上得以尝试时，"他很快就像 8 岁孩童玩大金刚电子游戏一样开始疯狂地按按钮"。因为这种方法效果很强，科学家还试图用它来"治疗"同性恋：先将患者连接上愉悦装置，然后将一名妓女带进实验室，测试实验结果。

从根本上来说，这种愉悦回路进化成了一种对良性行为的奖励，其作用是促使我们重复有助于我们存活下来的种种行为。从最基本的角度来说，它意味着当我们在做喜欢的某件事时，会想要再做一次。愉悦回路的刺激越强，奖励就越大，这个模式在我们脑中留下的印象就越深刻，这也就意味着，我们对这个行为上瘾的可能性更大。

网络以及许多的科学技术提供了一种源源不断的反馈机制，让我们可以通过精确设计来操纵这种愉悦回路。由于我们天性渴望新奇（和地位），无论是在脸书上得到一个"赞"、收到一封电子邮件，还是仅仅看到谷歌搜索结果的出现，都能触发愉悦回路，让我们产生一个个微小的快感。交友网站 OKCupid 的联合创始人克里斯琴·鲁德尔（Christian Rudder）坦言："网站之所以向你展示点击数、总数、徽章，是因为他们知道你会回去看着它们一点点增加。然后，他们就能将你提高的参与度放在一张幻灯片上，用来打动投资者。"

这就牵涉斯金纳的另一个发现——强化程式（reinforcement schedules）。要想在受试者的大脑中植入一种特定的愉悦反应，你可以设定一个系统，在一种特定信号出现时，总是给予奖赏。比如，绿灯一亮起来，猴子就会得到一块糖；手机提示音一响，你就知道收到了一条短信。要不了多久，大脑愉悦回路仅凭信号就会启动，而不需要靠奖赏本身。也就是说，仅仅听到提示音，无须查看短信内容，你就会感到开心。

斯金纳还用他在老鼠身上所做的实验来展示不同强化程式的不同作用。这些程式的不同主要体现在奖赏的间隔时间或者老鼠获得奖赏的难度上。斯金纳的实验表明，即使奖赏是随机的、不确定的，我们还是会从期待中获得愉悦。赌徒不光对中头奖感到兴奋，仅仅是拉动杠杆或旋转轮子，就能让他们兴奋不已。查看邮件也是同样的道理，期待让我们心跳加速，就算第一封邮件没什么值得看的内容，我们也知道还会有下一封。

这样的结果是，不知不觉中，我们陷入了自己亲手制造的斯金纳箱。正如卡尔在《浅薄》中所说："如果你打算发明一种媒介，使其能够尽可能快速且彻底地重塑我们的脑回路，你最终很可能会发明出一种结构和功能与网络相似的东西。"在最近的一项调查中，来自13个国家的人被问及，如果他们必须放弃一样东西，才能上网，他们会选择什么。总的来说，75%的人选择放弃酒精饮料，27%的人选择放弃性行为，22%的人选择放弃洗澡。这项统计无疑包括美国航空公司的那两位机长和副驾驶，他们因沉迷笔记本电脑，就这么越过了目的地，任飞机自由自在地航行了90分钟（美国战略空军司令部还以为是有人劫机，不得不进行了一番紧急动员）。

这些效应很快就会发挥作用。研究表明，让不上网的人一天只上网一个小时，只需短短五天，他们的大脑就会被塑造成我们其他人那样。心理学家杰弗里·米勒（Geoffrey Miller）表示，这种奖赏循环可能解释了为什么我们尚未遇到任何外星人——大约他们沉迷于触发自己的愉悦反射，看不到其他任何事的意义，因而迅速灭绝了。

简言之，我们的基本生理构造让我们注定成为热情乃至疯狂的新奇事物与信息资讯的消费者（这就是为什么去一个陌生的地方旅游，回程总是显得要短很多——因为大脑沉迷于新信息，却无视熟悉的事物）。正如神经科学家丹尼尔·列维汀（Daniel Levitin）在《有序》（*The Organized Mind*）一书中所写的那样，"人类为了获得新奇体验，会像为了吃到下顿饭或者找到一个伴侣那样卖力"。而且，技术和社会的加速变化意味着，出现在我们周围的新奇事物和信息会比以前任何时候都要多，并且还在通过我们的手机、电脑和电子邮箱不停地向我们输送着。


## 注意力碎片化


在探讨大加速这一进程对我们的日常生活可能造成的后果前，我应该先明确一点——人类并不是斯金纳箱中的老鼠。仅仅因为你用谷歌，并不代表你就一定会凌晨两点还趴在电脑前，沉迷其中，忘记周遭的一切。仅仅因为你的孩子使用 Snapchat，并不代表他们就不具备阅读普鲁斯特的能力。

虽然我们的神经回路确实正在改变，以适应我们使用的技术，但这种改变过程并不一定就具有破坏性。最近，伦敦大学学院（University College London）的科学家对 134 项有关网络对青少年大脑影响的独立研究做了一项综合调查，得出没有证据表明正常使用网络（被定义为每周 30 小时以下）会对青少年的认知能力造成任何损伤的结论。是的，我们确实听过一些十分恐怖的故事，但这些故事是为了警示我们要防范危害，并非说我们注定会落入陷阱。

比如，卡尔的一大担忧是，我们对谷歌记忆的依赖正在危害我们的记忆能力。这一点如果属实，会造成双重伤害，因为记忆能力不仅负责记东西，还会为我们的推理能力和理解能力提供认知参数。形成新的记忆会增加大脑体积，这为我们建立新联系、形成新想法提供了空间。据估计，智商分数60%的变化在于工作记忆*的变化；也就是说，你记得越多，就越聪明。

可是，正如克莱夫·汤普森（Clive Thompson）在《比你想象的聪明》（*Smarter Than You Think*）一书中对卡尔所做的反驳，"当涉及我们感兴趣的知识，以及任何真正让我们为之兴奋并且具有意义的东西时，我们是不会关闭自己的记忆而不去记住这些的"。我们或许会依赖互联网为我们记忆一般的信息和事实，比如地址或历史事件的日期，但对真正感兴趣的东西，我们还是会密切关注，比如最喜欢的足球队的球员。而且，这也要看我们从事的网络活动的

---

\* 工作记忆是认知心理学提出的有关人脑中存储的信息的活动方式。人脑作为一种信息加工系统，把接收到的外界信息，经过模式识别、加工、处理而放入长时记忆。以后，人在进行认知活动时，由于需要，长时记忆中的某些信息会被调出来，这些信息便处于活动状态。它们只是暂时被使用，用过后会再返回长时记忆中。信息处于这种活动的状态，就叫工作记忆。这种记忆易被抹去，并会被随时更换。

类型。推特公司驻伦敦的办事处对推特用户做了神经扫描，扫描显示，即使用户是被动使用推特，其大脑中与记忆形成有关的区域的神经活动，也会比正常上网者高出34%；如果是积极地使用推特，这个数字会上升到56%。（阅读推特的时间轴以及发布推文，还会促使大脑中与情感有关的区域产生更多活动。）

然而，网络对注意力的影响的确引人担忧。用卡尔的话来说，互联网"吸引了我们的注意力，却将它分散到不同地方"。电子邮件和网上冲浪都属于提供即时满足的技术，是按需提供消遣和信息。之所以如此，在很大程度上是因为有海量的信息。就像约翰·弗里曼在《电子邮件的暴政》一书中所说，我们一小时查看邮件三四十次，我们背部疼痛、视力下降（弗里曼指出，在新加坡，有80%的孩子近视，而30年前这个数字是25%）。在智能手机用户中，79%的用户声称，查看手机是他们早上做的第一件事，甚至在起床前，他们就开始查看手机。无论是在度假、开会、超市排队，甚至是在上厕所，我们都在查看手机。早在2003年，在智能手机、各种应用以及状态更新这些东西尚未对我们的生活产生影响之前，一项美国的研究发现，在220名大学生中只有3名能够将手机连续关闭72小时。另一项研究发现，电脑断网会导致人们的情绪烦躁不安，其中10%的人承认他们烦躁到敲打电脑。而如果我们知道收件箱里有一条未读消息时，我们的有效智商甚至会因此下降10分。

从最基本的层面来说，电子邮件以及其他信息占用了我们本来可以更有效利用的时间。据估计，查看处理电子邮件占用了三到五成的办公时间。我在本章大量引用了布里吉德·舒尔特的作品，她书中所提到的调查发现，三分之二的上班族觉得时间不够用，94%的上班族有些时候感到"信息太多，没办法工作"。苹果公司推出苹果智能手表（Apple Watch），部分原因就是为了解决这一问题。这款手表能过滤掉你的苹果手机上没完没了的烦人提醒，连苹果公司自己都承认，这些提醒过度支配了用户的生活。

这种信息轰炸也意味着我们在不停地受到干扰，因为关注种种提示音是我们的生物本能。社会学家格洛丽亚·马克（Gloria Mark）通过研究发现，员工平均在任何特定任务上只花11分钟，然后就要切换任务，而在任务过程中，每3分钟注意力就会发生一次转移；虽然不是所有，但很多注意力转移都是由屏幕上弹出的消息造成的。据一项调查预计，财富500强的首席执行官们的工作时间频频受到打断，以致他们一天只有28分钟不受干扰，能够高效工作。

这种不断受到干扰的生活方式带来了极其重要的后果。首先，用心理学家赫伯特·A.西蒙（Herbert A. Simon）的话说就是，"信息的富有造成注意力的贫乏"。我们的注意力过于分散，以至于集中注意力越来越难。老师、演讲者和家长抱怨孩子缺乏定力，无法专注地理解复杂概念。注意力持续时间正在缩短。广告商过去用5分钟的视频向潜在客户推销他们的服务，现在他们的视频缩短到了90秒。

如今很多人担心，随着我们的大脑养成摄入无营养食物的习惯，消化营养饭菜（比如书籍，或者是一般意义上的复杂概念）的能力会逐渐下降。中国的研究人员对网瘾患者做了一项虽然有局限，但十分有趣的研究。他们发现网瘾患者负责注意、控制以及执行的脑区增加了大量"白质"（额外生长的负责速度的脑神经细胞）而不是"灰质"（负责思考，由大量神经元细胞体构成）。另外，此项研究发现"网瘾患者负责处理言语、记忆、运动控制、情绪、感官以及其他信息的脑区缩小了 10% 到 20%"。

　　大脑受到影响的不仅只有对网络上瘾的人。正如玛吉·杰克逊（Maggie Jackson）在她的著作《分心》（*Distracted*）一书中所警示的那样，"研究表明，许多美国高中生不能综合、评估信息，不能表达复杂思想，也不能分析论据"。玛丽安娜·沃尔夫（Maryanne Wolf）是塔夫茨大学（Tufts University）的一位阅读学方面的专家，她发现自己在使用网络几年后，竟无法读完一本赫尔曼·黑塞（Hermann Hesse）的小说，愤恨之下，她投身于"慢读"运动（是对起源于意大利的"慢食"运动的刻意模仿）。

　　部分问题在于，在这样一个完美的大加速的自我强化例证中，技术推动着我们越来越快，却也让我们更加无法应对随之而来的影响。例如，我们对干扰和分神的难以忍受逐渐变成了渴望，因为它们能刺激大脑分泌多巴胺。很快，甚至是我们日程表上最短促的间歇，通常也用玩手机的方式被填满了。在一项研究中，研究人员让受试者独自待在一个房间思考 15 分钟，有超过一半的受试者承认不喜欢这一经历。事实上，这一经历糟糕到许多人为了缓解无聊的情绪，在下一次实验中，选择了接受一次让身体感到不适的电击（有三分之二的男性受试者做了这一选择，而女性受试者只有四分之一选择电击，或许可以另写一本书来探讨这点）。

　　有些人曾经试图捍卫这种蜂鸟心理，称这是在同时处理多项任务，是高效的体现。他们认为，青少年在查看即时信息、玩电脑游戏和做作业间不断切换，就像是厨师"在灶头上同时炖着几个锅，适时查看每个锅"一样。通过这种在不同事务或想法间的切换，我们可能会觉得自己很高效。

　　然而事实并非如此。一项又一项的实验表明，多任务处理不过是个神话。作家苏珊·凯恩（Susan Cain）认为，"看起来像在同时处理多项任务，其实是在多项任务间切换，这样会降低效率，并且会增加 50% 的错误"。列维汀说得更直接："在同时处理多项任务时，大脑中负责处理新奇信息的区域受到了新奇事物的刺激，获得了分泌多巴胺的奖赏，这会让我们不知不觉地上瘾。"

这种注意力持续时间的缩短也带来了其他后果。其中最明显的是对我们延迟满足能力的削弱。我的前同事达米安·汤普森（Damian Thompson）在他的著作《困境》（*The Fix*）中指出："21世纪初期，影响最深远的社会发展是我们越来越迫切地习惯于用奖励自己的方式改善自己的心情。"他见证了各种或大或小的瘾症在社会中蔓延开来，比如下午三四点时必须吃个纸杯蛋糕，以奖励自己撑过了大半天。

有些人可能认为，我们的关注点从一个网页跳到另一个网页，我们伸手拿任何我们想要的东西，这都说明我们的意志力不足。关于这点，他们一语中的。集中注意力不仅需要脑力，还需要体力，也就是说，我们需要为脑力活动供给能量的葡萄糖。正如丹尼尔·戈尔曼（Daniel Goleman）在《专注》（*Focus*）一书中所说，"效率下降、注意力分散、烦躁不安等精神疲劳迹象的出现，说明用来保持注意力的脑力已经耗尽了供给神经能量的葡萄糖"。

即使我们专注的能力训练有素，被专家称作执行性注意（executive attention）的能力也会因为压力、劳累或疲劳而减弱。戈尔曼说："由于我们不断因为数字信息的干扰而分心，以致我们几乎时刻处于认知负荷（cognitive overload）的状态。这种超负荷会削弱我们的自控力。"这说明了体重增加时常伴随着压力而产生的一部分原因。我们在失去自控、放任自流时，会吃巧克力或喝全脂拿铁来维持精力。

这样做的结果是导致我们陷入了一个双重陷阱。一方面，我们专注的可能性下降，因为在科技的训练下，我们的大脑是在以尽可能快的速度运作着。另一方面，我们专注的能力也有所下降，因为这些科技创造的环境在削弱我们的能量储备。丹尼尔·卡内曼（Daniel Kahneman）在他的《思考，快与慢》（*Thinking, Fast and Slow*）一书中，将这种状态称为"认知忙碌"（cognitively busy）。他说："处于该状态的人更可能在社会情境中做出自私的选择、使用性别歧视的语言，以及做出肤浅的判断。"他引用了一个以色列假释委员会的案例，其成员在吃过可口的午餐后，准许了65%的假释请求，而在午餐前，几乎一个都没通过。这是因为经过一上午漫长的工作，他们的大脑因为能量不足，默认了最简单容易的选择。

这就引出了一个关键点：对大加速带来的影响感受最强烈的人，往往是那些最无力应对的人。任何一个专业人士在连续几天工作12个小时或应对12个小时吵闹的孩子后，都会感到疲惫不堪，但他们的认知资源很可能足以应对这些。但是，对于那些日复一日和生存搏斗的人来说，要想为了长远计划重新获得专注力和自控力，几乎不可能。

塞德希尔·穆来纳森（Sendhil Mullainathan）和埃尔德·沙菲尔（Eldar Shafir）在他们的作品《稀缺》（*Scarcity*）一书中，描述了贫穷的经历如何降低了我们的心智带宽（mental bandwidth），即"稀缺"会削弱我们的执行注意力和认知控制力，导致管窥（tunneling）。这使我们的注意力高度集中，只关注当前最迫切的问题。他们认为，正是因为管窥作用，我们会申请发薪日贷款或吃纸杯蛋糕。也就是说，"稀缺"缩小了我们在时间方面的视野，使我们忽略了未来要付出的代价。

然而，这一陷阱并非只针对穷人。信息过载以及总体上的生活节奏剥夺了我们停下来思考的时间。例如，对首席执行官的脑部扫描显示，当他们在不遗余力地推动企业向前发展时，管窥效应会发挥作用，以至于要想不再专注于当前的市场定位或商业模式，拓宽思路，需要对认知做出巨大改变。

这种信息轰炸不仅限制了我们进行深度或广泛思考的能力，而且降低了我们的带宽。正因为如此，众所周知，人们在淋浴或浴缸里时会灵感迸发。当我们放松下来，让思路随意游走时，脑中会产生阿尔法波，促进我们的创造力。在一项被称作"新奇用途任务"的实验中，一位科学家让受试者思考一块砖或者其他物体的所有可能的用途，那些让思路游走的受试者想出的用途要比其他人多40%。

信息在急剧增加，而用来处理信息的时间却在逐渐减少，两者情况相加，形成了大加速众多反馈循环中的又一种方式。事实证明，这一反馈循环不仅阻碍我们的创造性思维，还可能将我们变成更糟糕的人。如前所述，在2008年，菲利普·津巴多让《今日美国》的读者反馈他们对日常生活烦心事的懊恼程度，比如排队或等快递。他发现，和1987年那次相似的调查对比，《今日美国》读者的整体挫败感和懊恼度出现了大幅提升（因而，不难理解谷歌对加载时间格外关心）。

一个相似的例子。一名在黎巴嫩被扣为人质的西方人艾伦·约翰斯顿（Alan Johnston）回忆他在囚禁结束乘飞机回国时，因为有人将吉娃娃犬带过安检，航班延误了一个小时。"每个人都很恼火，我感觉有点荒诞，我不明白他们为什么连一个小时的等待都忍不了。可是，在我回到伦敦后，不过六个星期，因为公交车总不来，我就开始边等公交车边骂脏话了。以前的烦躁感已经回来了。"

我们所承受的时间压力越大，我们就越不耐烦，情绪就越糟糕。1977年，普林斯顿神学院（Princeton Seminary）的学生被要求去一个距离很远的房间演讲。一些人被告知他们有充足的时间到达那里，另外一些人被告知他们已经迟到了。在途中，他们会在一条巷子里路过一个倒在地上咳嗽的人。结果，没有时间压力的学生大多数会停下来帮忙，而认为自己迟到了的学生超过90%只是匆匆走过。

如果时间压力确实会侵蚀同情心，那么加快的生活节奏也许能解释让批评大加速的人感到震惊的一种社会趋势——自恋感膨胀、同理心崩塌。例如，有关美国青少年的调查显示，他们的自我迷恋情绪显著加强，调查还显示，这些孩子的心理素质不如上一代那么坚强。我们每个人一天到晚只顾着经营自己的社交媒体形象，难怪我们培育的孩子既自私又脆弱，是期待生活自带撤销键的"屏幕少年"。


## 现代社会压力山大

网络对我们注意力持续时间的影响无疑是一个严峻的问题，但真正的问题在于这种影响并不是孤立存在的。我们不仅要应对应接不暇的信息、要求与消息，还被告知我们回应这些要求的能力决定了我们的自我价值和幸福感。根据英国舆观调查网（YouGov）的一项最新调查，英国人感到他们的工作比以往任何时候都压力重重、飘摇不定、要求苛刻。在一项针对33个国家、115000人的范围更广的调查中，有13%的人说他们因工作而失眠，40%的人说请病假让他们感到内疚。

这就是布里吉德·舒尔特所说的"不堪重负心理",一种让我们注意力分散、认知碎片化以及精疲力竭的心态。在这种心态的作用下,我们感觉到自己无论跑多快、工作多久,我们依然是不合格的。

这里面对的根本问题和我们的奖赏回路一样,是我们为旧石器时代设计的压力系统与21世纪的生活不匹配。当我们发现威胁时,我们脑中的杏仁核就会发出熟悉的"战或逃"信号。我们的身体充斥着各种荷尔蒙:肾上腺素让心跳加快;多巴胺让大脑沸腾起来,关闭我们更高水平的推理,让我们的本能发挥作用;皮质醇促使大量葡萄糖产生,为我们的肌肉提供所需的能量。

我们体内的这些反应不仅与生俱来,而且十分必要。就像运动员一样,我们天生能够适应这些突发性的身体反应。我们甚至会喜欢上它们:大量的荷尔蒙对大脑的愉悦回路具有强烈的影响,会让我们感觉自己力量强大、效率高、有掌控感(这就是我们中的一些人对压力上瘾的原因——压力所促成的化学反应和毒品、酒精类似)。

然而,压力如今并不罕见,而是一直都存在。我们所面对的不是身体上的威胁,而是外部信息源源不断的轰炸。这些信息旨在尽可能地吸引我们的注意力,尽可能地让我们心生恐惧(就电视新闻而言)。为了生存下来,在进化的过程中,我们会本能地注意光、声音和震动,而现在的我们无时无刻不在面对这些。

让情况雪上加霜的是,虽然最初的"战或逃"反应也许转瞬即逝,但压力应激系统一旦触发,需要很长的时间才会归于平静。正如科学家罗伯特·萨波尔斯基(Robert Sapolsky)所说:"你身体的自主部分就像一列货运火车一样,逐渐加快速度,需要很久才能停下来。"这就造成了一个独特的反馈循环：当我们因为某件事而感到忧虑或气愤时，即使我们已经心平气和了，我们的身体依然保持着激动的状态。我们的大脑收到身体发出的信号，认为这些信号的出现必定有其原因，于是我们再次回到了之前的情绪状态。

当我们特别紧张时，或者属于尤其容易紧张的体质，皮质醇和其他荷尔蒙会停留在我们的体内，慢慢地，压力不再是偶尔一次的经历，而是成为一种生活方式。正如萨波尔斯基所解释的那样：

有机体在遭遇某种威胁时，通常会警觉起来，寻求有关威胁种类的信息，并且努力寻找有效的应对反应。一旦安全信号出现，比如成功躲避了狮子、交警接受了解释不开罚单，有机体就会放松下来。但焦虑的人并非如此。相反，他们的身体在不同应对反应间疯狂地转换，会突然从一种应对反应跳到另一种，不去检查安全信号，只是紧张不安地奋力跳过每一垒，在同一时间进行多种反应；抑或他们的身体失去了检测安全信号的能力，一直处于焦躁不安的警觉状态。

现代生活不可预测的混乱性加剧了这一问题。正如喜爱随机奖励是我们的天性，害怕难以预测的危害与惩罚也是我们的天性。加利福尼亚大学洛杉矶分校（UCLA）的灵长类动物学家琼·西尔克（Joan Silk）证明，雄性狒狒首领在很大程度上是通过不可预测的突然性野蛮侵犯行为（你很可能在自己工作的地方也见过这种行为）来让狒狒群屈服于它。

皮质醇实际上并不是导致压力产生的原因，它的主要功能其实是恢复我们身体系统的平衡稳定，就像在事故现场总会看到的救护车。可是，当我们的身体系统充斥着皮质醇，不断地承受着压力时，特别糟糕的事情就会发生。舒尔特说，压力"会削弱人体的免疫系统，使其更容易受到炎症、心血管疾病、高血压、2型糖尿病、关节炎、骨质疏松、肥胖症、阿尔茨海默病等衰弱性疾病的影响"。此外，压力还会导致慢性疲劳综合征、癌症，以及忧郁和焦虑情绪，特别是对女性来说。承受重大压力的人体内细胞中端粒（就像是染色体上的鞋带两端的金属箍，它的作用是防止 DNA 损伤）的长度更短，这会导致皮肤皱纹加深、头发灰白、肌肉松弛、视力和听力受损以及预期寿命降低。甚至有人认为，压力水平上升是西方生育率下降和男女婴比例发生变化的部分原因。

好像以上这些还不够令人烦恼似的，压力还会削弱大脑的功能。压力会在短期记忆被转移到大脑的另一部分进行长期储存时，分解维系短期记忆的神经回路；压力还会缩小脑前额叶的体积，这个脑区支配我们的专注力和注意力——反馈循环发挥作用的又一例证。以前人们的观点是，这种情况只适用于极端病例，比如创伤后应激障碍（PTSD）或极端的童年创伤。然而事实并非如此。舒尔特简要描述了耶鲁大学埃米莉·安塞尔（Emily Ansell）的研究，研究发现我们承受的压力越多，我们脑中的灰质体积就越小。2012 年一项对 100 多名健康受试者进行的研究表明，最近生活中经历过压力事件（比如失业或离婚）的人，"脑前额叶的部分区域，灰质明显更小，而脑前额叶不仅负责调节情绪和自控力，还负责调节血压和血糖水平等生理功能"。

正如大加速的所有坏处和好处，压力的影响也并非是均匀分布的。比如，最脆弱的人往往会承受最多的痛苦，并且很难从中恢复。安塞尔发现，曾经有过压力经历的人再次承受压力时，大脑灰质相应会产生更大的损失，而其他研究显示，这些人修复损害的能力也降低了。

除此之外，还有基因上的原因。研究者发现，负责将多巴胺从脑前额叶清除的酶（COMT，儿茶酚 -O- 甲基转移酶）有两个变种，一强一弱。在欧洲后裔中，四分之一的人体内只有弱的那种酶，另外四分之一的人体内有强的那种酶，而其强度是弱酶的五倍。体内只有弱酶的人——波·布朗森（Po Bronson）和阿什利·梅里曼（Ashley Merryman）在他们合著的《输赢心理学》（Top Dog）一书中称他们为"颤士"（Worriers）——会被压力压垮，而体内只有强酶的人——战士（Warriors）——却能在压力下茁壮成长，以至于在无压环境中，他们会因为缺少多巴胺而丧失积极性。

虽然这些影响不应该被夸大——研究表明，面对压力情境，比如驾驶飞机，颤士如果经验丰富、训练有素，同样能出色应对，但是这种酶的作用依然至关重要。关键的一点是，雌激素的存在改变了 COMT 的转录，从而使多巴胺的吸收率降低了 30%。这意味着，常言说女性处理压力的能力更差，是有事实根据的。处于压力下的男性往往会不理睬情感线索，因此会做出更加理性的决定；而女性会寻找并遵从情感线索，从而使自己镇静下来。因而，普遍来讲，女性在做决定时，需要的是支持，而不是大喊大叫。（有一点也许会为女性带来安慰——女性更擅长做金融分析师，因为她们能不让自尊心影响工作，并且能够尽量避免铤而走险。）

所以，我们每个人所能承受的压力值是不同的，并且反应方式也有所不同，而之所以如此，既有文化原因，也有生物原因。实际上，许多疾病都是如此。比如，在日本，有抑郁症患者深信自己的睾丸缩回到了身体里；在韩国，有抑郁症患者坚信自己深受燃烧的痛苦；在中国，有抑郁症患者认为自己的肩膀痛或肚子痛。

然而，无论我们以何种方式对压力作出反应，压力都对我们的健康有巨大影响。研究人员发现，人们健康状况的最佳预测指标是他们对生活中压力水平的感受。这是一个问题，因为现代生活方式会千方百计地提高压力水平。


## 被钉在办公桌前的人

毋庸置疑，许多国家的工作时间很长。然而，就像大加速涉及的其他方面一样，这个特点始于美国，然后蔓延到了世界其他国家。正如舒尔特所说，在拥有学位的美国男性中，将近 40% 的人每周工作超过 50 小时；而对于职业单亲母亲来说，这一比例是 32%。2014 年，只有 56% 的美国人休一周年假，而在 1976 年有 80% 的人这样做（今天几乎 100% 的英国人和欧洲人会这样做）。她引用了一位旅行专家对旅游趋势变化的描述：现在大家已经不会花一周时间去背包旅行了，而是利用周末出去玩，甚至是一日游。"在 2010 年时，大家关注的时间就已经缩短到下午的 4 个小时能做些什么……而现在，大家关注的是午餐 45 分钟能做些什么。"

在分秒必争的金融业和科技业，这些趋势甚至更为极端。在硅谷，每周工作不到 90 小时的人、在拼命推出产品时没有紧迫感的人、没有在办公桌前狼吞虎咽吃零食的人，普遍被视作失败者。压力不仅来自上级，还来自你的同事。一个极端的例子就是《纽约时报》在对亚马逊公司进行调查后，对其残酷工作环境的披露。亚马逊被指控"在进行一项鲜为人知的实验，测试白领员工的极限"（据称，一位女员工生下了死胎，却被告知要确保重心在工作上）。

华尔街的情况同样严重。《社会学季刊》(Sociological Quarterly) 上刊登的一项研究指出，经济危机后转行的银行家将他们长时间工作的文化带到了其他行业。一个刚来亚利桑那州的人说："我在这儿的生活很舒适，还没有必须在办公室待到超过晚上11点的时候。"

工作时间长并不一定代表不幸福。很多人热爱工作，并且在工作带来的挑战中迅速成长。举个很明显的例子，一家名为Amerco的保险公司因为职员抱怨工作时间太长并且因此造成家庭生活紧张而感到担忧，于是这家公司投入了大量资源推广弹性工作制，并且承诺弹性工作的职员不会因此受到审核惩罚。然而，有孩子的职员只有4%缩短了工作时间，开始在家工作的也只有1%。问题在于，这家公司已经做得很好了，但比起回到家里争论该谁洗碗，待在办公室舒适的环境中，做重要且有趣的项目，要吸引人得多。

但是，对很多人来说，工作时间长实际上是一种诅咒，不利于健康。伦敦金融城一位化名为西蒙的分析师说："人们以为工作的一天是从你坐到办公桌前开始的。"

但现在已经不是这样的了。工作的一天从你早上一睁开眼开始，你打开CNBC电视台，拿起黑莓手机打开彭博（Bloomberg）资讯，看看都发生了什么，对你和你的公司有什么影响。你的大脑从早上6点或6点半开始运转，接着要应对早餐会议、调研、和客户的一对一会面、报告会、航班。即使当你正在坐火车回家，或者正在和家人吃晚饭，手机还是会响，你还是得和纽约办公室取得联系，看看当天结束时情况如何。直到某一刻，你发现自己早上根本无法起床。

几年前，西蒙被诊断出患有慢性疲劳综合征。他在和专家交谈时，了解到他们收诊的95%的病例都是像他这样在伦敦金融城工作的职员。他解释说，主要病因是由工作引起的压力，"过去，如果在丛林中遭遇野兽，你会想方法应对，稍后就会恢复平静。而在现代市场中，你的战或逃机制一直处于开启状态，这样你的身体早晚会因受到巨大损伤而停止工作，进入修复状态"。

舒尔特还引用了加拿大卫生服务部门的一次大规模调查，这项调查证实了这种影响："随着工作周逐渐变长，闲暇时间逐渐缩短，人们的健康状况恶化，注意力更加分散，变得心不在焉，工作效率差，创新能力下降。"调查得出结论："工作时长与角色过载、体力耗尽以及身心健康问题之间的联系说明，这些工作量不能在长期内持续。"最新研究发现，一周工作超过55小时除了会增加心脏病发作的概率之外，还会增加三分之一的中风概率。值得注意的是，这些问题还会传染：德国的研究人员发现，在压力大的人周围（或者只是在电视屏幕上看到他们）会让我们深感压力。

加班不仅不利于健康，还影响工作效率。在2005年微软的一项内部调查中，其员工表示，虽然公司有长时间工作的文化，但他们实际上每周高效工作的时间只有28小时（部分原因在于上述的种种干扰）。20世纪80年代的研究发现，虽然让员工每周工作60或70小时能带来短期收益，但这种收益只能持续几周时间。并且其他研究还发现，过度劳累会导致员工犯错，而解决这些错误却需要花费比加班更多的时间。舒尔特引用了一项实验，该实验对一家波士顿咨询公司的两组员工进行了比较研究。一组员工每周工作时间超过50小时，不休假，时刻用手机办公。另一组员工每周工作40小时，按时休假，下班关机。结果显示，后一组员工不仅工作效率更高，而且高出很多。

我们将很快看到，要想让大加速的影响对我们有利，其中一个主要途径就是要坚决维持工作与生活的平衡，这样我们才能破解这一系统，让它为我们所用。然而，在这个因大加速作用而日益混乱的世界中，要想做到这点，可能越来越困难。当人们更担心因为国外的竞争者或是自动化（大加速的又一影响）而失去工作时，他们只会响应老板的呼吁，投入更多的时间。

事实上，我们工作得越投入，我们越会让工作以信息和电子邮件的方式挤占我们的闲暇时间，这样我们工作之外的生活就会更紧张，我们的压力水平也会更高。尤其是，虽然"十全十美"已经成为陈词滥调，但我们还是忍不住想要同时成为完美的工作者、完美的生活伴侣、完美的父母。

例如，尽管现在拥有工作的女性比20世纪60年代多很多，但现在普通母亲花在积极照顾孩子上的时间也更多。高质量"互动式照料"（读书给孩子听，和孩子一起玩耍）的时间也比从前增加了两倍。可我们还是觉得不够。这样的后果便是，就照顾孩子所花的时间而言，父母的尽职尽责几乎达到了一种痴迷的状态。

这再次说明了大加速的方方面面都是相辅相成的，并且展示了大加速是如何使社会两极分化的。在这种情况下，一边是工作时间从来都不够的全球化专业阶层，另一边是没什么工作可做的劳动力市场边缘阶层。

这种情况对处于两极的阶层都有不良影响。对于高层工作者而言，专业人士因为要花更多时间陪伴孩子而承受着巨大的压力。在这个技术驱动的快节奏世界中，具备理解和运用技术的技能越发重要。随着世界财富日渐增加，儿童数量却在逐渐减少，大部分原因在于发达国家女性工作人数增加，并且工作带来的压力越来越大。

这就意味着，很多父母将所有的鸡蛋都放在了一个或两个篮子里。所以，如果好成绩能为孩子带来好的生活，他们就会竭尽全力地确保孩子成绩优异。这反过来也导致父母对孩子的过分保护，甚至对孩子过分监督到疯狂的地步——虽然这些父母已经为应对越来越多的工作需求而焦头烂额。一项针对空中交通管制员所做的研究颇具说明性，这项研究发现，他们的育儿质量与他们当天必须处理的飞机数量完全匹配：他们越是专注于工作，回到家时就越不愿意和孩子相处。

近几十年来，儿童自由游戏的时间大大减少，这也许说明了为什么——根据一项令人瞠目的研究——城市中的富孩子患抑郁症或焦虑症的概率比穷孩子高两到三倍，并且吸毒和酗酒的可能性也更高。这也正是为什么很多被管教过严、压力过大的孩子通过上网来暂时逃避压力，而父母也因此更为担忧。

情况对底层工作者来说也没好到哪里去。作为展翅高飞的成功人士，其中一个回报就是你会感觉命运由自己主宰，或者至少感觉到了自身地位的优越性。这会减轻甚至消除压力的影响。一项对英国公务员的研究表明，老板通常比他们的下属活得更长、更健康。

做底层工薪族不仅会危害你的健康，还会减少你的寿命。我们之前讨论过的有关"管窥"的研究反映出，做底层工薪族还会缩小你的时间视野，让你缺乏远见。你拥有的权力越少，你就越会觉得压力重重、时间不够用。关于这一点，也许最好的例子是对蔗农做的一项研究：这项研究测量了蔗农在丰收前缺钱时和丰收后富足时的智商。研究人员发现，当钱花光时，蔗农的智商下降了9点或10点，原因并非是他们变笨了，而是他们的经济困境限制了他们的心智能力。

简而言之，压力是一种新的流行病。它的侵蚀性影响以不同的方式作用在不同的地方，却总是促使我们对大加速感到恐惧和警惕，而非兴奋和喜悦。生活节奏越快，我们对压力影响的感受也就越强烈。


## 无眠的漫漫长夜

人体拥有一个很棒的恢复机制——睡眠，专门用来应对紧张和压力。然而，在大加速带来的种种压力下，睡眠正在被逐渐侵蚀。

关于我们为什么要睡觉，科学家提出了很多说法：有人说是为了节约能量，大脑作为高能耗器官在睡眠状态下，部分区域会关闭，以便休整和恢复；也有人说是为了处理信息，大脑在睡眠状态下会重新排列和组合我们白天所经历的问题，从而使我们能以新的视角来看待这些问题。并且，大脑在睡眠状态下会修剪掉白天清醒时形成的神经突触，重新连接神经回路，使大脑不至于过度拥挤。正因为如此，晚上睡不好，会模糊你对事件的记忆，这个影响甚至会持续两三天（这也是为什么喝酒会造成记忆缺失，因为大脑的重置系统被酒精扰乱了）。

无论如何，有一点是显而易见的，即睡眠必不可少，但人们的睡眠质量与长度都在下降。1960 年，多数美国人每晚的睡眠时间为 8～9 小时，而到了 2000 年，这个数字降到了不足 7 小时，每 3 个美国人中就有一个人睡眠不足 6 小时（而低于 6 小时，睡眠不足就会影响到我们的日常表现）。近期一项针对 38700 名英国员工的调查发现，只有 15% 的员工在起床时感到精神焕发。玛丽亚·康尼科娃（Maria Konnikova）最近在《纽约客》上发表的一篇文章说："就群体而言，现在的我们比之前任何时候睡得都少。"

问题不仅在于我们的睡眠时长，实际情况要比这复杂有趣得多。研究者发现我们实际上有两个睡眠系统，一个比较简单，负责调节疲倦，我们清醒的时间越久，需要的睡眠时间就越长。

另一个睡眠系统更为复杂，即生物钟，也就是昼夜节律，负责告诉我们什么时候该睡觉。我们已经知道，决定我们生物钟的不是我们脑中的某个主回路，而是存在于我们体内每个细胞中的数十亿个小钟表。我们之所以会出现时差反应，是因为随着我们的警觉性、消化能力和对明暗感觉的逐渐乱套，这些独立的小钟表也会逐渐紊乱，无法同步。

一些研究人员认为，这也是睡眠中断比例不断上升的原因之一。生物钟的一部分是由我们的进食时间和血液中的糖量决定的，这些钟表因为我们越来越常在两餐间或夜间吃零食而变得紊乱。在这种情况下，受影响的不只有我们的睡眠，还有我们的健康，因为这些钟表还控制着我们体内的消化、排毒、DNA损伤修复、循环、胆固醇等许多指标，而这些指标和种种疾病有着直接的关联。

事实表明，大加速造成了我们身体的昼夜周期失调，以致我们深受其苦。蒂尔·罗恩伯格（Till Roenneberg）也许是现代最具影响力的睡眠研究者，他将这一现象描述为"社会时差"，即我们的生理节奏是与工作时刻表而非光线变化同步。周末补觉时，我们某种程度上是在偿还因工作日睡眠不足而导致的"睡眠债务"。实际上，我们是在从"办公室"时区回到我们的自然作息规律。

这显然对健康不利。当出现夜间工作或其他不合理的安排时，这种错位将变得更严重，对健康的损害也会更大。研究人员选择了基因完全相同的老鼠，并且让其中的一些老鼠做类似于倒班工作的事情。苏黎世大学（University of Zurich）的史蒂夫·布朗

（Steve Brown）解释说："在多数研究中，这些老鼠会更早地死亡，它们的免疫系统和消化系统都出现了问题，患癌症和出现心脏问题的概率上升，可以说是患上了我们不愿患上的所有毛病。"对人类工作者的研究，比如必须整晚待命的美国护士，倒班工作显示了对健康类似的影响，以至于世界卫生组织已将倒班工作归入致癌因素之一。

布朗列举了有关实习医生的实验。实习医生是特别缺乏睡眠的一个群体，科学家在实习医生值班时对他们的状况进行了监测，还说服了他们佩戴大脑监测器。实验结果表明，随着他们越来越困，特定的神经元群组会停止运转，大脑的各个部位都在经历"微睡眠"（micro-sleep）。布朗解释道："医生会在手术过程中完全或部分地睡着，甚至在和患者交谈时也会如此，他们大脑的很大一部分会表现出慢波睡眠 * 的特征。"

这种睡眠匮乏已经成为各种事故的罪魁祸首，比如切尔诺贝利核电站爆炸事故和埃克森公司的瓦尔迪兹号油轮（Exxon Valdez）漏油事故 **。睡眠匮乏会对认知功能产生和醉酒等同甚至更严重的破坏作用，因此许多研究睡眠的科学家不会在午夜后乘坐出租车，他们害怕司机犯困造成灾难性后果。罗恩伯格针对学生的一项研究表明，睡眠匮乏的种种影响不只局限于值夜班的人。他认为，真正意义上的倒班工作仅仅是昼夜节律错乱的一种极端形式，"在当今工业化的世界中，多数人遭受着一种类似的'强制同步'"，并且为之付

---

* 慢波睡眠（slow-wave sleep，缩写为 SWS），又称正相睡眠或慢动眼睡眠。慢波睡眠的脑电图特征是呈现同步化的慢波。慢波睡眠有利于促进生长和恢复体力。

** 1989 年 3 月 24 日，因船长痛饮了伏特加后昏昏大睡，掌舵的三副未能及时转弯，这艘巨型油轮撞上了一处众所周知的暗礁，造成了后果极其严重的漏油事故。

出了身心健康的代价。

引发健康问题的不仅有社会时差。来自牛津大学的拉塞尔·福斯特（Russell Foster）说："现在的很多领域有充足的数据表明，违背体内生理属性对我们的睡眠以及健康会造成重大影响。"例如，儿童睡眠不足就会极度活跃，以致常常被误诊为注意力不足型多动症（ADHD）。研究者正在积极探究睡眠匮乏与阿尔茨海默病之间的联系，虽然可能需要很多年才能被证实。正如史蒂夫·布朗所解释的那样，睡眠通过扩张淋巴管来清除大脑中的大分子垃圾，就是这些垃圾沉积物构成了阿尔茨海默病基质的斑块。因此，可以初步认定，长期睡眠不足是造成阿尔茨海默病的一个风险因素。

睡眠匮乏再加上生活压力越来越大，会造成一个最直接的问题：为了早晨有动力，一天都有精神，你需要靠咖啡提神，需要喝可乐，吃高卡路里的零食补充能量。于是，你精神兴奋，睡不着觉；于是，你服用安眠药之类的药品，让自己镇定下来。问题是，这样做并没有帮助你拥有长时间的高质量睡眠。因此，第二天起床，你又需要喝更多的咖啡提神。福斯特将这种现象称作"兴奋剂—镇静剂循环"（stimulant-sedative loop），他说，在倒班工作的人身上早已发现这种现象，而现在却在社会各层都能看到。他解释道：

在和利物浦一所学校的一个13岁的孩子谈话时，我问她："你的睡眠怎么样？"她说："很棒啊，很棒。"我说："太好了，你有什么小窍门？"她说："哦，我吃我妈妈的安眠药。"这个孩子才13岁，她在服用镇静剂。于是我又问她："那第二天早上你感觉怎么样？"她说："嗯，昏昏沉沉。不过没事，因为到午饭时，我已经喝了大概三罐红牛了。"这种程度的兴奋剂和镇静剂服用会严重损害正在发育、尚未定型的大脑。而这种情况之所以会出现，是因为我们试图

**在本就繁忙的一天里做更多的事情，于是我们总是先牺牲睡眠时间。**

失眠和昼夜无眠的生活方式当然也会对成年人造成不良影响。福斯特说："如果你身处这种兴奋剂—镇静剂循环中——因为酒便宜，你就用酒精来麻醉自己，缓解压力和疲惫，抵消你所服用的兴奋剂作用——你就不能做合格的伴侣，更不能成为称职的父母。"缺乏睡眠还会抑制创造力，而创造力却是知识经济中越发关键的资源。

正如本章所描述的诸多影响一样，睡眠问题和压力问题相互依存。如果我们睡眠不足，我们能够通过激活压力反应、摄取更多葡萄糖来克服身体的需要。倒班工作人员就是这种情况，这也是他们患心血管疾病概率更高的原因，因为身体过度地使用这一机制。与此同时，他们的皮质醇水平升高，削弱了免疫系统，导致出现感染和健康问题的概率更高。还有至关重要的一点，我们在感受到压力时，会更加难以入睡，于是就会形成压力越大、睡眠越少的恶性循环。

就像是互联网对我们大脑思维的重塑一样，睡眠匮乏所带来的影响十分迅速（并且狡诈，鉴于我们对自己所受的影响难以察觉）。芝加哥大学的伊芙·范·高特（Eve Van Cauter）用两组 20 岁出头的健康年轻男性做了一项实验。一组每晚只能睡 4 小时，而另一组可以睡 10 小时。仅仅 7 天后，睡眠不足组体内的饥饿激素脑肠肽（ghrelin）飙升，身体对碳水化合物和糖的消耗量也猛增，而血液中清除葡萄糖的能力接近糖尿病的水平。基于这项研究，她明确指出，最近几十年以来，肥胖症在整个社会的蔓延与睡眠长度和质量的下降是相互对应的。

正如互联网对大脑的影响，睡眠不足对儿童和青少年的影响也应引起更多关注。吉姆·霍恩（Jim Horne）是睡眠方面的专家，他强烈地批评关于我们正走向一个睡眠越来越少的社会的说法（显然，大多数睡眠研究者和他的观点并不一致）。但连他都赞同，儿童把太多该上床睡觉的时间花在了屏幕上。青少年也一样，尤其是他们在生理上比成年人需要更多睡眠。然而，2010 年的一项研究发现，美国青少年平均每晚会在睡前发送 34 条信息。

拉塞尔·福斯特说，问题在于"对于现在的青少年来说卧室是用来娱乐的地方，而不是睡觉的地方。因此，在社交媒体和其他电子设备的共同影响下，晚睡晚起的习惯被极大地加重了"。

父母不愿规定严格的睡觉时间对此也有影响。福斯特说：

我们觉得规定年轻人睡觉的时间不太好，可这却是他们的迫切需求。由于缺乏睡眠，情绪上的波动、抑郁、焦虑、挫折、愤怒、冲动等都会大大地加剧。在和兢兢业业的老师交谈时，他们会说孩子们在每天上学的头几个小时总是昏昏欲睡。我认为，这种睡眠的边缘化正对我们的健康和生活质量产生重大影响。

## 学会自我调整

大加速在生理上无疑产生了深远的影响，对许多人来说，这些影响会造成极深的破坏性。然而矛盾的是，这些影响也为我们保持乐观提供了依据。目前困扰我们的许多问题都是因无知而产生的，比如我们尚未意识到信息过载会对我们产生什么影响，尽管我们模模糊糊感受到了这些影响的存在。不过，越来越多的证据表明，所有这些问题都可以得到解决，并且有比较简单快捷的方法，让我们既能享受大加速带来的好处，又能免于受到其弊端的侵害。

以失眠为例。在很大程度上，我们之所以彻夜无眠，是因为我们有睡前盯着屏幕的习惯，而屏幕散发的光线频率会延长我们清醒的时间。应对这种情况，我们不必将手机放到一边，只需使用屏幕过滤器（或者戴专门的防蓝光眼镜），将蓝光转化成橙光就可以了。橙光对神经的刺激要舒缓得多。

在更遥远的未来，还会出现一种叫作经颅磁刺激（transcranial magnetic stimulation）的技术，这种技术本质上是一种类固醇移动电话，能诱导神经元进入慢波睡眠状态。你可以想象一下有一种弹出式的睡眠隔间，能帮助我们在一天中空出更多时间。而现在，倒班工作人员已经能轻松测试他们的"睡眠类型"（Chronotype），即他们的基因决定了他们是早睡早起的人还是晚睡晚起的人。除此之外，还可以对工作的危险之处、适量营养的摄入，以及定期接受压力水平测试进行普及教育。

至于那些狂灌红牛的青少年，解决方式比较简单，只要增加向他们解释睡眠重要性的课程，并向父母传授这方面的知识，就能解决。如果家长可以对屏幕时间设定家庭规则，就能让孩子每天花在上网或看电视上的时间减少3个小时（目前，美国孩子每天花在屏幕上的时间多得惊人：7小时38分钟）。即使父母和孩子没能认识到睡眠的重要性，也可以使用科技手段，利用类似手环的可穿戴设备监控用户的睡眠模式，并将获取的相关信息传送至用户的智能手机上。要不了多久，孩子不仅可以因为家庭作业的完成情况，还能因为自己的睡眠状况，获得金色的小星星奖励。

即使这些方法都行不通，也可以主动去适应青少年的睡眠习惯。拉塞尔·福斯特和纽卡斯尔郊区的蒙克西顿学校（Monkseaton School）合作，将上课时间从上午8点50分延迟到10点。这样做的目的是让这所学校睡眠不足的学生多睡会儿。这个举措带来了惊人的效果：这所学校达到政府所规定的 GCSE（英国普通中等教育证书）最低门槛的学生人数从低于全国平均水平上升到高于全国平均水平。来自贫困家庭的孩子进步更加显著，成绩良好的贫困学生的比例从约 20% 上升到将近 40%。

对健康造成危害的不仅是睡眠不足。我们现在知道，有些行为或习惯性心态的危害性不亚于抽烟或酗酒，如果能够有效避免，会对我们的健康和幸福大有助益。

以工作为例，确实，让我们分神的事物频频出现，但有各种各样的工具可以供我们使用，帮助我们控制自己的恶习。比如设定无网时间，或者使用时间管理技巧优先处理重要的事情，忽略不重要的事情。自律工具还包括可以设定一种系统，如果你没能达成既定目标，这种系统就会自动捐款给你讨厌的组织（比如共和党），或者这种系统能改变我们以损失未来为代价而专注于现在的做法——这也是大加速的另一种关键效应。

甚至我们的智能手机都能被改变。保证材料来源道德的"FairPhone"手机有一个很显眼的内置选择，能让你暂时告别网络世界。屏幕上会显示："随着网络成为我们生活中越来越重要的一部分，我们也越来越依赖我们的手机。你愿意断开网络吗，哪怕只是一小会儿？"

事实上，近来可以看出与舒尔特在《不堪重负》中所描绘的状况相反的势头。像亚托（Atos）和大众（Volkswagen）这样的一流公司，要么不再发电子邮件（他们认为内部社交网络效率更高），要么在晚上关闭企业电子邮件系统。瑞典的哥德堡市正在公共部门试行六小时工作制。美国超市巨头百思买（Best Buy）开展了一项名为"只问结果的工作环境"（ROWE）计划，意思是你每天上班时间长短、在哪儿工作都不重要，重要的是你完成了这项工作。结果，这一计划提高了职员的健康水平，降低了他们的压力水平，使他们在工作时精力更加充沛，而且对公司更加忠诚。Treehouse是一家新创教育机构，他们认为职员在疲倦时不会有任何有效产出，因而积极坚持让职员一周只工作四天。

然而，上述种种做法常常被认为是软弱的表现，是对全球化和加速需求的拒绝和否认，并非更有效的应对方式。例如，百思买换首席执行官后，新老板立即终止了ROWE计划，认为它缺乏活力，不利于建设他想要的努力进取的工作环境。迈克尔·阿灵顿（Michael Arrington）是高科技投资人以及TechCrunch网站的创始人，他在一篇被大范围转载的文章中对硅谷的流行文化做出了如下总结："创业本就艰难。所以最好多工作，少喊累，别发牢骚。"

但是，如果你相信市场和证据，那你肯定会相信那些打破旧有工作模式、让员工逐渐从单调繁重的工作中解脱出来的公司会因此受益。这种做法虽然目前不可避免地遭到抵制和质疑，但终将会发展为一股不可逆转的趋势，并且会被不同的企业采纳吸收。

这样做并不是为了提倡松懈下来，而是为了充分利用个人认知资源。舒尔特称之为"张弛的力量"，即在状态好的时候奋力工作，在状态变差的时候好好休养。人体警觉性周期是90分钟，这段时间用来高效工作应该足够了。在状态不好的时候，为什么不试试跑步呢？毕竟，锻炼对消除压力荷尔蒙有神奇效果，萨波尔斯基的一本书，《斑马为什么不得胃溃疡》（Why Zebras Don't Get Ulcers）就由此而来。

掌控大加速的秘诀不仅在于我们工作的时长，还在于我们使用大脑的方式。正如美国伟大的心理学家威廉·詹姆斯（William James）所说："能够一次又一次自发地将游走的注意力抓回来，从根本上体现了一个人的判断力、性格和意志。"的确，事实证明，执行性注意，即控制自身冲动、集中思维的能力，大概是我们应该培养的最重要的素质。

我们之所以知道这点，是因为在新西兰达尼丁（Dunedin）开展过一项杰出的研究，丹尼尔·戈尔曼在《专注》中描述了这项研究。达尼丁市坐落于新西兰南岛的东南端，因为曾经受到苏格兰殖民，这座城市看起来像是精致版的爱丁堡，人口数量不多不少，既在统计上具有显著性，又在操作上具有可跟踪性。因此，研究人员在一个学年内对每个孩子进行了一系列智力测试，然后在二十年后再回去看他们发生了什么变化。研究人员发现，最能预测个人在经济上是否成功的一项因素，不是家庭或阶级，甚至不是智商，而是控制自我冲动的能力。

沃尔特·米歇尔（Walter Mischel）应该会觉得这一发现不足为奇。米歇尔是设计了著名的"棉花糖实验"的美国科学家。在这项实验中，米歇尔让一个孩子进到一个房间，这个房间里放着一块棉花糖，然后他告诉这个孩子，若能在没有大人监督的情况下控制住自己不去吃那块棉花糖，就能获得两块棉花糖的奖励。

结果通过这项测试的孩子和达尼丁通过测试的孩子一样，比同龄人更健康快乐，而且对所处环境适应得更好。这个研究结果太有名了，米歇尔因此还被请到了美国的儿童节目《芝麻街》（Sesame Street）上，帮助演出了一个片段，教育饼干怪兽（也就是这些学前儿童小观众）作为"饼干鉴赏家俱乐部"的一员，要学会控制吃饼干的冲动。

类似的例证可以说是无穷无尽。玛吉·杰克逊说，接受过注意力训练的灵长类动物表现出更低的攻击性。在努力自控方面得分较高的 6 岁和 7 岁的孩子"更富有同理心，更能感受到内疚和羞耻，并且攻击性更低"。而且，"据调查，专注力强的人每天感受到的恐惧、挫败和悲伤更少，部分原因在于他们能够将自己的注意力从生活的负面事件上调离开"。弗兰克·帕特诺伊（Frank Partnoy）在他的《慢决策》（Wait）一书中指出，在受惊后，心率调节速度最快的孩子，社会问题也最少。

这里的关键点不是专注力和自控力多么有益，虽然这点很明显，而是这两种能力既不是有限的，也不是天生的。要训练和培养这两种能力不仅可能，而且出奇容易。没必要服用莫达非尼（modafinil）之类的觉醒促进剂，诸如冥想课程和正念课程都可以训练大脑如何神游、再回神。还可以通过开发出的应用程序和电脑游戏，让用户平静下来，并帮助他们调整自己的直觉。戈尔曼在书中描述到，一些特殊需求班（special needs classes）还给学生分发"呼吸伙伴"，即学生在做平和练习时能用手抓着的毛绒玩具。

在学校里，这种练习被称作"社会和情感学习"。在新加坡——这个世界上最先进的经济体之一，这种练习现在已经成为强制性的。在美国"知识就是力量"计划（KIPP）特许学校，学生们穿着印有"别吃那块棉花糖"字样的 T 恤。戈尔曼指出，科技还能通过"biodot"的形式帮助强化我们的意志力，biodot 是一个监测血液流动的小设备，当你的压力水平上升时，它就会变色，给你时间冷静并镇定下来。

好消息不止于此。具有高执行控制力的人还能发展出另一个关键特征，可以称之为"坚韧"（grit），即面对一项任务坚持不懈、百折不挠的能力。比起SAT（美国的高考）成绩或者智商值，这个能力更能说明一个人在未来是否能成功，约翰·韦恩（John Wayne）[*]对此可能不会觉得奇怪。此外，至关重要的一点是，培养这些技能还会提高我们的幸福感，转而为我们带来所有与幸福相关的东西，比如更积极的人际关系、更满意的工作、更高的健康水平。

关于这种训练的益处还有最后一个也是最令人信服的证据，这个证据来自神经科学领域。虽然埃米莉·安塞尔及其同事也许证明了压力使大脑萎缩，但其他研究者也已经证明，萎缩的大脑还能长回来。舒尔特在书中描述，洛克菲勒大学（Rockefeller University）的布鲁斯·麦克尤恩（Bruce McEwen）让老鼠一天处于应激状态几个小时，持续三个星期。结果发现，受试老鼠控制学习和记忆的脑前额叶和海马体发生了萎缩，而控制即时情绪反应的杏仁核却有所增长。但是，当测试结束后，年幼的老鼠在三周内就恢复了原先的状态（不过对于更老的实验样本，损伤情况有所加重）。

在哈佛大学，布丽塔·霍泽尔（Britta Hölzel）和她的同事发现，让人类实验对象接受八周的正念训练，他们大脑关键区域的灰质密度就会有所增加，即与学习和记忆以及情绪调节和视角采择有关的区域。在另一项研究中，她和其他研究者发现，通过八周类似正念训练的课程来减轻压力，就足以让杏仁核的结构产生积极的变化（杏仁核是我们形成恐慌、"战或逃"反应的大脑区域）。他们骄傲地说："这项研究首次展现了神经可塑性变化与某种程度的心理状

---

[*] 约翰·韦恩（1907—1979），著名美国好莱坞演员，以出演西部片和战争片中的硬汉而闻名，被认为是那个年代的美国人化身：诚实、有个性、英雄主义。

态改变是有关联的。"同理，成年人参加五次时长一小时的注意力控制课后，大脑模式就会更接近于青少年的大脑模式。甚至有人建议，这种大脑练习，尤其是等待 15 秒钟再做任何行动，也许能帮助到强迫症患者以及习惯性担忧者，因为这种练习能开辟新的神经通道，以免触发使他们陷入强迫性行为的"警报回路"（alarm circuit）。

这些研究说明了大脑确实具有极强的可塑性，而这种可塑性也可以导向好的方面。如果大加速正在损伤我们的大脑和身体，那么因为这种可塑性，这些损伤其实是可以修复的。即使是推动"慢读"运动的沃尔夫教授，也能通过重新训练在极短的时间内读完那本黑塞的小说。

因此，对于我们是否具备能够应对大加速的身体与心理能力，是否能够逃脱许多人预测的社会自我毁灭的命运，我们有理由保持乐观。例如，在城市生活让我们体内充斥着压力激素皮质醇，但我们的生产力、创造力以及经济能力也因此大幅提高。之所以大加速的影响常常在不知不觉中逐渐加大，是因为我们欢迎这些影响，因为我们的生活因此变得更充实、更精彩了。

大加速的一个基本特征是，它让生活节奏加快，因此需要我们投入越来越多的时间。这就迎合了我们的一些最基本的生理欲求，而这种迎合通常为我们带来的活力多于损害。我们都有点压力山大，都有点神经紧张，都有点过分活跃。即便如此，我们发现，我们仍然有时间陪伴家人、发展爱好、阅读书籍、欣赏电影。我们迫切所需的不是放慢速度，而是形成恰当的应对策略。

# 第三章
## 方便快捷的交友套餐

Chapter Three

**真爱是面对面坐着，全然没有玩手机的欲望。**

——阿兰·德波顿（Alain de Botton）

很多人论证过社会加速会让我们逐渐走向堕落和毁灭，但只有很少的人抓住过最显而易见的证据——电视相亲节目的转变。

曾几何时，电视相亲节目刚出现时还比较温和。在英国的《初次约会》（*Blind Date*）或美国的《约会游戏》（*The Dating Game*）中，会有一位慈祥的中年主持人，带领着年轻的人们穿过危险重重的恋爱之地。节目的看点是，嘉宾看不到约会对象的样子，仅凭只言片语就要对他们作出判断，即使这些只言片语常常是些矫揉造作的搭讪。比如，"1号单身人士，如果你是一种饮料，会是哪一种呢？""我呢，会是吉尼斯黑啤，因为我健壮有力、皮肤黝黑，给我两分钟时间，我会给你天堂般的感受。"

当时，这种简短肤浅的接触似乎还不足以建立起恋爱关系。然而，和今天的相亲节目相比，这些话就像是古代雅典人之间的文雅交谈。

从2010年起，英国最大的商业电视台ITV每周六晚都会播出一期《和我约吧》（*Take Me Out*）。这档节目是最干脆、最残忍的速配版约会。在演播室里，30位女嘉宾围成一个环形，她们打扮得光鲜靓丽，每个人都代表一个独特的类型，或是才女，或是富家千金，或是红发女郎，或是时尚达人。然后，一个接一个的年轻帅气的男嘉宾搭乘电梯降临到演播室中，出现在女嘉宾面前。女生们在看见男嘉宾的瞬间，就可以开始按面前的按钮灭灯，表示不感兴趣。男主持人高声叫道："不喜欢，就灭灯！"

如果场上30位女嘉宾都灭灯了，该男士就会被毫不客气地踢出该节目。但如果在他下舞台前，台上还有超过一盏灯亮着，权力就会掉转——他可以向亮灯的女嘉宾提一个问题，然后按灭他拒绝的女嘉宾的灯，和他的心动女生携手共度镜头下常常出现的那种周末，伴随着热烈的阳光、柔软的沙滩，幸运的话，还会有美妙的性爱。

《和我约会吧》只是一档娱乐节目，看似毫无害处，但是它将出卖色相与高效配对粗俗地结合，折射出了我们对社交生活在大加速的压力下不断变化的深深忧虑。随着我们的大脑和身体根据加速文化的需求发生变化，我们互相交流的方式也因此发生了变化。**无论从何种意义上来说，操控这个新世界法则的，是欲望的加速。**

对于批评者来说，其后果就是儿童在成长过程中对iPad、电视机的关注多于对父母的关注，比起享受户外活动，他们更愿意盯着闪烁的屏幕。等他们成长为青少年，他们的关注点发生了变化。在家时，他们将自己关在卧室里，一边在一个屏幕上和朋友闲言碎语、打情骂俏，一边在另一个屏幕上玩着画面变化极快且极其暴力的电脑游戏。出门时，他们也总是手机相伴。手机已经成为各种各样不良行为的渠道，如网络欺凌、性短信，他们还可以通过手机接触海量的网络不良信息。

随着他们一天天长大，这些脆弱自恋的青少年成长为脆弱自恋的青年，他们喜爱机器超过喜爱人，不能坚持做一份工作，无法维持和朋友、爱人的关系。他们纵情享乐，喝酒、借贷、文身、穿孔，浑浑噩噩，毫不顾及后果，仿佛只有在渺茫的未来才用担忧这些。

然而，对加速一代还有另一种描述，也不无道理。比起他们任性不羁的父母，这一代的孩子要规矩老实多了，他们更少抽烟、更少喝酒、更少滥交，而且做事努力。上网还避免了他们惹麻烦。2007 年，在英格兰和威尔士有 111000 名 18 岁以下的孩子被警方定罪。到了 2013 年，这一数字下降到了 28000 人。这些孩子使用科技不是为了彼此谩骂，或是逃离日常生活，而是为了丰富日常生活，与网络上的朋友交流、互动。他们迷恋男子组合的某个成员，或者喜爱某个留着可爱刘海儿的美貌油管主（YouTuber），这都无伤大雅；他们创造自己的内容，并热切地和同龄人分享。他们没有父母那么看重物质，在社会观上也比他们更宽容，像鱼儿一般自在地遨游在现代化的海洋中。

那么，上面哪种描述才是真实的？从数据上来看，两种描述都一样合理，即便不是所有人，但大多数生长在加速时代的孩子都可能兼具这两种特征。事实上，"从来如此派"认为，尽管各种悲观主义论调肆虐，但今天的年轻人和以前的年轻人差别不大。谷歌执行董事长埃里克·施密特（Eric Schmidt）告诉我："那些坐在那里说着这一代与上一代不同的人，是在忽略历史。"

**读一读 60 年代有关国王路（King's Road）和流行音乐革命的报**

道。你想讨论自恋吗？当年的那些人都长大了，他们都已经65岁或70岁，而他们似乎都过得很好……据我了解，每一代年轻人都自恋过，但不知不觉就结束了，主要是因为他们生育了后代。当他们最终生儿育女时，就不得不关心别人了。

尽管如此，情况也不可能全无变化，否则，我们应该依旧在看《初次约会》。显然，我们的社交方式在这些年间一定发生了某种改变。但究竟是什么样的变化呢？

为了得到这一问题的正确答案，我查阅了大量调查和统计数据。我选择借用《纽约时报》专栏作家戴维·布鲁克斯（David Brooks）和他在《社会动物》（The Social Animal）一书中使用的方法，虚拟出一个典型的生长于加速一代的孩子。她和父母有什么不同？她的生活有什么特别之处？首先，我们将通过她来审视现代人的童年时期和青少年时期。其次，我们将转而关注约会、性以及婚姻等更棘手的方面。


## 少女塞尔达的故事

我打算叫这个虚拟的女孩"塞尔达"，之所以叫这个名字，是因为她和如今许多其他孩子一样，是个小公主。她的父母很晚才生下她，所以非常宠爱她。然而问题是，他们能够陪伴她的时间不是很多，因为他们自己已经筋疲力尽，心力交瘁（如果他们上过正念课程，也许情况会有所不同）。

有四分之三的父母感觉他们陪孩子的时间不够多，有三分之二的父母觉得留给自己或伴侣的时间不够多，而塞尔达的父母就是他们中的一员。但情况也没有那么糟，至少塞尔达的父亲没有想过搞婚外情，不过，这主要是因为他不知道自己怎么才能腾出时间（如今在英国，只有14％的离婚以外遇为缘由，工作压力造成的离婚比这多得多）。

他要工作，他的妻子也要工作，还要照料塞尔达和她的弟弟，家里每个人都能感觉到这种压力。一家人一起吃饭，或者只是共处一室的机会都越来越少：现在家庭每天共处的时间平均只有49分钟（事实上，这也是导致小孩子礼仪及礼貌问题的因素之一，因为他们在餐桌前花的时间太少，不足以养成良好的社交习惯）。后来，塞尔达的爸爸下班回来时，她和妈妈甚至都不会抬头打声招呼了。塞尔达年幼时，她爸爸给她买了一只玩具熊，这只小熊能提供"远程拥抱"，这样她爸爸就能在加班时告诉她自己有多爱她。而塞尔达认为，这只熊是她见过的最诡异的东西。

那么，是什么在填补父母不在的空白？简言之，屏幕。塞尔达这代人是第一批真正的数字时代的孩子，他们几乎从出生的那天起就被信息所包围。等到她7岁时，如果你把她使用多个设备的总时间加在一起的话，塞尔达已经累计在屏幕上花费了整整一年的时间。她的父母很难相信，当初看到塞尔达仿照爸爸滑动iPad屏幕，并且开始用手指在他们结婚照的玻璃相框和洗手间的玻璃上滑来滑去时，自己竟觉得这样很可爱，以至于他们一直后悔这么快就送给她一个小平板电脑，这比他们预期的时间要早很多。事实上，他们已经开始发愁。他们向以前一起上生育课的夫妻倾诉，他们5岁的女儿可以愉快地玩各种电脑游戏，却连自己的鞋带都不会系，这一定不正常吧？

事实上，决定或塑造塞尔达长成什么样的孩子的因素有两个。

首先，她是除了盯着屏幕什么都不做，还是也会走进真实世界和小伙伴们玩，这点至关重要。原因如下：一方面，身体活动是摆脱长时间盯着屏幕所带来的疲惫的最佳方式，对于成年人也如此；另一方面，一些科学家发现，前一章提到的青少年自恋心理的增长以及同理心的下降（近些年，美国高校学生在这方面下降了40%）原因并不在于线上交流的盛行，而在于线下交流的缺乏。因为只有在面对面交流时，我们脑中的镜像神经元才会被激发，从而教会我们在心理上模仿并理解别人的想法和感受。

其次，关键问题不在于塞尔达是否在看屏幕，而在于她用什么方式看屏幕。

塞尔达的母亲很早就知道，要想获得片刻安宁，打开英国广播公司幼儿台（CBeebies）或尼克国际儿童频道（Nickelodeon）是最简单的方法。不幸的是，这可能也是她做过的最糟糕的事情。除互联网外，电视是有史以来最能抢夺注意力的发明。不仅如此，正如布里吉德·舒尔特在书中所写，研究表明，电视"让我们变胖、沮丧、自我孤立、不愿社交、更容易使用暴力，并且还会降低我们的自尊心，扰乱我们的睡眠，让我们的感官麻木、思维模糊，缩短我们的注意力持续时间和寿命"。打开电视不到30秒钟，我们实际上就失去了自我意识，我们的大脑停止思维，阿尔法波的"活跃度变得和我们盯着一堵白墙时一样高"。

电视机也许是加速时代儿童的完美孵化器。它重塑他们年轻未成熟的大脑，使其期待并渴望不断加速的变化，直到相比之下，现实开始显得乏味。例如，为什么不到十年，中枢神经兴奋药利他林（Ritalin）的处方在英国增长了三倍？如果在1岁至3岁的儿童玩玩具时，打开一档电视有奖竞赛节目，他们玩玩具的时间会缩短一半，而且在玩的过程中他们的专注力会下降25%。正如玛吉·杰克逊在《分心》中所写，这些孩子"表现出注意力缺陷儿童的关键特征。他们开始一心多用，注意力从一个玩具跳到另一个玩具，当被有趣的节目片段打断时，他们忘记了自己在做什么"。

根据专家的计算，在4岁前每多看一个小时的电视，都会增加注意缺陷多动障碍（ADHD）的患病风险。注意缺陷多动障碍确实是典型的现代疾病。美国得克萨斯大学的心理学家戴维·吉尔登（David Gilden）已经宣称，这一病症的根源不是注意力缺乏，而是时间认知扭曲，患此症的人注意力变化太快。

电视的盛行也意味着父母和孩子的互动减少，在电视机一直开着的家庭中，孩子一般更愿意看电视，而不愿和父母相处。此外，根据英国公共卫生部的调查，看电视过多：

会导致自我价值感和自尊心的降低以及幸福感水平的下降……玩电脑、看电视、打电子游戏时间较长的孩子往往情绪消极、焦虑以及抑郁水平更高。对于长时间使用屏幕的人（每天超过4小时），这种影响尤其恶劣。

具体而言，美国恺撒家庭基金会（Kaiser Family Foundation）发现，年龄在8岁至18岁之间的美国人每天使用各种媒体7小时38分钟，如果你把多屏幕同时使用的时间算进去的话，那就是10个小时，远远超过危险线。而且，即使你合理限制了孩子使用屏幕的时间（说起来容易，做起来难），还有节目类型的监管问题。通过美国弗吉尼亚大学（University of Virginia）的安杰利娜·利拉德（Angeline Lillard）和珍妮弗·彼得森（Jennifer Peterson）所做的一项研究发现，4岁儿童只要看《海绵宝宝》这种针对更年长儿童的动画片9分钟，执行能力就会受到直接的负面影响，因为这种动画节奏快、情境复杂，4 岁儿童看不懂，而且也没有充足的时间留给他们吸收这些新的信息。


## 塞尔达的青春期

塞尔达没有多动症，但她看电视太多，肯定对她也产生了坏处。她比弟弟成长得更快，到 8 岁时，她已经宣称莫希怪兽（Moshi Monsters）"逊毙了"（lame），并开始玩起了更复杂的网游，而她的弟弟直到 12 岁仍然在玩这款网游。然而总的来说，塞尔达还是一个好孩子。

事实上，屏幕出现在她生活中对她有好处，而非坏处。随着她一天天长大，成长为青少年，塞尔达开始沉迷于互联网，主要是和朋友聊天叙旧。但她花的不是和家人朋友相处的时间，而是看电视的时间，逐渐地，她看电视的时间比她父母少很多。塞尔达的父亲甚至开始把电视当作一种惩罚方式：当塞尔达不听话时，她的父亲不但不把电视关掉，甚至还坚持让塞尔达看电视，不让她玩手机或平板电脑。

塞尔达越来越觉得，只有当手机在手时，她才能忍受看电视的折磨，因为这样她就能吐槽她看到的内容。（2011 年的一项研究表明，97% 的 16 岁到 24 岁的人看电视时"总是"或"经常"上网。）她的父母再一次担忧她欠缺注意力、无法专注，这种担忧不无道理。但比起单纯看电视，她的注意力更分散，思维更活跃：大脑研究（大家都知道这是推特公司做的）显示，同时使用多个屏幕会使大脑神经活跃度大幅提高。

塞尔达作为青春期的少女，肯定是问题重重，不过，我们谁不是呢？青春期荷尔蒙躁动（现在青春期比以往开始得更早，童年因此再次被缩短），还有我们之前提到的睡眠匮乏，这些毫无疑问带来了恶劣的影响。她的父母没有对她的手机使用制订一些简单的规则，比如吃饭时手机必须放在餐桌中间，而是任她被手机分心裹挟而去。

当父母在塞尔达的允许下进入她的卧室时，他们发现房间里屏幕和充电器的数量几乎和墙上挂着的男子偶像组合的海报一样多。和父母在一起时，她用青少年典型的没好气的嘟囔声和他们沟通，而和朋友在一起时，她和他们一来一回互相发送即时消息、图片、笑话和意见，言辞激烈，速度飞快。她的父母担心，面对面交谈似乎已经被用电子设备互发不成熟且尚未成型的想法代替。塞尔达和她的朋友一天互发的信息比我们长辈一年发的还多，他们觉得，这肯定是不健康的。

这种相互的不理解在某种程度上无法弥合。技术革新要求不断寻找新型的颠覆性商业模式，从而驱动大加速，使得通信工具以前所未有的速度发生变化。塞尔达和她的朋友使用的 Snapchat 等应用，甚至在他们的哥哥姐姐成长过程中都尚未出现，他们的父母要想弥合差距还有什么希望呢？

实际上，塞尔达在网上做的几乎所有事都是毫无害处的（除了偶尔参与网络欺凌，比如："不过说真的，你看见朱莉穿的那件'衣服'了吗？"）。虽然如此，她还是问题重重。

首先，信息总是源源不断，她每天接收成百上千条信息，体内多巴胺不停地受到刺激，以致她逐渐养成期待甚至渴望信息和分心的习惯。其次，稍不小心，塞尔达就会不再将科技看作一种和他人进行交流的手段，而会将其看作人际交流的替代品。

美国著名社会学家雪莉·特克尔（Sherry Turkle）在她的《群体性孤独》（*Alone Together*）一书中，就科技为我们情感生活带来的影响进行了强烈批评。她写道："如今，我们对自己的关系没有安全感，对亲密关系感到焦虑，于是我们开始利用科技寻求关系，与此同时又使用科技逃离关系。"这表现在两个方面。一方面，我们希望通过科技设备调和与其他人的接触（比如，我们会发即时信息，而不是打电话或见面，消息发送速度更快，而且更方便，这也是语音信箱甚至电话通话基本上在逐渐消亡的原因）。另一方面，比起与人类相伴，我们更喜欢与科技设备相伴，因为后者更没有威胁性。

至于塞尔达，她可能会拥有丰富的社交生活，也可能会有几次令她受伤的恋爱经历，于是她更不愿离开自己的房间了。当然，我们还是希望她不要变成特克尔描述的那些人一样。有一位女士上门面试一个新保姆，结果是面试者的室友开的门。尽管她的大拇指上缠着绷带，她还是在黑莓手机上按个不停，坚持要给她的朋友发短信，而不是直接敲她房间的门。她觉得这样冒失地闯入她朋友的真实世界，太不礼貌了。

塞尔达很幸运，她周围有不少好朋友。事实上，她和朋友的关系可能比她父母和他们朋友间的关系更亲密。研究显示，年轻人线上聊天的人一般就是和他们面对面一起玩的人。经常线上互动会加强亲密感。然而，塞尔达的父母常常担心，塞尔达的友情和爱情是否过于强烈。

这里真正的问题是，加速文化下的数字原住民交朋友的速度比之前任何时候都快。正如丹·斯莱特（Dan Slater）在《算法时代的爱情》（*Love in the Time of Algorithms*）中所写，"你在网上或现实生活中遇到某个人，你们开始约会"——当然，这是在你已经对他进行人肉搜索后——"要不了几天，你们成为了脸书好友，在推特上互相关注，出现在彼此的 Tumblr 主页上，而且成天用即时信息和短信聊天。到中午时，你已经在浏览器上打开了十个标签页，而在其中的五个标签页上，你恋人的头像在眨眼、抛媚眼、输入、戳一戳、接受请求、点赞、皱眉、邀请。"脸书在特立尼达（Trinidad）被称为"快书"（Fasbook），表示"试图快速认识某人"，不是没有原因的。

塞尔达有些自我。不过，使用社交媒体的人怎么能不自我呢？但她也很没有安全感，因为她每次发自拍或其他照片时，都忍不住觉得其他人比她要好看得多。她对恋爱还有些胆怯，因为有一次，她班上的一个女孩在男朋友的要求下给他发了一张不雅照，他却把这张照片分享给了几乎所有人。不，我才不要，塞尔达想。

同样地，当她真的交了一个男朋友时，她怕自己把事情搞砸，于是她花大量的时间关注男友的各个社交空间，还为他和其他女生说话而忧愁，最后整个恋情变得毫无乐趣。等他们分手时，她的社交空间里全是和男朋友相关的内容，不断提醒她做错了什么。

后来，她在网上认识了另一个男孩。刚开始他们互相发信息时，那个男孩表现得特别好，等他们真见面时，塞尔达却发现他特别讨厌。之所以会如此，是因为当我们看不到某个人时，我们会想象他和我们一样，有共同的价值观和情感。亚历克斯·洛托斯基（Aleks Krotoski）在《揭秘网络》（*Untangling the Web*）一书中解释道："因为我们在虚拟情感上投入了很多感情、期待和理想主义，所以网络恋情一般会迅速升温，变得十分强烈。因为还有很多未知，需要用想象力填补空白，所以我们可能会夸大甚至编造对方的优点，以满足我们对爱情的幻想。"

除了她失败的恋情，塞尔达还有一个隐藏得很深的秘密——她其实一点都不喜欢聚会。她很少玩脸书，但如果她不玩，她的父母可能会想她上网时都在做什么。她精心包装自己的脸书主页，想呈现出积极乐观、外向友好的形象，所以她发了很多参加聚会或者和朋友出去玩的照片。

然而，这些应用程序还会让她时时刻刻都知道朋友在哪里，让她把想法展示给整个世界，而且让她知道自己正在错过什么。她能看到朋友在哪里，她能通过 Foursquare 或 Dodgeball 上的签到，知道塔莎、奥利维娅、珍妮出现在了同一家咖啡馆，却没有叫她一起。如果她想从网络媒体上消失几天，让自己喘口气，人们会追问她为什么一言不发。当然，她父母那代人很清楚，一定有更刺激的派对在某个地方，只是他们看不到这些宾客的名单。

因此，"生活直播"（lifestreaming）——在网络上向朋友分享自己的一举一动——常常会伴随着严重的"错失恐惧症"（FOMO）。这些应用程序和通知似乎都在不断地敦促你反应要超级灵活、要超级热爱社交、要享受每一刻，不要去想长此以往要付出的代价。事实上，查看手机上瘾，担心错过任何可能收到的信息，在很大程度上降低了所有年龄段的人在社交场合的愉悦感：在你的印象中，有多少次的用餐或对话因为每个人都在或是偷偷摸摸或是明目张胆地查看新信息而被扰乱？

矛盾的是，表面上来看塞尔达似乎性格外向、人脉宽广，甚至有点飘摇不定的感觉，而实际上，她的社交视野出乎意料地窄。她的性格有点谨小慎微，因而她比较循规蹈矩，不喜欢冒险。她一直和父母住在一起，大学毕业后也是如此，一方面是因为她没钱自己租房子，另一方面是因为在她成长的过程中，无论他们有多疏远，父母依旧是她最亲近的人。事实上，因为大学时经常和妈妈通话（几乎一天两次），她才能撑到毕业。

也许有些人想不到，但大多数线上交流都是对线下关系的延续和支撑。因为线上交流，我们也确实扩大了社交圈，并且以前所未有的速度找到了志同道合的人。正如洛托斯基所说，这对每个人都有好处："几乎所有研究都在表明，网络友谊不仅是真的，而且在网上，人与人之间的社交隔离感会有所降低……网络能帮助我们巩固与老朋友和初识者的友谊。"线上交流还会拓宽我们的视野。埃里克·施密特回忆说："我的家乡在弗吉尼亚州，在高中毕业前，我只见过一个犹太人，我就是在这么单一的世界里长大的，所以那个犹太人显得非常引人注目。现在想想，那时我的世界多狭隘啊。"

然而，也有很多人会对大加速带来的不确定性作出完全相反的反应——他们撤离了网络世界，退回自己熟悉的、安全舒适的小世界。塞尔达苦命的男性朋友们就是如此。现在的社交主要靠社交网络和社交媒体，而这种社交看重的是分享能力、同情心和情感敏锐度，这些都不是男性惯有的特质。这些可怜的男孩荷尔蒙分泌旺盛、情感迟钝，人们往往会认为他们只对性感兴趣，在情感方面接近白痴，因此对他们不屑一顾。事实上，他们只不过是比较腼腆而已。

你现在可能有点糊涂了：塞尔达的例子难道不是为了说明今天的青年文化错得有多离谱，以及为何会如此吗？然而，你看到的却是一个普通的女孩，准确而言，用一个反映现代家庭普遍经历的修辞方法来形容——她的性格既外向，又内向。而且，她和"勾搭文化"（hookup culture）耸人听闻的故事丝毫不沾边。她并没有像这些故事中的年轻人那样，将性与亲密关系视作零点菜单，而不是套餐。

原因不言而喻：面对大加速带来的种种机遇，没有一种反应是固定的。有些人拥抱最疯狂的机遇；有些人像塞尔达那样，看似接受这些机遇，实则内心深藏怀疑和恐惧；还有些人像他们的父母那样长大。

在我们把塞尔达的故事放在一边之前，还有一个问题要问——她表现出的种种问题到底是她加快的生活方式造成的，还是有更深层的家庭原因呢？

事实上，对于她的生活以及大加速的影响，你审视得越久，就越会觉得菲利普·拉金（Philip Larkin）的那句诗有道理："他们毁了你，你妈和你爸。他们也许并非有心，但他们确实如此。"* 而且，之所以如此，不是因为他们为女儿的幸福努力得太少，而是因为他们为此太过努力。

例如，我们在上一章谈论了孩子需要培养毅力。这样做的一个先决条件是，他们应该独自去犯自己的错误：去尝试、去失败、去挣扎，去找到自己喜欢做的事情。可是，在直升机式养育法**大行其道的世界里，每个孩子都被当作掌上明珠，父母根本不会这样做，即使他们像塞尔达的父母那样紧张不安、心不在焉。

我们在上一章看到，今天的孩子，他们的业余时间排满了额外的课程和活动，被规划得过于稠密。之所以会如此，不仅是因为父母急于激励孩子向前进，还因为他们不敢给孩子自由。美国社会学家（大写的恐惧者）达娜·博伊德（danah boyd）***在《错综复杂》

---

* 原句："They fuck you up, your mum and dad. They may not mean to, but they do."

** 像直升机一样盘旋在孩子的上空，时刻监控孩子的一举一动。

*** 此处姓名没有大写是作者对这位"大写的恐惧者"的调侃。

（*It's Complicated*）一书中，对现代青少年进行了第一手研究。她指出，1969 年的美国，有一半孩子步行或骑车上学，只有 12% 的孩子是由父母开车接送；到 2009 年，这个比例几乎完全颠倒过来。在英国，步行上学的 7～8 岁孩子的比例从 1971 年的 80% 下降到了 1990 年的 9%。

那么，当青少年躲在房间里飞快地一来一回发信息的时候呢？根据《APP 一代》（*The App Generation*）的作者霍华德·加德纳（Howard Gardner）和凯蒂·戴维斯（Katie Davis）的观点，这种一来一回一般是"在和朋友临时安排见面或取消见面"。对他们来说，重要的不是电子设备，而是友谊。总的来说，电子设备是为了实现目的所使用的一种手段。

那他们为什么不出去见面呢？博伊德指出，因为成年人的世界似乎在不遗余力地清除任何青少年可以一起玩耍而不会受到监视的地方，甚至他们在购物中心闲逛，也会遭到保安驱赶。她说："脸书、推特和聚友（MySpace）不仅是新生的公共空间，而且在很多情况下是青少年能和一大群同龄人轻松聚集的唯一'公共'的空间。"同样，令成年人发愁的网络行为，比如"性短信"、网络欺凌等，基本上都是线下行为的线上衍生。

事实证明，那些存在着网瘾、自杀念头或者和网上不知姓名的陌生人有不恰当关系等严重问题的孩子，通常在家庭生活上也问题重重。这再次说明了我们在上一章提到的一点——深受大加速之苦的往往是最脆弱的人。这一现象在成年人中显而易见：在过去的 20 年中，完全没有亲密朋友可以交心的美国人的比例已经翻了一番，达到了整体的四分之一。令人担忧的是，即使拥有很多泛泛之交，如果我们自身很脆弱，还是会少有甚至没有关系紧密的朋友。但这并不意味着年轻人快节奏的社会生活本身有什么危险，或者说不明智，这不过是说明，我们需要更加关注并支持那些尤其脆弱的人。


## "坦诚相待"之祸

对我们的文化最常见的一种抱怨是，在节奏更快的网络世界中，那些细致的礼仪和礼貌仿佛变成了沉重的负担，连我们用来彼此交流的语言都发生了蜕变，被剥夺了更深刻的意义和复杂性。

亨利·希金斯（Henry Hitchings）在《语言战争》（*The Language Wars*）一书中哀叹道："在电子时代，一切都必须加速。以线性方式呈现的语言经常被图片代替。在互联网上，大写字母和动词常常会消失不见，标点符号也一样，不过问号和感叹号被保留了下来，有时甚至会被连用，但逗号一般不会出现……网络沟通所使用的既不是传统意义上的口语表达，也不是传统意义上的写作，而是一种不连贯的语言形式。"其他人，比如约翰·汉弗莱斯（John Humphrys）感叹道："新的沟通形式像八百年前成吉思汗征服他的周边疆土一样，正在征服我们的语言。"而这些感慨还发生在表情包成为一种简略表达之前。

然而，尽管我们对短信语言或表情包忧心忡忡，其实并没有证据表明，互联网正在摧毁我们的写作能力。恰恰相反，有比以往任何时候都多的数百万人正在写东西给大众看，或者说他们就是在写作，并且是用标准英语写作。对网络发布的上千万文字的详尽分析（包括推特上出现的每一个字）显示，我们的写作风格如果有所变化的话，也是在变得更好，而不是更糟糕。我们的写作在不断地使用中、在简洁的表达需求下，变得越发精练优美。

克莱夫·汤普森在他的《比你想象的聪明》一书中引用了安德烈娅·A. 伦斯福德（Andrea A. Lunsford）的研究。伦斯福德是斯坦福大学的一位英文教授，她分析了一个多世纪以来大一学生的作文。她发现错别字的数量只是略有上升，但散文的篇幅和思想的复杂性有大幅提升。她声称："我认为，我们正处于一场扫盲革命中，这是自古希腊文明以来前所未有的。"也许随着网络沟通革命的持续，从文本向视频的转变会让这场革命前功尽弃。但目前尚无这种迹象，实际上，情况恰恰相反。

批评者除了抨击语言的种种变化以外，还认为礼仪和礼貌也受到了加速的侵蚀，俨然成为慢节奏世界遗留下的纪念品。我们不再盛装出席晚宴，甚至不会为了工作面试而精心打扮，我们也不会在互相通报名字前，尊称对方为某某"先生"了，一切都是那么迅速、家常、随便。丽贝卡·索尔尼特（Rebecca Solnit）在《伦敦书评》（*London Review of Books*）中抱怨道："绘声绘色的信件已变成千篇一律、七零八落的短信，亲近的电话交谈已变成错过的手机聊天提醒。"

确实，网络文化的等级性和谦恭性较弱，但这是好还是坏，众说纷纭。然而，更严重的问题不在于我们沟通的方式，而在于我们沟通的内容。例如，具有破坏性的负面资讯能以前所未有的速度迅速扩散，想想网络欺凌或支持厌食症的信息。随着 Tumbl 上充斥着"大腿缝儿"照片，论坛告诉人们瘦成皮包骨完全正常并且非常好看，支持厌食症的文化壮大了起来。支持自杀的网站也祸害不浅，问问马丁·派珀（Martyn Piper）你就明白了。他的儿子在 16 岁时按照在网上找到的指示自杀，自那以后，他开始领导解决这一问题的运动。

　　恶劣的想法和影响能够更快速地散播，这确实是加速文化带来的坏处。在这个不太拘谨的时代，我们愿意分享更多个人信息。例如，在美国约会网站 OKCupid 上对"你曾经堕过胎吗？"的问题回答"是"的人中，只有不到一半的人在不公开答案的框里打了钩。事实上，我们情愿暴露自己的现象正变得越来越露骨。据英国舆观调查网民意测验专家称，英国 40 岁以下的成年人中有五分之一在摄像机前进行过性活动，有 15% 在网络摄像头前呈现过自己裸露的身体。

　　在这个新世界中，真正糟糕的事情是，问题会在瞬间产生、瞬间扩散。最近一拨好莱坞名人的苹果 iCloud 存储数据库被黑客入侵后，他们的个人照片，包括裸照，在网络上被四处传播，这一事件被称为"好莱坞艳照门"（The Fappening）。Demos 智囊团的杰米·巴特利特（Jamie Bartlett）在他引人入胜的《暗网》（*The Dark Net*）一书中，描述了一个女孩的生活是如何在 4chan 论坛的 /b/ 版块（随机版）上被毁掉的。/b/ 版块有 4chan 论坛上最偏激、最肆无忌惮的留言板，也是全球最大黑客组织"匿名者"（Anonymous）运动的起源地之一。

　　故事一开始，一个想要成为"网络女主播"的年轻女孩，决定在自己的卧室里通过网络摄像头进行一次色情表演。这个现象越来越普遍，已经到了破坏大部分传统色情行业的地步。

　　然而这个网络女主播犯了一个错误，她登录的是 /b/ 版块，而不是更礼貌、更安全的 /soc/ 版块。她开始接受各种摆姿势或做特定活动的要求。在发布第一张照片 20 分钟后，她又犯了第二个错误，她透露了自己的名字，萨拉；接着，她又犯了第三个错误，她答应了和自己正在服用的某种药物一起摆姿势拍照的请求。

这些个人信息虽然不多，却足以"人肉"到她，于是她的匿名状态被剥夺了。/b/ 版块的成员热情高涨，找出了她的全名、地址、大学、电话号码、脸书和推特账号。他们用她的不雅照创建了一个假的脸书账号，并将照片发送给了她好友列表上的所有人："嗨，你认识萨拉吗？这个可爱的小妹妹做了一件非常淘气的事情哦。你看，这些就是她放在网上供大家欣赏的照片。"

与这件事发生的速度之快同样让人震惊的是网友的毫无同情心。一个匿名用户评论："你个死宅竟然搞到了她的脸书账号？你们这些人太他 × 不可理喻了。一个女孩在这个垃圾网站上满足了你的要求，你他 × 还人肉她。不要脸的 /b/ 版。"下面回复："快带着你的狗屁道德感滚出去吧，垃圾。"有人打通了她的电话号码，并在留言板宣布："刚给她打了电话，她在哭，哭得像头抽泣的鲸鱼。"不到一个小时，帖子消失了，/b/ 版块也把萨拉忘记了，但她的生活已然破碎不堪。

网友之所以会毫无同情心，部分原因在于"非中介化"（disintermediation）效应，即由于我们在网络交流时看不见对方，所以我们用面对面交流时绝不会使用的残忍方式对待他们。《连线》（Wired）杂志的编辑本·哈默斯利（Ben Hammersley）感慨道："因为你看不见对方受伤的眼神，或者他们握紧的拳头，网上讨论就容易变得毫无底线。"这一现象在 Penny Arcade 这款网络连环漫画中得到了极佳的描述，即互联网超级浑蛋理论（Greater Internet Fuckwad Theory）："正常人 + 匿名 + 观众 = 超级浑蛋。"

值得安慰的是，人们因匿名而在网上毫无顾忌地展开骂战，人们也因匿名而更加诚实——无论是告知计算机程序自己的医疗或情绪问题，还是对网络论坛富有同情心的陌生人坦陈自己可能是同性恋。但正如塞尔达和她的朋友所了解的那样，**在一个每个人都过度分享的社会，我们不会喜欢自己看到的一切。**

## 欲求加速，欲壑难填

关于大加速，其中一个最有趣的问题是：当谷歌一代开始他们最重要的寻找，即寻找人生伴侣时，情况会怎么样？

随着互联网的蓬勃发展，一大批约会网站应运而生。Match.com 宣称自己是世界媒人，拥有几乎无穷无尽的潜在伴侣可供你挑选；eHarmony 声称如果使用它的全面心理分析，就能找到那个与你的心灵完全契合的人；OKCupid 是数据专家，其算法能通过成千上万有趣的测试，得出类似"从数据上来看，对恐怖电影的品位相同最能说明两人关系能够和谐"的结论。此外，还有大量小众的约会网站，比如制服约会、犹太人约会、恋尿布癖约会。

网络约会不仅业务庞大，而且已经变得非常普通。例如，在伦敦的年轻的高级专业人士中间，即使是彻头彻尾的保守党，现在也很难碰到从未使用过卫报灵魂伴侣网站（Guardian Soulmates）的人。在 2004 年到 2014 年间，有三分之一结婚的美国夫妇是在网上认识的。

网络约会的发展完全吻合大加速的特征：浏览成百上千的网络条目，或者让无所不知的计算机帮你挑选最匹配的人，显然比耗时费力地与人见面更快、更方便。也正因为如此，速配约会从新奇事物变成了现在主要的约会形式，因为它不仅更高效，而且更丰富有趣，能给你源源不断的新鲜感，并且不必担心因为和没感觉的人约会而一整晚备受折磨。

你也许已经想到，这种约会形式的普及确实产生了影响。早在 2006 年，研究者莫妮卡·T. 惠蒂（Monica T. Whitty）就发现，年复一年，我们对约会对象越来越挑剔，要么因为选择太多挑花了眼，要么相信真的有完全合适的人在等着我们，差不多合适的人已经不够好。正如我们面临的拥有无限选择和过多信息的其他方面一样，幸福的秘诀在于知足，愿意选择还不错的那个。而在网络上，我们总是忍不住想再看看还有什么其他选择。（根据意大利离婚律师协会提供的数据，在意大利，现在有 40% 的婚外情案例是通过 WhatsApp 产生的不忠行为。）

不仅如此，我们还变得越来越肤浅，抑或是我们骨子里的肤浅被暴露了出来。科技作家朱利安·迪贝尔（Julian Dibbell）指出，网络文化特别青睐机智和文采。"佳人只爱才子"，如果你能让别人先看你的简介，这句话才算有道理。然而，除非你的外貌出众，否则没人会看你的简介。OKCupid 联合创始人及首席数据科学家克里斯琴·鲁德尔表示，当网站将照片放大时，用户的注意力都集中在了长相最美的人身上——赢家通吃经济的又一例证。（他还表明，美国仍受种族偏见的影响。平均说来，作为黑人，你的吸引力会因此下降四分之三星，而满分是五星。）

事实上，OKCupid 已经为我们无法避免以貌取人这件事提供了确凿的证据。在一次实验中，该网站宣布当天是"爱情使人盲目日"，并且撤下了用户页面的头像。网站以为人们会因此耐心浏览文字简介，可他们只是停止了使用网站。这样做是这些人的损失，事实证明，那天真的去相亲的人实际上得到的愉悦，与相亲对象的外表毫无关联。

那么，网络约会是否让我们在爱情生活中变得更肤浅了呢？确实如此，正如 OKCupid 的竞争对手 Badoo 约会网站的一位高管对丹·斯莱特所说："约会网站上没多少文字，也没多少内容，主要看外表。一切都很快。'让我看看你的照片，你多大了，咱们见一面吧。'Badoo 不过是加快了这个世界的运作速度。"

实际上，数据显示网络约会并没有改变我们的约会对象，只是改变了我们和约会对象见面的速度。行为经济学家丹·艾瑞里（Dan Ariely）与其他人联合撰写的一项 2010 年的研究发现，网上约会的模式"和线下约会的模式性质相似"。

事实上，从大加速的角度来看，约会网站最有趣的一点不在于其成功率，而在于其失败率。是的，约会网站能给你匹配成百万上千万的人，但无论它们的匹配技巧有多复杂，都没比猜测准多少。

真相是无论一个人的心理特征有多好，要想知道两个人能否长久地相处下去，唯一的办法就是让他们相处。正如美国西北大学（Northwestern University）的伊莱·芬克尔（Eli Finkel）所说，"八十多年的关系学研究已经充分说明，仅凭知晓互不了解的两个人的一些信息，无法预测一段关系是否能成功"，无论你知道他们多少电影品位或脸书朋友的信息。

有两个人的故事能够完全说明这点。艾米·韦布（Amy Webb）和克里斯·麦金利（Chris McKinlay）都很孤独，而且说实话，人们确实会因为网络约会没有成果而感到沮丧，所以这两个人决定与网络约会的系统博弈。

韦布是一名记者，她打算通过改造自己的形象来实现这一目标。在《数据，一个爱情故事》（*Data, a Love Story*）一书中，她讲述了自己如何找出这些约会网站上最受欢迎的女性特征，然后改造自己和个人简介，以符合这些特征（她所做的在某种程度上背离了女权主义的原则，比如删除了有关她充实称心的职业的内容，表现得像一个活泼轻浮的金发女郎）。与此同时，她冷静地考虑自己对于伴侣最看重的特征，拒绝了任何不符合她心中完美伴侣标准的男士。

麦金利是一个数学迷，他选用了一个更基础的方法，在OKCupid 注册了 12 个假账户，并让程序进行管理。这样通过大量的数据分析，他能够根据女性用户的特征，将她们分为七个群体。其中有两个群体对他比较有吸引力，20 岁出头具有创意和艺术细胞的女性，以及稍微年长主要从事编辑和设计工作的女性。然后，他为吸引这两个群体，专门注册了两个账号并设计了两个不同的个人页面，按照特定群体的兴趣，强调他个性的不同方面（他对攀岩的浓厚兴趣、他的吉他演奏才艺，以及他的教学职业）。

同理，麦金利在回答 OKCupid 对用户进行的无尽测验（以便更好地收集他们的数据）时，也非常谨慎，他仔细斟酌这些答案的重要性。当被问及他是否认为爱比性更重要时，他两次都说：对更年轻、更酷的女性群体，他会说爱对他而言在关系中"非常重要"，而对年龄稍大的群体，他说爱是"必需的"。

韦布和麦金利以各自不同的方式利用了约会网站的优势，他们都看到了自己的匹配度飙升（麦金利刚一推出他的新个人资料，和他匹配度高于 90% 的女士就从不足一百名上升到了超过一万名）。然而，即使面对最优秀的约会对象，要想找到完全匹配的人，他们两个人还是觉得整个过程太过漫长——麦金利还需要约会 88 次。而约会的方式一如既往，重要的还是共处一室。

这就是传统网络约会的致命缺陷，承诺更快捷方便，却无法真正兑现。是的，对于那种你在点菜前就已经知道和对方不可能的初次约会，网络约会确实节省了你的时间。但对于遇到你生命中的"唯一"，网络约会效率还是不够高。丹·艾瑞里所做的一项研究发现，网络约会者平均每周会花 5.2 小时浏览个人资料，6.7 小时给可能的伴侣发邮件，只有 1.8 小时真正花在了见面上，而在多数情况下，这种见面"不过是略带失望地喝一次咖啡"。

更糟糕的是，网络约会的整体体验被用户评价为和拔牙一样痛苦。艾瑞里说："网络约会者并不喜欢这一活动。他们觉得整个寻找过程复杂、耗时、不直观，而且信息也很有限。逐渐地，他们对网络约会兴趣索然。最终，他们不过是在一个不一定能达成其根本目标的工具上，浪费掉了大量的精力。"


## 右滑喜欢与婚外情

简言之，网络约会已到被颠覆之际。更加方便的服务一直在瓦解传统的网络约会。先是以脸书为代表的大型社交网络，使网络约会常态化，以至于它已成为常规在线互动的一个分支，根本不需要专门的外部场所。

但有一种更加流行的工具，使网络约会成为我们生活中极其自然的一部分，这个工具就是约会 APP。其中最流行的就是 Tinder，它基本上算是同性恋 APP Grindr 的更新的版本。Tinder 不会帮你找最匹配的那个人，而是利用你的手机定位技术，为你源源不断地推荐周边合适的对象。你可以通过滑动屏幕选择是否喜欢，就像洗牌一样容易。如果对方也喜欢你，那么万事大吉，你的手机会发送通知，告诉你配对成功。

这款手机应用完美地概括了加速文化的诸多方面，比如性的及时与方便，通过手机就能获取。于是 Tinder 像燎原之火一样蔓延开来。然而，对于批评者来说，Tinder 也是加速文化为何是一种堕落文化的典型例子：Tinder 将浪漫从约会中剥离出去，取而代之的是一连串几乎随机的性事，就像电脑游戏一样。这个约会不成功？按继续按钮即可，或者用 Tinder 上的措辞，"继续玩吗？"的确，用 Tinder 浏览可选约会对象既快捷又容易，几乎无须费力，这就是它关键的吸引之处。Tinder 的一些竞争对手甚至采用诸如《糖果粉碎传奇》（Candy Crush）之类 iPad 游戏惯用的技巧，来维持用户的兴趣，例如，在新的一批匹配对象发布之前显示倒计时。

就这样，严肃的人生问题和爱情问题被包装成低俗的娱乐，仿佛一整代人每晚播出着《和我约会吧》节目。Tinder 带来的不是真爱，而是一连串即时的碎片化经历。不滑动，代表不喜欢。一如既往，人们认为 Tinder 带来了世界末日般的影响。《名利场》（Vanity Fair）杂志对 Tinder 主导的约会现状做了一项漫长的调查，南希·乔·塞尔斯（Nancy Jo Sales）描绘的 Tinder 上充斥着"渣男"（fuckboys）和一夜情。Tinder 上的男用户约到一位性伴侣，就像叫到一辆优步出租车那样容易，承诺和关怀不知所踪，取而代之的是无尽的新奇性事，一来一回飞快传送的短信里充满着类似"我想让你趴在地上"或"想干吗"这样简单粗暴的话语。发送生殖器图片的屡见不鲜（一位 24 岁的女孩抱怨："就像是各种生殖器向我飞过来。"），仿佛一夜情完全可以通过表情包进行一样。塞尔斯的一个受访者说："当性事变得如此容易、如此唾手可得，当你能在 20 分钟内和某个人见面并发生性关系时，你很难控制住自己。"

当然，还有另一种看待 Tinder 的角度。无论是长期还是短期的关系，Tinder 不仅使找对象变得更容易，而且实际上很好地说明了人们在使用数字工具和技术增强他们对现实生活的体验，使生活变得更有回报、更加愉悦，而不是躲到手机里，避免与真实世界的互动。而且，很难想象前人如果能用到这些工具，他们会拒绝使用。

如同往常一样，科技改变的从来不是人的本性，而是我们表达本性的机会。即便如此，说我们正在放弃长期关系，转而青睐一系列相互满足却很肤浅的关系，这种说法实际上是站不住脚的。

当然，有迹象表明，加速带来的两大好处，即新颖和便利，正在影响我们对爱情生活的需求。作家杰茜卡·玛萨（Jessica Massa）和丽贝卡·维甘德（Rebecca Wiegand）描述了，有越来越多的年轻女性和一群男性朋友交往，让每个人充当不同的角色（床伴、蓝颜、家庭修理工），而不是只选择一个情人。

那么，从长远来看，约会网站所提供的一连串的新伴侣、新体验，是否比一个稳定的生活伴侣更有吸引力，这是有关约会网站的另一个争执点。换句话说，滥交和固定配偶的天平是否会偏向前者。塞尔斯引用一位名为贾斯廷·加西亚（Justin Garcia）的研究者的话，他称，互联网造成的约会行为的转变会像一万到一万五千年前人类向婚姻的转变一样重要，一样具有划时代的意义。避孕药之父卡尔·杰拉西（Carl Djerassi）在生前预言，我们很快就会将爱与性分开，20 多岁时游戏人间，等想要稳定下来，准备好成家立业时，再通过年轻时冷冻的精子和卵子生儿育女。

有一项在老鼠身上做的奇妙实验，说明这种想法似乎有些道理。在这项实验中，科学家将若干雄鼠和若干雌鼠关在同一个笼子里，让这些老鼠一直性交，直至雄鼠筋疲力尽。然而，当科学家在笼子里放进一只新的老鼠时，这些老鼠便突然恢复了性欲。事实上，这种新奇感的诱惑是如此之强，所以当又出现一只雌鼠时，这些老鼠还能继续性交。

对于一些约会网站的高管来说，我们像老鼠那样对新伴侣的渴望确实会打破我们迂腐的道德观。丹·斯莱特问OKCupid的联合创始人萨姆·亚甘（Sam Yagan）："如果网络交友越来越流行，网站也越来越高效，当人们发现找到新的关系变得如此容易时，您认为承诺会变成什么样？"亚甘的答案是："这是一个市场流动性的问题，我非常喜欢这点。"Badoo的尼克·福尔马伊（Nic Formai）表达了同样的观点："认识新的人是件让人振奋的事情。久而久之，你会期待关系不停地发生变化。"

诺埃尔·比德曼（Noel Biderman）是阿什莉·麦迪逊网站（Ashley Madison）的创始人，这家网站自称为婚外情的网络家园，打出类似"一夫一妻，平淡无奇""人生苦短，偷情趁早"的口号（网站曾经因遭到黑客攻击，全部用户数据被窃取而名誉扫地。这再次说明在这个加速的时代，事情恶化的速度之快）。对比德曼来说，当技术与社会规范发生冲突时，那些社会价值观"总是一败涂地"。因此，他告诉斯莱特，在未来的几十年里，"对承诺的迂腐思维会受到极其严峻的挑战"。

问题是，有证据表明，事实并非如此——在阿什莉·麦迪逊网站的固定用户中，只有极小的比例是真实的人类女性。即使是诸如Tinder之类的约会网站上的诱惑令人目不暇接，甚至是那些对这种一次性关系甘之如饴的人，也希望并且打算最终稳定下来。是的，大加速延迟了成家的时间，但部分原因在于工作压力太大，女性只好延迟生育。同样，越来越少的年轻人离开父母独立生活，不是因为他们不沉迷于一夜情文化带来的及时愉悦，而是因为他们根本承受不起独立生活的成本。

我的朋友埃德·郝克（Ed Howker）和希夫·马利克（Shiv Malik）在他们合著的《被抛弃的一代》（*Jilted Generation*）一书中表示，至少在英国，延迟成家的大部分原因在于房价近乎天价。除非能够买得起一席之地，不然我们都不愿安定下来，成家生子，这种心态无可厚非。人们在20来岁时，夜夜外出狂欢，挥霍无度，这种行为被人们当作短视多动文化的证据频频引用。而事实是，考虑到在纽约、伦敦这样的大城市，买房的梦想越来越虚无缥缈，挣钱买房基本上毫无意义，因此这种行为在某种程度上是可以理解的。

这并不是说约会服务以及整体的网络文化对我们的关系毫无影响，但这种影响主要体现在帮助人们更快地找到匹配的对象，以及筛除那些弱不禁风的关系上。

丹·斯莱特在《算法时代的爱情》中写道，研究者发现，有三个因素决定一个人对一段感情的承诺：第一，你对这段感情的满意程度；第二，你所投入的时间、精力和资源；第三，其他选择的质量。

第三个因素在很多方面是一夜情文化的推手。如果你想要的只是性，在有如此多的潜在伴侣的情况下，经营一段稳定的关系变得不值得。塞尔斯采访的一位心理学家戴维·M. 巴斯（David M. Buss）说："像 Tinder 和 OKCupid 这样的 APP 给人一种有成千上万的潜在伴侣在等着你挑选的感觉。其中一个方面是对男性心理的影响。当出现女性过剩的现象或者感觉到女性过剩时，整个交配体系会向短期约会转变，婚姻开始变得不稳定，离婚人数增加。"

然而，即使情况果真如此，也没有数据支撑。当婚姻幸福或者关系和谐时，相互之间的共同利益以及更低的生活花销还是会让双方轻松地克制住出轨的欲望。而当关系变得一般或不和谐时，这种平衡就会被打破。不过，这真的是件坏事吗？在过去，如果一对夫妇之间已经没有爱了，可能还会在一起生活，因为没有更好的选择。今天，只需点一点鼠标，这个更好的选择可能就会出现，他们也许还会因为做出这样的转变而变得更幸福了。

诚然，我们也可能会"货"比三家，总是拒绝合适的伴侣，追求那并不存在的完美伴侣。但是良好的关系能带来极大的精神上和身体上的满足，足以让双方坚守这段感情。2007年的一项调查显示，92%在网上认识然后结婚的人说，他们的婚姻很幸福，谢谢大家的关心。其中多数人称，他们的关系比在网上认识时更加稳固了，而不是更脆弱了。同样，当皮尤研究中心询问美国成年人网络对他们伴侣关系的影响时，四分之三的人表示对他们有好处，只有五分之一的人称对他们有坏处。

## 性爱机器人为您服务

毫无疑问，大加速给我们的伴侣关系和性生活带来了挑战。哈里·菲什（Harry Fish）博士在《新裸体》（The New Naked）一书中提出，他所谓的"速战速决一代"在互联网色情和匆忙生活的共同作用下，房事仓促。他声称，45%的男性不到两分钟就到达性高潮，导致只有63%的女性能享受到性高潮。在一篇关于菲什作品的专题中，"凯蒂"告诉《红秀》（Garzia）杂志："我俩开玩笑说，共同生活的六年间，我们已经'自行训练'出快速做爱的能力。但是我心里知道这并不好笑……说实话，我只想快点做完，这样我就能去睡觉或者去看我的录像带。"

技术其实是在从各种方面强化长期伴侣的关系，而不是削弱关系。一方面，在技术的帮助下，我们能够找到和我们志同道合或臭味相投的人，无论这种人有多罕见。另一方面，在技术的帮助下，夫妻之间的亲密感有所增强。

韩国是全球网络覆盖最广泛的国家之一，其首都首尔用《纽约客》专栏作家劳伦·柯林斯（Lauren Collins）的话说，"就像是虚拟宇宙在地球的大使馆"。在韩国，即时信息早已取代电话或短信，只需扫描地铁海报上的二维码就能自动订购食品、百货。而且，他们还有一款备受欢迎的手机应用，名为 Beween，专供情侣之间交流使用。情侣发的备忘录、照片和信件既能记录他们之间爱的历程，又能充当电子记忆盒，提醒他们共同度过的时光。情侣还能利用 Beween 制订情感目标，并在实现该目标时为他们喝彩，仿佛Beween 是他们的私人教练一样。柯林斯说，这款应用十分受欢迎，超过一半的 20 多岁的韩国人下载并使用过。虽然他们不一定找到了真爱，但他们确实得到了所有需要的帮助。

此外，技术还有可能提高我们的恋爱能力，或者至少能提高我们的恋爱效率。例如，越来越多的手机上安装了生物识别传感器。正如经济学家泰勒·考恩（Tyler Cowen）所说，不难想象，未来我们的手机应用能在你的聊天对象说谎时让你的手机振动，或者能监测你的约会对象身体所发出的信号，比如瞳孔放大，以便当接吻的时机成熟时，好悄悄让你知道。Tinder 有一种自动插件，名为Tinderbox，能了解你的偏好，然后使用面部识别软件代替你选择是否感兴趣，这款插件甚至能自行展开对话，判断对方的兴趣爱好。（不过，对方在发现时会作何反应就不得而知了，而且，当这种机器人变得十分普遍并且开始互相试探时，到底会发生什么，我们同样也无从知道。）

另一方面也许没有那么令人毛骨悚然——这种机器对情侣的会话互动或夫妻基因信息的分析，能让我们知道一段关系是否能持续下去，如果不能，又该如何改善。听起来似乎很无情，但利用技术培养和强化伴侣关系，肯定会使这段关系更加持久、愉悦，特别是如果"Lovetron 9000"流行起来的话（"Lovetron 9000"是 32 岁的生物黑客里奇·李开发的一种骨盆植入物，植入后，男性阴茎能以不同的速度和模式震动）。

然而，当我们对技术的依赖和我们的爱情生活无法并存，甚至技术取代了我们的爱情生活时，会发生什么？比如，在日本，深谙技术的年轻极客常常逃避现实生活，沉迷屏幕（并且由于年轻一代的性冷淡日益普遍，这也引起了人们对人口紧缩的担忧）。同样，在德国劳工研究所的杂志上发表的一项研究发现，年轻男性结婚比例之所以下降，部分原因可能是因为网络色情唾手可得（同一研究发现，宗教网站的使用与婚姻高度相关）。

这是雪莉·特克尔研究过的领域。她通过对儿童行为的观察，发现他们会将注意力和情感轻易转移到机器人玩具上，即使这些玩具相当简陋。她担心，以这种方式养大的孩子可能永远不会努力和其他人接触，并且可能永远欠缺这样做的勇气。相反，他们会和自己的机器人建立起关系。

这听起来可能很古怪，但如果日本人对他们的充气娃娃尚能如此依恋，甚至为它们举行正儿八经的葬礼，对于能够提供和人类毫无二致的情感的机器人，我们的依恋得有多强呢？不难想象，人工智能可以在情感上进行迭代，监测与你对话时你作出的反馈，比如你的微笑、你升高的血压，直到它让自己成为能给你完美体验的伴侣。这时，考虑到寻找并适应一个不完美且自私的人类伴侣的过程有多么令人厌烦，谁还会拒绝机器人也许空洞但舒适的慰藉呢？

英国技术专家戴维·利维（David Levy）在《与机器人的爱与性》（Love and Sex with Robots）一书中预测：随着人工智能的发展，机器人伴侣以及助手会日益普遍。不过，利维要比特克尔乐观得多（特克尔似乎把利维看作弗兰肯斯坦博士*一样的人物）。利维说，目前世界上有数百万的人在爱情或社交方面的需求未能得到满足。随着工作节奏加快，工作量不断增长，建立和培养友情的时间被剥夺，这一趋势只会愈演愈烈。利维断言，特克尔以及其他人：

没有看到开发和提供性爱以及强烈情感关系机器人的要点，即当前世界上有很多人无法构建良好的人际关系。成百万上千万的人找不到爱的人，或者爱他们的人。

对于这些人来说，生活是个悲剧。很多人问过我："与人类的关系难道不比与机器人的关系好很多吗？"但我认为，这个问题不对，应该问："与机器人建立关系是不是比毫无关系可言更好？"

利维认为，即使是婚姻美满的人也能在机器人的帮助下获益。因为机器人能学习并做出反馈，却不会去评判或谴责，而人类经常这么做，所以机器人很适合指导性爱，能够帮到性心理障碍人士和想要确定性向的人。

利维激动地说："机器人能对性爱技巧的方方面面进行指导，我们只要虚心学习，就能摇身一变，成为性爱大师。而人类的亲密关

---

\* 弗兰肯斯坦博士（Dr. Frankenstein），是英国诗人雪莱的妻子玛丽·雪莱于1818年创作的科幻小说中的人物，被认为是变态、癫狂的科学怪人的代名词。

系中，就再也不会有伴侣需要承受糟糕、平庸，或是不够棒的性爱了。"他认为，这会提高人们的自信，增强他们的情绪稳定性，从而挽救他们的婚姻。从另一方面来说，正如特克尔所担心的那样，这也可能导致人们终日窝在家中，沉迷于和机器人的性爱。和其他的情况一样，这需要因人而异进行判断，要看他们所处的文化，以及他们是在正常使用还是在滥用手中的技术。

## 这样的社会并不存在？

事实证明，我们社交生活加速，从线下转向线上，更准确地说，是从线下变成了两者结合。这仿佛特别适合做恐怖故事的设定，主要是因为这些人的生活不再局限于现实世界，而是扩散到了新的隐秘平台，上一代人既看不到，也无法理解。但凡事有弊，必有利。

例如，社会学家罗伯特·帕特南（Robert Putnam）在他的著作《独自打保龄》（*Bowling Alone*）一书中警示，美国正在四分五裂、支离破碎，因为人们都宅在家里，躲在屏幕后面。这不仅会给社交，还会给身心带来灾难性的影响。帕特南写道："一般来说，如果你不属于任何群体，但决定加入一个群体，那么你在接下来的一年中死亡的风险会降低一半。如果你抽烟而且不属于任何群体，那么是该停止抽烟，还是该加入群体，在死亡风险的数据问题上就看你运气如何了。"不过，人们还是不肯加入群体。

但事实是，他们正在这样做。至关重要的一点是，帕特南当时研究的是我们现在已经司空见惯的电视的影响。然而，英国作家亨利·亨明（Henry Hemming）为《一起》（*Together*）一书调查了大量的英国志愿团体，包括养蜂协会、扶轮社、瑜伽社。他发现，在21世纪的头10年只有8%的团体成员人数有所下滑，绝大多数社团的成员人数平稳或有所上升。人数上升的原因在于，互联网，尤其是团体的电子邮件，不仅使团体会面变得更容易了，而且增强和丰富了团体会面之外的情感联系。

那么，大加速究竟在将我们打造成什么样的人？我们工作更勤奋、睡眠更少、思考更快；我们期待这个世界即时提供我们需要的东西，无论是用手机叫外卖上门，还是能与朋友见面；我们还会期待工作能为我们带来满足和充实。当事与愿违时，我们也更容易苦恼、烦躁和沮丧。

然而，诸如此类的悲观阴暗的描绘不过是上一代人对下一代人的实践与前景一贯的担忧，他们认为因为年轻一代的行为有所不同，所以情况势必会变得更糟糕。其实，我们之所以容易相信这种担忧，是因为这是我们大脑固有的思维方式。正如克莱夫·汤普森所指出的，研究显示，比起积极乐观的说法，我们更容易相信愤世嫉俗的消极说法，并且会认为后者蕴含着更多智慧。（当然，我们在前一章提到的技术压力的预言就是出自这种偏见。）

对于社交生活节奏加速的争论，基本可以说是在争论最后到底是我们使用电子设备，还是我们被电子设备使用。至于你会支持哪一边，很可能不是由研究和分析结果决定的，而是由更基本的一点决定——你对人性的看法是乐观还是悲观。本书的论点是，我们不会沦落到斯金纳箱中老鼠的地步，不停地用喜悦刺激着自己。技术的诱惑力是很强大，但总的来说，我们是能让技术为我们造福的。

# 第四章
# 速度裹挟艺术

Chapter Four

**我们曾静静等待 / 我们曾静静等待 / 现在我们叫喊:"副歌再唱一遍。"**

**——拱廊之火乐队,《我们曾静静等待》( Arcade Fire,*We Used to Wait*)**

2004 年 11 月,菲利普·罗斯(Philip Roth)罕见地接受了美国公共电视网新闻时刻(PBS Newshour)的采访。这位备受尊敬的作者终身从事小说创作,尽管他在年后才宣布退休,但他在采访中表达了他对小说这一艺术形式的未来深深的忧虑。他说:"我觉得,二十或二十五年后的人们不会再读小说了。他们有其他事情可以做,有其他休闲方式,也有其他方式发挥想象力,我觉得那些很可能更吸引人。"

这也是"慢读"运动最深的恐惧:在这个狂热的、心烦意乱的时代,人们将无暇品读伟大的作品和思想。更糟糕的是,现在任何一种媒体形式都必须和其他媒体相互争夺关注,这就意味着所有媒体形式都将变得更加喧闹、浮夸、扎眼。**文化过剩的时代也必将成为极度肤浅的时代。**

然而，由我们阅读的书籍、观看的节目、玩的游戏等构成的流行文化的世界也明显说明了这种担忧是多余的。实际上，我们的神经、艺术和经济需求在推动着流行文化朝两个完全不同的方向发展。

　　一个方向朝着浮夸和琐碎发展，或者你可能认为是一种形式上、愉悦感上完美的短浅微小的体验。另一个方向却朝着对极其细致复杂的产品更长久深入的体验发展。这与其说是对大加速的一种反应，不如说是对它的补充：正如一次周末出游或一次瑜伽练习能帮助我们应对工作周忙乱的节奏，沉浸于一盒录像带或一本12万字的畅销书也会发挥同样的作用。伴随着更广泛的技术变革，流行文化的发展正在为我们提供比人类历史上以往任何时期都更高质量的娱乐活动，以至于其选择之多，让我们眼花缭乱，不知如何下手。

## 轻浮的艺术快餐

　　我们的文化习性归根结底是前几章讨论过的神经需求，即渴望更加便利、更多信息。我们之前看到由于我们对便利的渴望，以致盗版肆虐，摧毁了旧的音乐行业模式，直至 iTunes 等音乐播放软件的出现，音乐行业被彻底颠覆。这就是即时满足经济的逻辑：消费者会奖励那些迅速满足其需求的服务，并惩罚那些未能做到这点的服务。例如，随着能够即时在线点播的 Spotify、YouTube、SoundCloud 和 Apple Music 的出现，现在 iTunes 及其类似的音乐播放软件也在遭到颠覆。

　　对于信息，我们总是想要获取更多，并且以更快的速度获得。现在有初创公司提供用"视频概述"技术浓缩电视剧梗概的服务。

与此同时，有 Spritz 或 Squirtio 这样的应用程序致力于掀起一场阅读革命，它们让文字在你眼前快速闪过，这样你的眼睛就无须浏览页面，省去了眼球移动的时间，眼球移动占八成的阅读时间，因而在不影响理解的情况下，这项技术可以使阅读时间缩减一半。（不过，你会感觉仿佛是有人在向你的眼睛喷砂，因而这种阅读方法是否能取得长久的成功，尚无法确定。）

这种对信息的渴望在某种程度上也解释了为什么在这种新形势下，某些类型的媒体比其他类型的媒体做得更好。在不同消遣方式的注意力争夺中，胜利总是属于那些最吸引眼球或使用最快捷的方式，或乐于分享我们注意力的媒介。因为乐于分享我们的注意力，广播节目在保留和吸引听众方面取得了惊人的成功，电视和推特之间也产生了强大的新型"多屏"共生效应，两者相辅相成。（如果你有特殊的媒体形式具备对用户的反馈立即迭代的能力，比如电子游戏，你也可能会成功。）

不可否认，在这种对信息的欲望的作用下，大众文化的变化日新月异，正如其他的一切事物一样，艺术也越变越快。大多数早期制作的电视节目现在看来沉郁无比，甚至让人看不下去。在 YouTube 上找一集《万物既伟大又渺小》（*All Creatures Great and Small*）看看，你就明白我的意思了。电影也一样。2013 年，为了庆祝影片上映二十周年，《侏罗纪公园》（*Jurassic Park*）被转制为 3D 版并重新上映，英国《每日电讯报》评论家戴维·格里滕（David Gritten）指出，这部电影最了不起的地方是，要等几乎一个小时，真正的危险才会浮现。他感叹道："今天没有哪个好莱坞制片人会放心让一部电影的故事如此悠闲地展开。"

的确如此，如果你对大众文化大失所望，那么你的抱怨大可从多厅影院开始。《纽约时报》的首席影片评论员 A. O. 斯科特（A. O. Scott）在一篇评论文章中宣称，在现代文化中"成年已死"，他写道：

> 在过去十五年里，我看着电影公司将大量的财力和想象力投入系列电影的制作中……提倡一种本质上是青少年化的、不成熟的世界观。漫画电影、适合全家观看的卡通冒险片、青少年英雄故事、不会变老的英雄主义喜剧故事，这些不仅构成了 21 世纪好莱坞的商业中心，而且还是它的艺术心脏。

今天的商业大片不仅故事肤浅，在视觉上还受"冲击美学"支配。影片通过丝毫不停歇地冲击观众的感官，使得观众在震惊和敬畏的作用下全神贯注。吊诡的是，无论这种冲击有多强烈，都无法在你的记忆中留下任何痕迹。正如影评家乔纳森·罗姆尼（Jonathan Romney）所说的那样："观众抽出宝贵时间，屏息静气地坐在电影院，努力进入这些电影刻画的世界，然而这些电影很快就会从他们的记忆中消失。它们就像爆米花，瞬间爆炸，几乎在你离开电影院的同时就被忘得一干二净。"

一如当今的电视节目，现代电影的剪辑节奏很快：一个镜头的平均长度已经从三四十年代的 10 秒左右下降到现在的不到 4 秒，同一镜头中的动作和移动也变得更多。这两种变化的目的都是为了吸引并保持观众的注意力。事实上，好莱坞已经逐渐获得了让电影的剪辑和我们奔腾不安的思绪保持一致的能力：科学家发现，现代电影镜头长度的波动在不知不觉中与人脑运作的频率取得了一致。

在音乐上也能看到相同的加速效果。Echo Nest 是一家数据咨询公司，后来被流媒体服务公司 Spotify 收购。几年前，在这家公司任职的格伦·麦克唐纳（Glenn McDonald）细致地分析了 1960

年至 2013 年发行的 5000 首最流行的歌曲，并根据包括"声韵"和"音调"在内的 12 个关键属性对这些歌曲进行分类。

有趣的是，他发现虽然歌曲的速度基本上升了，但并非持续上升：平均每分钟 100 拍的节奏，到 20 世纪 80 年代初期上升到 110 拍，但随后又回落；而现在又到达了高峰。同样，这些流行歌曲的"舞曲属性"在盛行扭扭舞的 20 世纪 70 年代和盛行电臀舞的今天没有大的区别。

然而，持续上升的是这些歌曲自身的响度和"能量"——由响度、节拍、结构变化和乐器的声音定义的一种特征。换句话说，流行音乐为了争夺我们的注意力，变得越来越喧闹了。

此外，流行音乐的节奏还变得越来越快。歌曲前半部分较为轻柔舒缓的传统习惯被舍弃了，同样被舍弃的还有缓慢的前奏，因为使用 iPod 听歌的人可能会变得不耐烦，从而跳到下一首歌。

甚至以往的主歌—副歌—主歌的模式也被更加多样的结构代替。几年前开始流行请说唱歌手在流行歌曲中插入几段说唱。现在，随着歌曲类型相互融合，一首歌只有一个人唱变得越来越罕见，就好像是制作人害怕听众受不了同一个声音连续三四分钟唱相似的部分似的。随意在 2014 年 9 月选取一周，美国 Billiard 前 100 单曲榜单，算上所有对唱和伴唱，涵盖了 149 名不同的歌手；那年夏天的任何一个星期，通常有至少 15 位歌手挤入歌曲榜前 10。

至于他们唱的是什么内容？多数情况下，这些歌曲颂扬即时满足。今天的歌曲偏向舞曲，通常散发着享乐主义、及时行乐的气息：想一想诸如 *Last Friday Night（T.G.I.F.）*、*I Gotta Feeling*、*Shake It Off* 之类的劲爆舞曲。格里滕的同事尼尔·麦考密克（Neil McCormick）在调查有史以来下载次数排名前 100 的歌曲名单时，发现名单上充满"极其活泼欢快、让人心情振奋的歌曲，赞美着舞池中的爱情、欲望和幸福"。他接着指出，如今音乐的作用不再是充当流行文化的前端和中心，而是为了"一个无休止的、感觉良好的舞会"配乐。

然而，和好莱坞大片一样，这些歌曲越像是没经过大脑，实际上创作时投入的精力就越多。知名制作人卢卡斯·戈特瓦尔德（Lukas Gottwald），人称"卢克博士"（Dr. Luke），独立或合作创作过许多近年来最出色的流行歌曲，其中包括 *Wrecking Ball*、*Roar*、*Since U Been Gone*、*I kissed a Girl*、*Right Round*。《纽约客》的一篇专访将他的工作室描述为现代版的锡盘巷（Tin Pan Alley）。他有一个逾40人的歌曲创作团队听他指挥，包括"艺术家、制作人、作词人、节奏编曲、旋律编曲"。

要创作一首完美的三分钟长的一次性流行歌曲，这样的团队需要不辞辛苦、劳作数月。每首歌的每个音节都要经过不同角度的推敲，每个音符都要是最纯净、最明亮的，接着再用软件让每个音都更加饱满。如此，这首歌才能在熙熙攘攘的商场引起人们的注意。

大加速对音乐产业造成的一个后果是专辑的没落，而对单曲制作的精心投入是合乎逻辑的结果。在英国，过去五年的单曲销量一直在稳步上升，而专辑销量却减少了大约40%。事实证明，当iTunes或Spotify能让我们从12首曲目中挑选出最佳歌曲来享用时，我们就不会再劳神关注剩下的填充曲目了。2015年1月，美国乐评人鲍勃·勒夫塞兹（Bob Lefsetz）对Spotify上典型的一周进行了研究，他注意到打倒男孩乐队（Fall Out Boy）排名第一的专辑的主打单曲被在线播放了50727320次，而两个普通曲目的播放次数分别为5877009次和2610943次。他写道："事实证明，大家都被热门歌曲吸引，只有铁杆粉丝才会继续往下听。"

行业分析师马克·马利根（Mark Mulligan）说，在这种"分拆"过程的作用下，"歌单和单个曲目已成为主流消费模式"。他指出，Spotify上只有140万张专辑，但是有15亿歌单，是专辑数量的一千多倍。"人们花在单个艺术家和专辑上的时间更少。在这个按需供应的年代，再加上他们有无限的选择，于是人们这儿听一点，那儿听一点，在一个歌单中消费的艺术家，是CD时代一个普通的音乐迷通过整整一年的专辑购买都接触不来的。"当然，铁杆粉丝还是有的，他们会抢购实体产品，比如唱片（以及花絮和非主打歌曲合辑），不过这种铁杆粉丝的数量要少得多。

因此，音乐的本质正在不可避免地遭到改变，这让许多从事音乐行业的传统人士感到不安。乔治·埃尔加图蒂斯（George Ergatoudis）是BBC Radio 1和BBC Radio 1xtra频道的音乐总监，因而他可以说是英国唱片产业最有影响力的人物之一，他说："在音乐行业中有一个根深蒂固的心理，认为专辑是唯一重要的艺术形式。"

我不是让艺术家们停止制作专辑。如果他们已经想出一张精彩的专辑，就应该去把它做出来。问题是，绝大多数专辑根本不够好，这些专辑中可能只有两到三首歌特别棒。

我真心认为，今后五年，对绝大多数人而言，新专辑不会有什么意义。比方说，一年有大概10张专辑特别棒、特别火，还会有不少人花时间倾听整张专辑。即便是到那个时候，人们也是在这张专辑被分解成一首首歌曲，并入歌单后，才会遇到它。

## 深沉的艺术享受

在大加速的作用下，流行文化变得愈加快速、浅薄、无足轻重，例如音乐。然而，过去十年最成功的音乐家阿黛尔（Adele）却是一位缓慢而深情、拥有天鹅绒般嗓音的歌手，她仿佛是从 20 世纪 50 年代穿越过来的，关于这点，又该如何解释呢？

这是因为加速文化至关重要的一点是它的非单一性。那种让你可以沉浸其中的歌曲和音乐尚有生存空间。事实上，由于工作生活中的种种压力，我们对这种产品的需求比以往任何时候都要强烈。这又是一个快与慢的两极分化，居于中间不快不慢的产品注定会失败。

你可以从人们在推特上的表现中看出这种分歧。观看像《X音素》（*The X Factor*）或《英国家庭烘焙大赛》（*Great British Bake-Off*）那样的直播节目，或者像《唐顿庄园》（*Downton Abbey*）那样无聊的古典剧时，人们会在看的同时，打开其他屏幕，边看边在推特上吐槽，无论这种吐槽是出于同情、愤怒还是讥笑。然而，像《权力的游戏》（*Game of Thrones*）这样引人入胜的复杂节目正在播出时，推特上的吐槽会相对较少。观众在看完后，对剧情惊叹不已，然后就会上网讨论最新的情节变化，这时推特上才有大量的评论涌入。

其他各种领域也表现出同样的规律。我们抱怨好莱坞电影华而不实，然而同样是这批没办法在好莱坞拍高雅艺术电影的导演，其作品却在 HBO 这样的有线电视频道上深受欢迎。就图书而言，过去 40 年来英国销量最高的书常常是大部头或者读起来相当晦涩，比如《鸿》（*Wild Swans*）、《安吉拉的骨灰》（*Angela's Ashes*），以及最受欢迎的《时间简史》(*A Brief History of Time*)。

事实上，大概是在大加速的作用下，小说类畅销书似乎正越来越长，而非越来越短。1995 年到 2005 年，《纽约时报》销售榜上的小说平均页数增长了 100 多页，达到了 385 页。之后畅销的如唐娜·塔特（Donna Tartt）771 页长的《金翅雀》(*The Goldfinch*)、乔纳森·弗兰岑（Jonathan Franzen）的《自由》(*Freedom*)、埃莉诺·卡顿（Eleanor Cattan）的《发光体》(*The Luminaries*) 等大部头作品，说明这种趋势近些年来并未消失。最近，美国的网络杂志 *Slate* 上的一篇文章声称，小说市场上充斥着如此之多的"巨著"，我们已经正式进入了"超长小说"时代。

可惜我们没办法得到这方面的实证：亚马逊在图书市场中所占的比例非常大，然而，因为亚马逊不肯分享它的销售数据，所以对于人们实际购买的书籍至今没有权威的名单。不过，独立电子书分销商 Smashwords 的创始人马克·科克尔（Mark Coker）确信，图书的销售量随着字数的增加而增加。在他的网站上，排名前 10 的书籍平均字数超过 10 万，比传统印刷小说要长很多。排名前 100 的书籍平均字数稍低于 10 万，而排名前 1000 的书籍平均字数在 7.3 万左右。

考虑到 Smashwords 数据库中一本书的平均长度仅仅为 3.7 万字，很明显，正如科克尔声称的那样，"读者正想方设法搜索并购买更长的电子书"。只有那种明显以看完即扔属性为卖点的题材，比如言情或色情作品，畅销书的字数才会不足 10 万。电子游戏情况相似。长期以来，人们认为电子游戏提供的是无须经过大脑，只须瞄准然后射击的那种快捷的愉悦。然而，实际上，那些最火的电子游戏的卖点是通关所需的时长，一般标准是 60 小时。

对于大众文化的现状，还有一个好消息。那就是，无论大众文化是快速肤浅，还是慢速高雅，我们在消费的文化产品正变得越来越复杂、越来越丰富。

这是一个很重要的论断。不过，史蒂文·约翰逊（Steven Johnson）在他的精彩作品《每一件坏事对你都有好处》（*Everything Bad is Good for You*）一书中提到，电视剧等节目不仅是节奏加快了，其信息密度和知识挑战的水平也提高了。约翰逊说，如果你先看一集《法网》（*Dragnet*），然后看一集《希尔街的布鲁斯》（*Hill Street Blues*），最后再看一部更现代的电视剧，比如《犯罪现场调查》（*CSI*），你会发现人数、关系以及情节点的数量急剧增加。也就是说，如果没有更强的应对能力，我们不可能承受如此这般的信息轰炸。这就是为什么《火线》（*The Wire*）或《绝命毒师》（*Breaking Bad*）是真的比之前的电视剧更好，或者至少是更复杂，因为确实有观众能看懂。

有些创作者甚至将长片的深度和复杂性与短片的速度融合起来，这一结合让一些观众厌烦不已，另一些观众却为之目眩神迷。目前在美国电视业最火的是诸如《嘻哈帝国》（*Empire*）或《丑闻》（*Scandal*）这样的系列剧，用飞速的剧情发展来吸引观众，让他们感觉像是在坐过山车。还有英国电视编剧史蒂文·莫法特（Steven Moffat），他是《神秘博士》（*Doctor Who*）的制片人、《神探夏洛克》（*Sherlock*）的主创，他的作品以情节复杂、稠密、快速著称，他创作的故事逻辑和时间跳跃极大，观众需要很吃力才能赶上剧情的节奏。正如已故的克拉丽莎·谭（Clarissa Tan）在《旁观者报》（*Spectator*）中所说：

> 《神探夏洛克》不再是侦探智胜罪犯的剧，而是电视节目智胜观

众的剧。一次又一次……我们看到时间线被叠加在一起或者被快进，这时观众只能任由编剧史蒂文·莫法特摆布……然后剧情突然发生了反转，速度之快，让人头晕目眩，这时你不禁拍手叫好，封其为神剧，为之着迷……无论你是否认为《神探夏洛克》是部好剧，两秒一转的剧情还是改变了我们对电视的期待。它就像是一股多巴胺，和让我们不停地刷推特或 Instagram 或其他任何软件是同一种的多巴胺，一旦体验，我们就回不去了。

谭说得有道理：莫法特的剧本似乎体现了现代性的本质。尤其是当《神秘博士》的剧情速度和复杂性遭到跟不上、理解不了的粉丝和评论家的质疑时，莫法特指出，年轻观众理解起来完全没问题，因为他们比年长的人更具备处理大量涌入信息的能力。

作为消费者，我们的处境比以往任何时候都更好。如果我们想不动脑筋消遣一下，有制作精美的产品等着我们挑选；如果我们想要深度，有电台司令乐队（Radiohead）的歌曲、HBO 出品的剧集，抑或菲利普·罗斯的小说。因此，从诸多方面来看，大加速让我们进入了一个真正的文化黄金时代。

## 音乐行业的赢家通吃

关于这一点，有些人十分不以为然。当前，如此多的大众文化似乎一味趋同，毫无新意，怎么能称之为黄金时代呢？至多只能算是个躁动不止的创新时代。流行歌曲中不乏博人眼球的亮点和声音变化，可还是有同一个传送带上下来的感觉。影院里上映着一部接一部的续集，而电子游戏的大事件全是关于价值数十亿美元系列游戏新版的发行，比如《侠盗猎车手》(*Grand Theft Auto*)、《使命召唤》(*Call of Duty*)、《光晕》(*Halo*)、《战地》(*Battlefield*)、《刺客信条》(*Assassin's Creed*) 等。不是续集，就是克隆版：每次出人意料的成功后，都会跟着一系列标题与之类似的产品。

然而，这一现象也是大加速的副产品。之所以如此，有两重原因：生物因素和经济因素。我们在前面已经看到，我们的大脑天生喜爱新奇，但它们也喜欢熟悉和重复——多巴胺沿着开凿好的同一条道路流动。因而，要想让我们的大脑神经感到喜悦，关键是要用听起来或看起来似曾相识但又足够新奇的东西，来挑战我们的期待。

正如神经学家丹尼尔·列维汀在《音乐感知的科学》(*This Is Your Brain on Music*) 中所写，真正伟大的旋律的秘诀，在于它先是构建期待，然后将其打破。戴维·布鲁克斯援引列维汀的这本书，指出他最喜欢的例子是《飞越彩虹》(*Somewhere Over the Rainbow*) 中八度音阶的跳进。布鲁克斯说："生活不断在变化。幸福的生活就是一系列温柔却刺激的旋律变幻。"

这一规律也体现在我们看电视的方式上：虽然我们追逐新奇异趣，但不喜欢过分新奇。例如，现在情景喜剧中的笑点和以前相比更加密集、节奏更快。美国评论家托德·范德沃夫 (Todd VanDerWerff) 指出，《宋飞正传》(*Seinfeld*) 和《辛普森一家》(*The Simpsons*) 使美国人习惯了更快节奏的幽默。随后，类似《废柴联盟》(*Community*)、《我为喜剧狂》(*30 Rock*)、《发展受阻》(*Arrested Development*) 等情景喜剧的涌现，将快节奏发挥到了极致，将每分钟的笑点数量推向了新高。然而，正如范德沃夫所说，虽然这些喜剧皆深受小众喜爱，却从未成为主流热剧，这在很大程度上是因为这些剧的节奏过快，让很多人看起来不舒服。在英国和美国，真正深受人们喜欢的喜剧《好汉两个半》(*Two and a Half Men*)、《生活大爆炸》(*Big Bang Theory*)、《我的一家人》(*My family*)、《布朗夫人的儿子们》(*Mrs Brown's Boys*)笑点出现的频率更适当，不过还是比以前要快。

也许最好的例子是查尔斯·杜希格 (Charles Duhigg) 在《习惯的力量》(*The Power of Habit*) 一书中所讲的 OutKast 热门神曲 *Hey Ya*！的故事。在音乐行业中，有一家名为 Polyphonic HMI 的西班牙公司，这家公司在大数据环境下应运而生，试图用算法为混乱的创新行业带来确定性。这家公司的软件因为在诺拉·琼斯 (Norah Jones) 名不见经传时，指出她的 *Come Away With Me* 会成为热门歌曲而一举成名。

当 Arista 唱片公司的主管们用同一个软件处理 *Hey Ya*！时，结果令人难以置信：这首歌获得了有史以来最高的分数。这些主管知道，他们手上有一首必然会火的神曲：即使没有软件，也不难看出这首歌惊人地洗脑。可是，当他们开始在电台播放这首歌时，却惨遭失败。

正如杜希格所说，OutKast 的问题在于他们的歌太有新意了。美国顶级流行音乐主持人约翰·加拉贝迪安 (John Garabedian) 回忆道："这首歌听起来和其他歌都不一样，所以有些人听到就烦，有个人跟我说这是他听过的最难听的歌。"每当费城广播电台 WIOQ 频道开始播放这首歌时，26.6% 的听众会换频道。

尽管如此，电台的老板们还是很喜欢这首歌，而且数据还明确显示了这首歌拥有巨大的潜力。所以，他们开始"插播"这首歌：他们会在播放 *Hey Ya*！的前后，播放观众虽然没那么喜欢但觉得熟悉舒服、会继续听下去的两首其他歌曲——比如席琳·狄翁

（Celine Dion）的歌。没多久，听到 *Hey Ya！* 就换频道的听众比例开始下降，因为这首歌和他们熟悉、舒服的歌形成了联系。虽然首次播放时引起了争议，但几个月后，WIOQ 每天播放这首歌 15 次。

这里不仅是神经学在起作用，之所以如此多的主流文化都有一种似曾相识的感觉，之所以大加速会发挥作用，另一个原因属于赤裸裸的经济学——和许多的其他领域一样，娱乐成为了一个赢者通吃的行业。

几年前，这种说法听起来可能会很奇怪。那时最常见的观点以《连线》杂志的编辑、《长尾理论》（*The Long Tail*）的作者克里斯·安德森（Chris Anderson）提出的最有名，即与其说文化会衰败，不如说文化会分裂。随着小众节目的涌现，观众开始分流，"主流"的概念也许会被抛弃。全国人民屏住呼吸一起等待揭晓枪杀《新朱门恩怨》（*Dallas*）主角 J. R. 的凶手谜底的日子一去不复返了，数百万青少年在卧室里打开节目视频的时代已经来临。

问题是，从经济学的角度来看，这种情况似乎并未发生。与之相反，我们看到的情况和硅谷一样，这是一种巨型化的趋势。是的，小众内容确实正在被大量产出，然而，正如哈佛商学院教授安妮塔·埃尔伯斯（Anita Elberse）所说的那样，热门事物似乎越来越火，而小众事物似乎越来越小。

例如，2011 年，约有 800 万单曲在美国卖出了至少 1 份，而其中占总数 94% 的 750 万首单曲卖了不到 100 份。生意可不是这么做的，这根本就是自费出版。对于那些有销量的歌曲，热门歌曲的销量占比相当大：排名前 102 的歌曲，只占总数的 0.001%，所占市场比却达到了 15%。然而再仔细一看，排在这个队尾销量较低的许多歌曲以前也曾位居榜首，因此还拥有一定的销量，这些热门歌曲对市场的支配就变得更加明显了。

与安德森的说法相反，事实证明，这种巨型化的趋势正在逐渐加强，而不是减弱。2013 年，年度最火的 10 首歌曲在美国电台的播放次数是十年前年度最火 10 首歌曲的两倍：那一年最热门的歌曲是罗宾·西克（Robin Thicke）的 *Blurred Lines*，其播放次数比 2003 年最热门的歌曲 *3 Doors Down* 的 *When I'm Gone* 多 70%。

好莱坞也因为依赖大片和续集而备受谴责，但它坚持这样做是因为有充分的经济原因。华纳兄弟在 2010 年算出，他们出品的三部票房最高的电影虽然花费了三成预算，却贡献了超过五成的国际利润。今天最成功的现代电影制片公司迪士尼没有将预算分散在一系列的小众内容上，而是投资数十亿制作更多《星球大战》（*Star Wars*）、更多漫威超级英雄电影、更多皮克斯动画电影、更多《冰雪奇缘》（*Frozen*），然后这些电影还可以在迪士尼庞大的电视网络、主题公园和玩具店帝国里跨市场销售。而电视方面，在诸如网飞和亚马逊这样的公司争相吸引视频流用户以颠覆传统的电视业时，他们没有把制作费和市场预算投到缺乏资金不出名的新人身上，而是投在了知名人物的原创剧集上，比如《纸牌屋》（*House of Cards*）的大卫·芬奇（David Fincher）和凯文·史派西（Kevin Spacey），或者加里·特鲁多（Garry Trudeau）和约翰·古德曼（John Goodman）。

事实证明，安德森对于大加速会打破行业门槛的论断是对的。但他忽略了成功也变得更难了。尤其是因为好内容很多，要想卓尔不群，抓住人们短暂的注意力，也变得前所未有的困难。相较 2000 年的 10% 被砍，现在超过一半的新电视剧在第一季就被砍了，这也是观众和管理层越来越没有耐心的表现。要想杀出一条血路来，你必须生产出自身很好、超群绝伦的东西。不过，你也可以利用现有的品牌认知度，换句话说，就是再制作一部超级英雄电影。


## 市场趋势：随大溜

这种爆款模式之所以势头强劲，原因在于我们大脑的另一个特征：在某种程度上我们都是社会性动物。这一点从电视直播节目的重获新生中可以明显看出来：像《X音素》和超级碗（Super Bowl）这样的盛事不仅可以观看，还可以发推特进行评论。不过，这一点也体现在我们从众的欲望上。

埃尔伯斯在《爆款》（Blockbuster）一书中说明了从众的作用。她讲述了一群科学家制作了他们自己的iTunes版本，能让访问者看到一首歌曲的累计下载次数。你可能猜到了，最受欢迎的歌曲往往表现得更好。但之后，研究者故意调整了下载次数排名——让最受欢迎的歌曲变成最不受欢迎的，反之亦然。

事实证明，比起他们自己的耳朵，人们更愿意相信大众——确实如此，他们会说服自己听从大众的意见。结果，虽然最好的歌曲最终会回到榜首，而最差的会沉到榜尾，但居于中间的多数歌曲的排名基本上是随机的。

埃尔伯斯说，这意味着金子确实会发光，但除此之外，"娱乐产品的最终成功极易受到早期用户的决定的影响"。每一条好评或积极的传闻都会为某一电影或歌曲创造细微的优势，随着追随早期用户购买产品的人逐渐增多，这种优势会在很大程度上被放大。

因此，对于制作人和主管们，唯一合乎逻辑的选择就是尽其所能地让产品发布引起轰动,以便获得早期用户。艾伦·霍恩(Alan Horn)倡导了华纳兄弟公司的大片策略,他告诉埃尔伯斯:"美国普通的电影观众一年只会进电影院看五六部电影。国际范围内的观众看得甚至更少。在 2011 年,六大电影公司发布了超过 120 部电影,此外还有 80 部电影是由较大的独立电影公司发行的……这就是为什么有爆点如此关键的原因——无论是故事情节本身,还是大明星的片酬,抑或是视觉特效,使得这些电影在某些方面的制作费用很高。"

当娱乐方式的选择趋近无限时,引起轰动就变得越发重要,而吸引眼球、超群绝伦就变得越发困难。除此之外,在如此拥挤的市场环境中,产品能够获得成功的机会总是倏然而逝,这也加剧了快速获取成功的压力。2011 年,美国票房排名前 100 的电影普遍在上映的第一周就获得了 30% 的票房成绩。在出版业,根据一位营销总监所说,一本书在发行的第一个月的销量总占比从 30% 上升到了42%。公众和企业关注的持续时间变短意味着,如果一本书在前六周销量没有突破,实际上这本书就坠入了库存目录。

而且,这一过程本身也在加速。一直以来,好莱坞电影是生是死,在首映周结束前,便能见分晓;而在如今的推特时代,第一拨影评人走出首映式的瞬间,就会宣布电影是烂片还是杰作。这一过程之所以会加快,是因为在新闻编辑部的压力下,这些评论家要匆忙赶出第一篇权威评论,这样就会尽可能多地获得后续的搜索流量,而且他们的观点也要尽可能地强烈,这样才能引起轰动。有些编辑甚至禁止他们的评论者给出三星的评价,因为没有人愿意读不温不火的评论。在图书行业,与之相似的是亚马逊畅销书排行榜:接近榜首,不仅对大众读者来说是一种质量保证,而且是在告诉诸如超市和零售连锁书店之类的大买家需要大量进货，从而使得这些书销量更好了。

对爆款的日益依赖不仅源于市场的本质，还在于制造爆款公司的性质。我将在第七章说明，大多数现代企业痴迷于短期增长，特别是通过实现季度目标来使股东满意。然而，当市场已经成熟且增长难以实现时，会发生什么？至少在西方，购买书籍或去看电影的人数已经达到最高，可能不会再有增长。可企业还是会年复一年地制订更高的盈利目标。如果管理者没能达成这些目标，他们就会像足球经理一样被踢出局。

因此，作为高管，你唯一的选择就是通过收购其他公司来获取发展或利润增长。如果你所在的公司是一家大公司，那么短期内做到这点的唯一途径是，下一笔可能会改变财务状况的大赌注。

作者约翰·B. 汤普森（John B. Thompson）在《文化商人》（*Merchants of Culture*）一书中对现代出版业进行了研究，他描述了他所谓的"极端出版"带来的销量上升——买别人的书。为了提高利润，出版社会购买现成的名人作品或已经做完的书，这样就能跳过制作和修改的缓慢过程。这类书"容易定义、容易销售，而且容易理解"。但是，也存在风险，这些书往往非常不成熟，最终，如此昂贵的大赌注也会有一个或多个没有成功。

好莱坞如此依赖熟悉的形式和主题（特别是超级英雄），其背后也是对爆款的类似需求。一部商业大片要想赚到足够多的钱，它需要是一部"四象限"电影，要能吸引男女老少。不幸的是，这往往意味着要迎合最低的共同标准，特别是考虑到还要满足和迎合海外市场的需求，全球开花总比精彩一瞬好。事实上，数据显示，大制作喜剧正在逐渐消亡，因为要找到让上海、首尔、密苏里州、曼哈顿的观众都能心领神会的笑点（至少是那种不涉及身体功能的笑点），十分困难。

我们目前所看到的不是长尾效应，而是赢家通吃，至少是赢家吃大半的现象。而且在大加速的时代背景下，这一现象在世界范围内反复出现：技术加速带来的一大影响是，它让成功变得更容易了，无论是应用程序还是专辑，要想在全球范围内传播、建立爆款的口碑，都比从前要容易。事实上，在许多情况下，在其他领域受益于加速的大公司也正控制着或者至少影响着这个市场：出现在 iTunes 商店的首页，或者被亚马逊挑选出来，其意义都远远超过在《纽约时报》上得到一个五星评论。赢家通吃也有助于这些占主导地位的公司（比如图书业的亚马逊）能垄断他们平台内的销售数据，从而获得巨大的信息优势。

而且，与互联网公司的情况类似，伴随着这一过程的是居中产品的减少。艾伦·霍恩坦言，集中精力制作一部 2 亿美元预算的电影，他就不能制作那些 9000 万美元预算的电影，甚至不得不将这些电影的预算削减到 6000 万美元。这样做的后果就是，甚至连史蒂文·索德伯格（Steven Soderbergh）这样声名卓著的电影大师，也被逼出好莱坞，投入了 HBO 的怀抱，尽管他拍摄的系列电影《十一罗汉》（*Ocean's Eleven*）取得了巨大成功。

## 苗壮生长的草根

文化行业巨头一味求稳妥，这一现象似乎让人感到不安，甚至令人担忧。但这种看法忽略了高质量内容的大量涌现，以及这些内容获得受众的新渠道。例如，HBO 制作的那种高质量电视连续剧取得了巨大成功（可参考《权力的游戏》的 DVD 销售量），这点似乎与安德森的论断吻合。对于 HBO、网飞或 Sky 等订阅服务，重要的不是收视率，而是垄断小众市场：为体育迷或喜欢阴暗而神秘的谋杀案的人，抑或凯文·史派西的粉丝提供最好的内容。正因为这个原因，《发展受阻》这样的邪典电视剧在网络上受到了欢迎。

除此之外，在推特、YouTube、Tumblr 等其他平台上还活跃着一群展现出了无限创意的用户。如今，青少年不仅在卧室里看节目，还在卧室里写程序、录制歌曲。确实，无论以任何标准来看，我们都生活在大众创意爆发的时代。

由于大加速带来的技术进步，剪辑节目、编写程序、制作特效的成本之低前所未有：在信息处理技术方面，诸如 Unity 这样的"中间软件"使得制作一款非常精美的 iPad 游戏变得极其容易，正如创建初创公司也变得非常简单那样。许多业余音乐编辑者使用的 ProTools 软件具备 20 世纪 80 年代价值 150 万美元的调音台所能发挥的作用。

不仅如此，由于这种技术的加速，这些制作者能将他们的作品面向全球观众播放，而且在理想的情况下，获得的粉丝数量足以使他们以此谋生。想一想《我的世界》（Minecraft）的成功案例。这款游戏最初是由一位默默无闻的瑞典程序员马库斯·佩尔松（Markus Persson）独立开发，他在《我的世界》的用户名是"诺奇"（Notch）。随着众多成人玩家和儿童玩家投入了共计数百万小时对其进行精心的构建，这款游戏人气高涨，最后被微软以 25 亿美元的价格收购。

得益于数字发行和 Kickstarter 等众筹平台的日益普及，行业外部人士推出自己的想法，吸引受众为其创造市场变得更加容易。当然，大部分新内容其实毫无价值，等同垃圾。不过，根据史特金定律（Sturgeon's Law），任何事物都有 90% 是垃圾，而剩下的 10% 通常真的很好。

关于这一点以及技术颠覆对媒体的影响，最好的例子也许是 YouTube 的成功。当我们在上一章谈到塞尔达时，我们提到过她看的电视比她的父母少得多。实际上，分析师迈克尔·内桑森（Michael Nathanson）在 2014 年的调查报告中说，美国电视观众的平均年龄远远高于整体人口的平均年龄，而且还在加快老化，现在主要电视节目典型观众的平均年龄为 53.9 岁，比全国平均年龄高出大约 15 岁。

那么，青少年到底在做些什么呢？大部分时间，他们在看 YouTube。2013 年 8 月 3 日，两位美国的视频博主亚当·萨利赫（Adam Saleh）和谢赫·阿克巴（Sheikh Akbar）决定在伦敦的大理石拱门与粉丝举行一次见面会，结果在数百名戴着头巾尖叫的女孩看到他们后，他们不得不在警察的帮助下才能离开。

享有如此待遇的不仅有萨利赫和阿克巴。虽然像 Zoella、Slomozovo、TyrannosaurusLexxx、TomSka、米歇尔·潘（Michelle Phan）、查理·麦克唐奈（Charlie McDonnell）、FoodForLouis、Marcus Butler 或泰勒·奥克利（Tyler Oakley）这些名字和频道可能不会从成年人口中听到，但跟你十几岁的女儿提起，她的反应会大不相同。他们是视频博客创造的新一代明星，他们在自己的个人频道唱歌，分享化妆技巧，表演脱口秀，或者像 FoodForLouis 那样，吃各式各样恶心的生物，比如活蚯蚓。

YouTube 的视频博客越做越大，早已成为正经的大生意。现在，YouTube 排名前 5 的博主拥有的订阅用户人数比墨西哥的人口还要多。据估计，美妆博主米歇尔·潘的零售平台每年能获得 1.2 亿美元的盈利。PewDiePie 播放他自己玩电子游戏的视频，在 2014 年赚了 750 万美元。这一市场成熟之迅速，以至于 2015 年 5 月，Re/Code 网站上的一篇文章严肃地发问："你还能像 YouTube 主播那样成名吗？"

虽然在成年人看来，YouTube 或 Snapchat 或 Vine 上的多数内容可能很幼稚或粗糙（特别是在 Vine 上，上传视频的时间被限制在 6 秒以内），但机智、幽默和智慧随处可见。此类平台的发展依赖于营销商所称的"产消合一"（prosumers）一代的兴起，他们既是内容的生产者，又是内容的消费者。甚至在十年前，美国青少年中声称在创造互联网内容的人比消费的人多；在最近的一项调查中，自称为"创作者"的人数比例上升到了三分之二。无论他们是想分享照片、完善网页、重新制作视频，还是制作自己的歌曲，网络都使这些变得格外容易。

视频博客及其煽动出的创作热情越来越重要，并且一直受到主流媒体的关注。直到最近，它开始被主流媒体忽视，主要是因为占据媒体制高点的那一代人更愿意关注自己的青春，不愿理睬其他人的青春。本杰明·库克（Benjamin Cook）是一位视频博主，他将头发染成了桃红色，制作了"成为 YouTube"系列视频介绍 YouTube 的其他明星，他在《观察者报》的一次采访中称："很多人对待 YouTube 的态度，就像他们对待塞住的马桶或皮尔斯·摩根（Piers Morgan）的电视事业那样的态度。他们不知道 YouTube 现象是如何发生的，也不知道背后的推手是谁，不过他们觉得这上面很可能塞满了屎，还是留给其他人处理为好。"

有些人确实将这些 YouTube 博主视为自恋狂的又一例证，认为他们是一群不知道是为了什么，但就是想成名的孩子。然而，这些视频博主其实是大加速的产物，并且他们的成功在很大程度上是因为他们的世界充斥着无尽的社交互动。这些年轻明星的卖点在于他们很接地气：他们就是和你一样的人，住在和你一样的房子里。

然而，有一个矛盾点是：随着 YouTube 的影响力越来越大，明星博主和粉丝保持亲密关系也就变得越来越难。英国《金融时报》（Financial Times）的一位社论作者被女儿拉去参加在金融城里的伦敦之夏（London's Summer in the City）举行的三大 YouTube 博主的一次会议，他形容为具有"一种自拍一代的伍德斯托克音乐节（Woodstock）兼格拉斯顿伯里（Glastonbury）的感觉"。那里有排队线，还有明星博主专用的休息室，据说这些明星（通过他们的新代理）要了数千美元的出场费和代言费。DigiTour 专门负责将 YouTube 明星博主带出去，好让他们的女粉丝能够大声尖叫，表示支持。DigiTour 在 2013 年售出了 18000 张门票，在 2014 年售出了 12 万张，在 2015 年则售出了约 25 万张。

尽管如此，YouTube 仍然带有一种亲切感和新鲜感，这种媒体形式比传统的电视更快、更直接、更即兴、更亲近，几乎可以说是一种即兴表演的戏剧模式，需要表演者和观众建立一种融洽的关系。本杰明·库克说："如果电视是独白，那么 YouTube 就是对话。"

对于许多在传统媒体形式的环境中长大的人而言，这种非正式的自我启动、即时反应的环境极为尴尬。他们叹惋地位中等、文化素养中等的艺术家的衰落。而如今，你要么是巨星，吸引所有人，要么是小众艺术家，吸引你自己特定的粉丝群体。正如约翰·B. 汤普森对出版业的评论一样，虽然新的生态系统给幸运的几个人带来了巨大的回报，但是：

> 对于绝大多数作家或有志成为作家的人，这个系统就像一头陌生的野兽，行为变幻莫测，有时冲他们热情地微笑，并递给他们一沓现金……然后就突然毫无征兆地退了回去，拒绝回应或者完全切断联系，并且不给任何解释。这个系统致力于在相对短的时间范围内将回报最大化，并不适合培养终身的文学生涯。

那么，作为一位艺术家，该如何应对呢？重要的是要抓住加速所带来的机会，就像那些 YouTube 博主或者亚马逊的 Kindle 上自行出版的作者一样。埃尔伯斯的调查结果虽然可能表明了多数人不会成功，但也说明了只要是最好的内容，一定会找到受众。届时，这些内容就会快速地取得巨大成功。

在这个新世界，艺人必须努力建立粉丝群体，还要学会留住粉丝。泰勒·斯威夫特（Taylor Swift）在《华尔街日报》（*The Wall Street Journal*）的一篇专栏文章中举了一个有关她的一位演员朋友的例子。有一部电影的角色有两个候选演员，这位女演员是其中之一，导演没有让选角团队进行挑选，而是选择了推特关注者最多的那个演员。确实，艺人处处需要努力再努力。鉴于公众的关注持续时间有限，长时间不露面是很危险的，所以像蕾哈娜（Rihanna）这样的流行歌星似乎也在不停地巡回演出和发行单曲，或者至少在别人的歌曲中做伴唱。

不过，艺人必须忙得马不停蹄，发行充满填充曲目的唱片也不再那么容易，这些真的都是坏事吗？在过去，每个歌手都是先建立起自己的曲风，然后坚持那种曲风，而现在越来越重要的是歌曲本身好不好。例如，英国歌手艾莉·古尔丁（Ellie Goulding）最近同时有两首歌出现在英国流行音乐排行榜前 40 的榜单上。一首是节奏布鲁斯风格的歌曲《燃烧》（*Burn*），由常见的热门歌曲团队编写并制作；另一首是慢节奏的甜蜜情歌《我会爱你多久》（*How Long Will I Love You*）。不仅没有人在意这两首歌的风格差异，甚至没人注意到这点。约克大学（University of York）的社会学家戴维·比尔（David Beer）计算出，2014 年，英国流行音乐排行榜上排名第一的歌曲改变了 41 次，并且有 14 位不同的艺术家凭借首支单曲就直接进入了第一〔从英国流行音乐排行榜 1952 年开始推行，到薇格菲尔（Whigfield）在 1994 年 9 月发行 *Saturday Night*，没有一个艺人做到了这点〕。这种歌曲和艺人的流动，"速度之快前所未有"。

有一种观点认为，这种环境对于艺术家的长期发展或盈利能力来说，并不是好事。然而，对于观众来说，短期收益显然更重要。乔治·埃尔加图蒂斯说："观众会飞快地决定他们不再喜欢哪个艺术家，或者哪个艺术家不符合他们的标准，他们表现出的反复无常令人难以置信。Lady Gaga 刚出来的时候，快速地取得了巨大成功，仿佛她完全已经成为了全球的现象级人物。然而，她的每张专辑完全呈现了收益递减规律，以至于你不得不怀疑她的盈利能力。"但这不是她的粉丝的错，而是她的音乐的错。


## 游戏市场的两极分化


现在产出的文化内容无论是简洁、转瞬即逝，还是复杂、引人入胜，其数量和质量都无疑证明了一点：作为消费者，我们从未遇到过这么好的时代。为了最后再一次证明这点，请试想有一个文化领域，经常受到传统媒体忽略，但却是我以及其他数千万人的心头爱：电子游戏。

大多数人现在认识到，游戏是一门大生意。但是，究竟有多大，你可能会觉得难以置信：例如，2014年，亚马逊花了近10亿美元买下一家名为Twitch的公司。这家公司做的事情很简单：直播玩家打电脑游戏。通过这个平台，游戏老手可以坐在自己的房间里指导新手打败《黑暗之魂》（Dark Souls）系列中最难缠的敌方对手（要想掌握这门游戏，至少需要投入几十个小时，这也是对"数字时代削弱了我们的耐心和决心"说法的一个有力反驳）；朋友可以一起玩《侠盗猎车手》，还可以直播运动赛事，比如《街头霸王》（Street Fighter）或《星际争霸赛》（Starcraft）。

事实上，Twitch很快就成为了在线视频市场的巨头，这反映出我们生活的世界更加注重社交，我们都想越过同龄人的肩膀，看看他们在做什么。不过，这也反映出电子游戏作为一个整体的市场，具有强大的吸引力。

当然，不能简单地概括说，一个全新的领域——现代电子游戏产业——已经诞生。但是，其主要趋势与本章接下来所描述的完全一致。首先，内容大量涌现，像Unity这样的新软件工具使创建游戏和游戏内容变得前所未有的容易。然后，技术变革再次带来巨大颠覆。几年前，一家名为Zynga的公司因掌握了脸书的新游戏生态系统而大受追捧。然而，因为脸书向移动设备端的转移，以及脸书为防止Zynga给用户的News Feed发大量的《黑手党战争》（Mafia Wars）和《开心农场》（Farmville）的更新提醒而调整了算法，这家公司遭遇搁浅。同样，随着那些促使Wii和DS游戏机取得巨大成功的临时用户与Zynga用户一起大面积转移到了苹果的设备上，任天堂（Nintendo）在一两年内迅速从行业顶端跌落到了底层。

为了应对这些趋势，电子游戏行业以一种熟悉的方式发生了分裂，即狮子和苍蝇。超大型企业选择投入大量资源，用来制作越来越炫（却老套乏味）的爆款游戏，比如《使命召唤》，因而得以脱颖而出。另外，一众更灵活的小型独立公司也幸存下来。遭到淘汰的依然是那些中型公司，就像中型出版社一样，其中许多被大型企业吞并。

然而，小型独立公司和大型企业之间并不是对立的关系。现实恰恰相反：尽管偶尔会出现敌对状况，但它们之间仍是共生关系，就像是亚马逊公司和作品出现在 Kindle 上的作家之间的关系，或者苹果公司和为苹果应用商店制作 APP 的人之间的关系。

或许微软、索尼和任天堂出售的游戏机提供的游戏主要是由它们自己开发或者从美国动视公司（Activision）和美国艺电公司（Electronic Arts）等其他大型企业购买的"AAA"级大型游戏，但它们知道，要想让产品整体上更有吸引力，至关重要的是提供大量更便宜、更具实验性的小型游戏，好让用户尽情选用。由于数字发行的兴起，这类游戏的开发者可以通过比以往更多样的形式和平台来向用户提供这些游戏，以保有最大的收益份额。而且，如果缺少开发所需的资金，他们可以通过 Kickstarter 或 PC 游戏平台 Steam 上的 Early Access 项目向粉丝发起众筹。这样做的结果就是，高质量游戏层出不穷，其中还有许多设计复杂的成人主题，或侧重审美或侧重哲学体验，而非那种无须过脑的游戏。（参见《风之旅人》《请出示证件》《史丹利的寓言》《6 号装备》等游戏。）

换句话说，我们所看到的是即时满足和更深入长久的体验之间一贯的分裂，爆款和邪典共同存在，相辅相成。而且有趣的是，所有这些产品都设计得比以往任何时候更加巧妙，能让用户获得持续数秒、数分钟、数小时甚至数年的满足。

《糖果粉碎传奇》发布的头一年启动次数为 1500 亿次，我们多数人现在已经知道，就像这款臭名昭著的游戏，手机游戏在设计的过程中会利用各种精确的系统使玩家欲罢不能。手机游戏的每一条光线、每一个声音和屏幕滑动都经过了计算，并且根据焦点小组的反馈做了调整，目的就是让你再多玩一小会儿。之前大卖的《光晕》系列以及近几年引起轰动的《命运》(Destiny)都是 Bungie 公司开发的游戏。这家公司的目的是，让玩家在激烈刺激的射击外星入侵者的过程中体验到"30 秒的乐趣"，然后再稍稍改变内容，让玩家不停重复这一过程，从而体验到数小时无间断的乐趣。每一个关卡都经过了严格的玩家测试，以确保游戏没有令人尴尬的卡顿，并且在地图上找到下一个战斗场地绝不会太难。

像《魔兽世界》(World of Warcraft)这样的大型在线角色扮演游戏设计过程更加漫长，花的工夫也更多。和《糖果粉碎传奇》的设计者一样，《魔兽世界》的设计者能够跟踪玩家所做的数以百万计的决定，然后对任何让人们退出游戏或受挫的地方进行修改，从而确保玩家在打败敌人或通关时，脑中不断产生多巴胺。正如游戏理论家爱德华·卡斯特罗诺瓦 (Edward Castronova)所说的那样："这就和发现新大陆一样。我们开发的是一种让人们感到快乐的技术，这既让人非常激动，又很危险……（也许）沉迷于能让你一直感到快乐的体验性机器，并不是一个健康的生活。"

意料之中，有人担心这种沉迷会演变成瘾症，担心我们会被困在这些设计完美的斯金纳箱里。关于这点，最臭名昭著的案例是一对韩国夫妇任由他们真正的宝宝死去，因为他们忙于照顾一个电脑游戏中的宝宝，无暇他顾。然而，就像网络欺凌和其他不良网络现象一样，这种行为的根源常常来自现实世界，而非在虚拟世界。大加速为人们展示自身的问题提供了种种方式，但这些问题起初并不是由大加速造成的。


## 谁还需要人类呢

上述技术以及 Polyphonic HMI 公司用于评估歌曲的技术，最后提出了一个引人遐想的问题：我们的文化会不会最终变得不再奖励艺术的独创性或个人的创造性表达，而是处心积虑地刺激我们的大脑神经，让我们感到愉悦？如果这样，我们的文化会不会变得有点单调？

比如，正如我们所见，在观看好莱坞最新大片时，我们无不产生了一种似曾相识的感觉：虽然爆炸场景有所不同，但情节的起承转合都经过了同样精确的计算，每个角色的情绪也在设定好的完美时刻发生变化，一切都整洁有序，令人满意。这些情节仿佛是在遵从同一种公式——事实上，也的确如此。

这个公式源于已故的著名编剧大师布莱克·斯奈德（Blake Snyder）出版于 2005 年的一本鲜为人知的书，名为《救猫咪：电影编剧宝典》（*Save the Cat!The Last Book on Screenwriting You'll Ever Need*）。这本书将传统剧本的三幕式结构分解成了 15 个"故事节拍"，将其命名为"催化剂""主题呈现""坏蛋逼近""一无所有"等，并且明确指出了每个节拍应该在电影中的什么时间出现。等你读完这本书，你对《银河护卫队》（*Guardians of the Galaxy*）的那种因似曾相识所产生的怀疑和厌烦都会瞬间变得清晰：我们得到的不仅有约瑟夫·坎贝尔（Joseph Campbell）提出的有关英雄之旅的神话，还有那段旅程会如何展开的分步指南，我们知道了具体在什么时候主角会在情人的鼓舞下获得胜利。

斯奈德公式后来成为电影业的宝典，它的产生是基于大量的观察：成年累月的电影观看经验和剧本写作经验，以及对于什么会触动观众的苦思冥想。然而，如果我们将电脑游戏行业或硅谷的那种不断自动化的焦点小组方法运用到这一过程，会发生什么呢？

大数据现在是文化产业的支柱，而且使用的方式正变得日益复杂。有一系列服务专门在歌曲（或其他任何形式的媒介产品）发布后，跟踪其表现：音乐雷达（Shazam）公司的软件能让唱片主管看到歌曲或乐队的人气像病毒一样从一个城市蔓延到另一个城市，从一个脸书贴文蔓延到另一个脸书贴文。一个名为 Next Big Sound 的服务也能做到这点，该服务最近被互联网广播公司潘多拉电台（Pandora）收购。

但是，还有一些服务分析的不是歌曲或电影的反响，而是它们的原始材料。像网飞或 Spotify 这样的公司致力于对电影、音乐、书籍等产品进行分析和分类，以便梳理出基本相似之处，从而提高匹配算法的性能，使播放列表和推荐列表更加精准。

这种分析可以通过分析产品本身，或者更巧妙地通过分析人们的评论来完成。现在已经被 Spotify 收购的 Echo Nest 使用的就是这种方法，Echo Nest 不仅分析原始音乐信息，还通过仔细审查博客、脸书和其他评论来源，对人们讨论的百万首歌曲进行了分类。

Echo Nest 的"数据炼金术士"格伦·麦克唐纳说，这样做的目的是创造一款仅仅通过研究一首特定歌曲包含的音乐信息，就能紧接着为用户播放一首完全适合的歌曲。事实上，他认为这明显是应对由加速造成的分心的良方："有数百万人热爱音乐、关心音乐，然而，他们要么没有充实生活的方法，要么没有这样做的时间。我是在试图帮助这些人继续他们的音乐爱好。"

他说，此时此刻，如果你将"元数据"（乐队的名字和歌曲类别）和原始音乐信息相结合，系统就会开始正常运转。但如果仅凭后者，这些算法就会"华丽地"失败。在数学上，美国乡村音乐可能出人意料地和一种特定的印度尼西亚民谣相似，但喜欢其中一种的人显然不会乐意在播放列表上看到另一种。

对于 Spotify 这样的公司来说，这种分类蕴含着巨大的商业利益，因为它们想让人们在面对其他众多娱乐选择时，尽可能长久地在自己的软件上听下去。除此之外，还有另一个更加有趣的理由促使它们做这种分析——改进产品本身。是否有可能找到在算法和数学上堪称完美的一首流行歌曲或者一句动作电影的俏皮话呢？

人们肯定会为此竭尽全力。Polyphonic HMI 或 Music X-Ray 声称能够告诉你一首歌会不会红，而一家名为 Epagogix 的公司能将电影的细节信息输入其算法，并预测可以得到多少利润。更重要的是，Epagogix 能告诉你为了提高利润需要做什么改变，比如对脚本的第三幕进行一些修改，将反面人物从僵尸换成吸血鬼。这家公司几年前最有趣的一个发现是，一部电影主演是谁，对最终的票房成绩几乎毫无影响，除非主演是威尔·史密斯（Will Smith）、布拉德·皮特（Brad Pitt）、约翰尼·德普（Johnny Depp），或者一位拖累票房收入的倒霉女主演。

这些分析系统尚在起步阶段：虽然 Polyphonic HMI 在表面上取得了成功，但格伦·麦克唐纳自己的算法还没有找到任何能够用一个特定的调子或节奏来区分一首歌是好歌还是一首伟大的歌曲的声音经验法则。他说:"我以为会发现那种歌曲越激情四射就越火的规律,事实上,这个观点并不成立。仅仅因为你对歌曲的声音特点做了特殊的设定,并不代表这首歌就可能会火。"

不过,这并不意味着两者毫无关联,只能说明这种关联难以捉摸。随着找寻这种关联的工具不断发展,它必然会成为每位高管的决策过程中不可避免的一部分。例如,网飞投资逾1亿美元重拍《纸牌屋》,并非因为渴望与凯文·史派西和大卫·芬奇合作,网飞这样做,是因为其数据显示 BBC 原创剧集的现有粉丝也很喜欢史派西和芬奇。Echo Nest 的音乐调查也呈现出同样奇特的关联,从而为交叉销售提供了同样的机会。例如,甲壳虫乐队(Beatles)的粉丝也倾向于喜欢斯蒂芬·金(Stephen King),Lady Gaga 的粉丝也喜欢迈克尔·柯尔(Michael Kors)、艾伦·德詹尼丝(Ellen DeGeneres)和佐伊·丹斯切尔(Zooey Deschanel)。

鉴于计算能力的加速提高,类似软件能够对电影剧本或歌曲的和声自行进行改善的未来应该不会太远:毕竟,人工智能早已能制作出和人类作品别无二致的古典音乐。

是的,这可能会产生一些意料之外的后果。如上所述,这种算法不懂"好"歌曲或"好"电影应该是什么样的:大数据方法基本上是通过输入以往成功或不成功的记录来进行比较的。从长远来看,这会对我们的文化健康产生危害,因为新崛起的艺术家如果没有被机器人淘汰的话,就会致力于与算法进行博弈,而不是专注于形成自己的声音。Next Big Sound 公司明确承认过这一点:它们使用大数据跟踪不同艺术家的名气,因为大型唱片公司严密关注 Next Big Sound 的服务,所以乐队受到了激励,努力去赢得数据的认可,而不是听众的认可。通过观察,这家网站改变了观察的对象。

在数据主导的文化中，艺术家会模仿前人的作品，而这可能会造成轻才华重技巧的局面，以至于真正具有独创性的艺术家更难获得成功。安德鲁·伦纳德（Andrew Leonard）在美国《沙龙》（*Salon*）网络杂志的一篇文章中哀叹道："在电影最终取决于计算机算法的时代，风格导演能幸存下来吗？"然而，人的品位从来种类繁多、变化无常。新艺术家、新流派、新观念总能崭露头角，并挑战现有的正统观念：数百年的创作史告诉我们，伟大的作家或音乐家总有施展拳脚、实现抱负的空间，让他们可以去创造，去发明，去挑战既定的程序，从而推动文化的发展。

而且，这些人往往对他们自己的艺术眼光自信满满，并且激情四射，对批评和挫折不屑一顾。是的，虽然好莱坞电影公司不太可能给他们2亿美元用来实现他们的梦想，但大加速、零成本工具和传播系统促成的创造性自我表达途径不会消失。

无论是出自谁手，这个美丽的新世界必定会提供比今天更吸引我们的娱乐产品。而不管制作者是电脑还是人类，这些产品都将更完美地贴合我们的品位。

正如本章一直在说明的那样，**大加速的矛盾是：虽然文化因此变得速度越来越快、越来越肤浅，但加速也为复杂性和高质量提供了施展空间**。此外，大加速使更多人踊跃地加入了文化的讨论，让他们拥有了更多参与文化制作的机会。

1899年，画作《它主人的声音》（*His Master's Voice*）通过描绘一只狗歪着头，认真听一个叫作留声机的新奇设备播放它已故主人的声音的画面，说明新科技成了稀松平常、能带来安慰的事物。这一画面深得人心，被多家音乐公司用来做公司的标志，如美国广播唱片公司（RCA）、英国百代唱片公司（EMI）和英国的HMV公司、日本胜利公司（JVC）。

如今，有一家截然不同的公司试图创建自己的媒体消费理想画面。亚马逊Kindle电子书阅读器的标志是一个人靠着一棵孤零零的树坐着，沉浸在对面前文学宝藏的深思中。你甚至没法确定他手里拿着的是Kindle还是书。这个画面的目的是为了弥合新奇设备与古老愉悦之间的隔阂。这个画面似乎在说，即使是在一个充满速度和震荡的世界中，菲利普·罗斯留下的文化遗产在一段时间内都将是安全的。

# 第五章
## 今天的明日要闻

Chapter Five

显然，新闻的速度更快了。但新闻的质量提高了吗？记住这个问题的答案："没有。"

　　——约翰·奥利弗（John Oliver）在《每日秀》（*The Daily Show*）中告诉汤姆·布罗考（Tom Brokaw）

　　"备受羞辱，被戴上头套，这位暴君正面临走上钢制绞刑架的命运。"这是英国《每日电讯报》在 2006 年 12 月宣布萨达姆·侯赛因（Saddam Hussein）的死亡时所用的头版头条标题。这篇文章描述了美国和伊拉克官员目击萨达姆被绞死的全过程："金属板打开，发出咣当的一声，紧接着，这位暴君身体的重量将绳子拉得笔直，发出一声闷响。"

　　不过，这篇文章有一个问题：描述不符合事实。英国时间大约凌晨三点，当萨达姆的死讯发布时，报社记者们已经根据西方官员对可能会发生的情况的说明临时赶制出了一篇稿子，并且让这篇稿子读起来像是目击者对当时情况的报告。

然而，等这篇稿子经过编辑、排版、印刷，然后被送到英国家庭的早餐桌上时，与之截然不同的事情发生了。一段有关真实执刑场景的晃动的录像被放到了网上。在这段录像中，在萨达姆被羞辱地送上绞刑台时，一群身着皮夹克的暴徒喊着口号，讥笑着他。视频完全没有文章中所描述的阴沉气氛，也没有官员在场，萨达姆也没有像《每日电讯报》标题中描述的那样戴着头套。

新闻行业有两条诫命：第一，报道要准确；第二，报道要迅速。自塞缪尔·莫尔斯用电报发出第二条信息（"你有什么消息？"），保罗·朱利叶斯·路透（Paul Julius Reuter）将他的第一份市场报告绑在一只信鸽身上以来，各路记者的生死都是由是否第一个拿到事实来决定。

随着大加速的步伐加快，人们越来越觉得世界的变化太快，我们都难以跟上，即使那些专门从事报道或解析国际要闻的人也觉得跟不上。比如说，《每日电讯报》的这个故事说明的不是这家报纸（当时我在那里工作）搞错了事实——地球上的每个新闻媒体都犯过类似的错误，即使这种错误必定会造成深深的悔恨——而是说明了真相浮出水面之迅速：一个伊拉克人抢在《每日电讯报》和整个西方媒体之前，用手机报道了萨达姆被执行死刑的真相。

发生改变的不仅仅是新闻报道的性质。随着新闻受众大批量地向网络转移，传统的商业模式和工作方式逐渐崩塌。新闻的生产和消费似乎经常完全被速度支配，传统的"新闻故事"被"新闻内容"代替，这些内容没什么知识含量，纯粹是为了满足大众对数字娱乐无尽的需求。面对铺天盖地的信息，记者和受众都逐渐失去了审视和鉴别的能力。

然而，有同等重要的证据表明，虽然新闻行业的加速对专业的新闻提供者来说带来的是杂乱无章的环境和频发的灾难性后果，但其加速也促使了高质量新闻的井喷。就像上一章的大众文化，与消磨时间的小测验和标题党并肩存在的是引人入胜的长篇作品和深度调查，甚至可以说后者的数量比以往任何时候都多。本章不仅探讨天翻地覆的变化对我一直从事的新闻业的影响，并且会解释我依然看好其未来的原因。

## 新闻跑得比记者快

一定有不少人会说，如今的新闻报道残破不堪。老派的新闻工作者出版了类似《模糊不清》（ *Blur* ）、《没时间思考》（ *No Time to Think* ）或《媒体潜规则》（ *Flat Earth News* ）这些读起来让人感到绝望的书籍，感叹传统的新闻报道标准已死。媒体评论家比尔·科瓦奇（ Bill Kovach ）和汤姆·罗森斯蒂尔（ Tom Rosenstiel ）在 1999 年对新闻业所下的判决书依然有效："新闻业在技术快速变化的作用下，迷失了方向，市场份额下降，并且面对着越来越大的经济效率压力。"

然而，这些压力并非凭空而生：它和我们已经探讨过的趋势密不可分。读者不再购买报纸，是因为越来越多的人觉得通过电脑或者手机获取即时信息更加方便。不过，读者之所以不再购买报纸，还有他们的时间安排更紧密的原因——既有上一章描述的各类文化娱乐，又有越来越重的工作、社交和家庭生活压力要应对。

《华盛顿邮报》伟大的编辑本·布拉德利（ Ben Bradlee ）因监督水门事件的调查而声名卓著。不过，他对自己的另一项成就同样感到骄傲：他创建了《华盛顿邮报》的时尚版块。而这一版块成为其发行量和利润的基石，因为它让马里兰州的每一位家庭主妇都感到她们与首都的时尚和魅力有一种联系。然而最近，这些年龄介于18岁至49岁之间的忠实女性读者开始消失。包括布里吉德·舒尔特在内的记者成立了一个工作组，任务是找出这个读者群体消失的原因。结果他们发现，读者的消失与报纸的质量没有丝毫关系，只是这些女性读者再也腾不出时间来阅读这份报纸了。

还有一个问题是，报纸的基本商业模式也被颠覆了。传统的报纸提供的是一揽子的信息，包括新闻、戏剧评论、意见点评、电视节目表、讣告、分类广告、字谜、天气预报。而在网络上，对应的每个部分都有人在做，而且比报纸做得更好。如果你是一个电视迷，你是看《独立报》（The Independent）上的评论，还是去数码间谍网站（Digital Spy）看评论？如果你要处理一张沙发，你是在报纸上登一则小篇幅的广告，还是把这些信息放到eBay上去？

这样做的结果是报纸的读者和收入都大幅减少。在美国，现在报纸的广告收入还不到十年前的一半。因此，报纸从业人数减少不可避免。据美国新闻编辑协会（American Society of News Editors）统计，美国新闻编辑人员的总数下降到32900人，而1990年的人数为56900人。2014年到2015年间，其总人数下降幅度超过了10个百分点。问题并不在于读者本身：许多报纸的网络读者的人数远超其纸质读者。然而，无论是通过收费订阅还是广告展示，网络读者带来的收入始终不及传统模式的收入，甚至可能永远达不到。因为越来越多的读者用手机看报纸，而在手机端上销售广告困难重重。

对于从事媒体行业的人来说，这只会让大加速带来的动荡感和错位感加剧：毕竟，我们中极少有人能确信自己的工作，甚至自己所在的公司十年后依然会存在。更矛盾的是，造成报社传统收入下降的种种力量，却大幅提高了新闻业对从业人员的要求。

路透社新闻研究所的尼克·纽曼（Nic Newman）说，事实是"人们越来越希望可以随时在任何设备上查看任意一种形式的新闻"。这反过来加速了新闻的周期。如从前那样，记者搜集信息、写一篇新闻稿、第二天上报，已经不够快了。现在的新闻稿是实时展开的：一开始先发布消息（通常是在推特上），接着一条又一条的评论、批评或者新的事实紧随其后。

虽然这种报道方式可能会让人兴奋不已，但需要在不同渠道发布消息，这造成了记者沉重的负担：先发推文，接着迅速在网站上挂出突发新闻的帖子，然后可能还要写篇博客，接着阅读推特上的反应，总结后写一篇更长的稿子，第二天上报。在大多数新闻编辑室，记者人数都在逐渐下降，其工作量却在不断增长，完成工作任务的时间期限也越来越短。据卡迪夫大学（Cardiff University）的一项研究估计，自 1985 年以来，英国普通记者的工作量增长了三倍。

这些转变带来了种种后果，每一种都影响深远。首先，如果你让越来越少的人做越来越多的工作，那么质量就会下降，这是不可避免的后果。几年前，《华盛顿邮报》的霍华德·库尔茨（Howard Kurtz）声称："过去几年，新闻的速度让我和我的同事眼花缭乱。每个人都让我们快点、快点、再快点。在这个高度联结的世界中，这种需求是能够理解的。然而，这造成了明显的牺牲：你没时间多打几个电话确认消息，你也没机会稍微思考一下自己正在拼凑的新闻稿。"《纽约时报》记者巴里·比拉克（Barry Bearak）因在穆加贝（Robert Mugabe）总统领导下的津巴布韦进行非法报道，而被判处监禁。他不无讽刺地说："真的，任何事情都比每天为这个网站提交四个新闻稿要好。"

这种快速的网络新闻周期，以及无尽的报道，还营造了一种明显的感觉：总有事情发生，不能对此置之不理，必须进行报道。华盛顿新闻网站——美国政治新闻网（Politico）的联合创始人约翰·F. 哈里斯（John F. Harris）说：

> 每一项媒体技术及业务创新都会加快新闻周期，并且加快读者和观众的需求。在过去的几年里，这种加速已经达到了指数级的水平，虽然我们六年前创建美国政治新闻网时就在面对这些问题，但现在，问题的急迫程度与当时相比已经不可同日而语。

数字媒体大亨间的流量竞争进一步推动了这一过程。例如，我之前在《每日电讯报》工作时，如果你肯花时间为突发新闻事件整理简短的摘要，谷歌新闻算法会奖励你：包含所有重要信息的两百字新闻稿会获得最高的流量。

后来，谷歌开始担心自己的新闻服务不够及时，特别是在与推特相比之下。因而，谷歌改变了算法，开始奖励那些以最快的速度发布突发事件的一句话摘要之后再补充具体内容的新闻。我们的新闻编辑室只好照着做。

受制于这种发布压力，记者们很容易将其他人的报道当作事实，或者懒得核对，因为这样做没有什么奖励，不这样做也不会受到惩罚。而且《卫报》（*The Guardian*）记者尼克·戴维斯（Nick Davies）犀利地指出，记者们还面临一个更大的诱惑——照搬公关提供的消息。相对于记者的减少，公关的人数自 1980 年以来翻了三番。

网络新闻还有一个特有的问题：网络新闻的即时性有时会让读者和编辑觉得，这些新闻不是特别"重要"。如今，整个新闻行业致力于从世界各地的地方报纸或社交媒体的边边角角寻找奇形怪状的精彩故事，只要给这些故事加上适当的让人浮想联翩的标题，就会在脸书疯转。不管这些故事是基于一项以假乱真的调查，还是一条虚假的科学知识，抑或是关于一只神出鬼没的幽灵，或者只是一对结怨的夫妻，只要足够吸引人，这样的故事就会频频出现在全球最大的媒体公司的网站和社交媒体上。而在整个传播过程中，没有任何一方会受到激励，从而去核对这些小报消息是否准确——干吗要扫兴呢？

　　对于网络经济，页面浏览量就是货币，最迫切的事常常是找到东西放到网上，即使这意味着掩盖事实或者对根本算不上故事的故事进行炒作。人们将这类故事统称为"标题党"（clickbait），其特征是不传达实际信息，只以在社交媒体上疯转为目的。一个典型的例子就是"气球男孩"的故事：据一个来自美国科罗拉多州的父亲称，他的孩子被困在了氦气球中，随着气球飘到了距地面几千英尺的半空。尽管这个故事是假的，新闻网站还是津津有味地报道了几个小时。

　　这类故事之所以深受欢迎，不仅因其轰动性，还因为容易报道，你只需要重复其他人报道过的内容就可以了。这就降低了新闻行业的门槛，诸如 ViralNova 之类的网站虽然只有为数不多的几名员工，但通过选择适合的故事，编造超级具有分享性的合适标题，这些网站就能网罗数千万的读者。这反过来又让许多传统媒体机构觉得，它们不得不用同样的方法进行竞争。

　　以穿着大猩猩服装进行训练的西班牙动物园管理员被一个镇静

剂布枪意外射中的故事为例，这个故事传遍了全世界，为许多一流新闻机构带来了大量流量。然而，没有一家机构联系过报道中提到的动物园或医院。后来，《每日电讯报》的一位经验丰富的同事联系了动物园后得知，确实有人不小心用镇静剂步枪击中了一名同事，但大猩猩服装纯粹是编造的。

这样的生态系统显然充满了欺骗。瑞安·霍利迪（Ryan Holiday）是备受争议的美国公司美国服饰（American Apparel）的前营销总监，他承认自己是"媒体推手"。他在《一个媒体推手的自白》（*Trust Me, I'm Lying*）一书中，描述了操控媒体有多么简单，只需先在小的博客网站上发布故事，然后这些故事就会逐渐向更大的平台流转，直到最后渗透整个媒体系统。没有人会去核实，因为他们没有时间。

他还做了一件让人印象深刻的事情。"HelpAReporterOut"（为记者排忧解难）是一家为写作预设角度故事的记者服务的公关网站，可以为记者提供那些自称是专家的人说的线索。霍利迪使用了这个网站，以测试编写新闻故事的极限。

在不到四个月的时间里，我是 *ABC News*（美国广播公司新闻网）上的一位失眠症长期患者、CBS（美国哥伦比亚广播公司）里一个公司恋情的见证人、MSNBC（微软全国广播公司）上的一位细菌战受害者、英国路透社上的一位优柔寡断的股票投资人，最厉害的是，我还是《纽约时报》上的黑胶唱片爱好者，而我从未拥有过一张黑胶唱片。事实上，在我读到我引用的那篇文章前，我不知道"LP"（密纹唱片）是什么意思。

我自己也扮演过类似的角色，偶然为新闻机器的疯转加了一份力。2015 年 7 月的一个上午，我的妻子在浏览育儿网站"妈妈网"（Mumsnet）。她在上面看到一个话题，讨论当时最受叛乱分子喜爱、有可能赢得工党领导权的杰里米·科尔宾（Jeremy Corbyn）是否性感。多数人不以为然，但也有几条很有趣的回复，一条说他"有一种久经世事的老水手的魅力"，还有一条说"如果你喜欢邓布利多的话，可能也会喜欢科尔宾"。于是，我通过推特开玩笑地向BuzzFeed 的一位前同事建议，她下一篇稿子可以写写这个话题，因为她是首位发现"米利粉丝群"〔2015 年竞选期间，一群迷上了工党党魁埃德·米利班德（Ed Miliband）的十几岁女孩〕的人。随后，BuzzFeed 的英国政治推特账号发了一张截图，然后用了一个"杰里米·粉尔宾"（Jeremy Phwoarbyn）*的双关语。到了午餐时间，多家大型新闻网站发布了文章，报道这个妈妈网的话题讨论，科尔宾本人也被要求回应此事。他的性感偶像身份正式成为了一个"梗"。

### 新闻越快，质量越烂？

一些评论家认为，这种新闻与伪新闻的不停搅拌，说明了约瑟夫·普利策（Joseph Pulitzer）的预言最终会得以应验——"如果新闻媒体愤世嫉俗、唯利是图、造谣生事，那么过一段时间后，国民也会变得如此卑劣"。有人争辩说，我们得到的不是高清新闻（HD news），而是多动症新闻（ADHD news）。正如美国新闻主播

---

\* Phwoarbyn 由 Phwoar 和 Corbyn 的后缀 byn 组成。Phwoar：哇塞（是对某事物或某人的性感魅力表示感叹的意思）。

丹·拉瑟（Dan Rather）所说，这种新闻"傻里傻气、花里胡哨"。

毫无疑问，糟糕的新闻有很多，新闻的采集过程也正经历着从难以维系下去的旧模式向尚未经过证明的新模式的痛苦转变。

然而，正如上面的例子所说明的那样，问题的重点不在于传统新闻被网络世界甩在身后，而在于新旧媒体和社交媒体最糟糕的一面经常相互影响。

2013年4月15日波士顿爆炸事件之后，这种情况最为明显。许多新闻机构为了抢先报道这一事件的最新进展，纷纷将理智抛在身后。最初发起滚动新闻革命的电视频道CNN（美国有线电视新闻网）为了报道追捕凶手每一秒的进展，达到了上气不接下气的新境界。当警方追踪袭击者到沃特敦郊区并发生枪战时，CNN频道将屏幕切分为四块，每个小屏幕中都有一个记者站在不同的街道上，他们都不知道发生了什么。没有演播室主播控制程序，他们每个人都不顾其他记者的存在，挥舞着手臂，盲目地滔滔不绝，渴求制片人的注意。正如约翰·奥利弗在《每日秀》中所说："他们讲话的速度真的比他们思考的速度要快——他们已然删除了内心独白，只顾着向摄像头抛出话语。"

当然，任何创伤性事件发生之后，总会有细节上的争论，在此过程中，谣言被传开，直到逐渐被证实或否定。例如，《华尔街日报》一直以明确和克制的风格报道这次爆炸事件，并且简短地提出，波士顿马拉松终点线上埋了5个爆炸装置，而不是2个。

然而，一些报社虽犯了错，却问心无愧、不知悔改，尤其是《纽约邮报》（New York Post）。爆炸后不久，这家报纸报道说有12人死亡，即使其他媒体都对此进行了修正，报道了真实的数字——3人死亡，《纽约邮报》还是坚持不变。接着，它独家报道一名在现场被弹片打伤的"沙特国民"被警方拘留在附近的一座医院里。结果，这名男子虽然确实经受过警方盘问，但他的嫌疑已经解除了。

然后，这家报纸犯了最大的错误：决定在4月18日的头版上刊印一幅两个身着背包的男子的照片（执法人员确实在网上发了他们的照片，但那是和其他许多类似照片一起），标题是："背包男——联邦调查局寻找这两个出现在波士顿马拉松比赛的人"。他们还狡猾地宣称："没有直接的证据证明是他们是炸弹袭击者，但警方想知道他们的身份。"这是很明显的暗示，暗示这两个棕色皮肤的男子很可能是犯罪者。

对这家报纸而言，不幸的是，这两个人是跑步爱好者，名为萨拉赫丁·巴尔胡姆（Salaheddin Barhoum）和亚辛·扎伊米（Yassine Zaimi），其中一个人在他们的照片开始在网上流传后，就已经和警方取得了联系。（根据他们后来对《纽约邮报》提起的诉讼）警方已经明确告知，他们不是嫌疑人。他们的律师宣称，这家报纸为了一条无关紧要的独家新闻，宁愿毁掉他们的人生，并且还将新闻消息置于所有道德责任之上。

当然，《纽约邮报》是一个特例。我也很难想象，在我所工作过的新闻编辑室里，这种头版会被批准，连严肃地提出来都不可能。然而，这样的头版头条之所以会被出版，也许不仅仅是单纯为了追求轰动效应的结果。随着新闻不断往网络迁移，报纸越来越觉得，它们必须叫喊得更大声、用力更猛，不仅为了推动新闻故事的发展，还为了保住自己的一席之地。

事实上，许多网友并没有把波士顿爆炸案当作新闻故事来看待，而是把它当作判断网络文化的速度是否终于让旧媒体变得完全无关紧要的一个案例。一个用户名为格雷格·休斯（Greg Hughes）的匿名推特用户当时发过一条推特："如果苏尼尔·特里帕蒂（Sunil Tripathi）确实实施了波士顿爆炸案，那么 Reddit 网站就获得了一场改变游戏规则的重大胜利。"后来，他补充道："新闻学学生注意：今晚，最佳报道是由群众包揽，由旁观者用数字形式完成。#沃特敦。"

休斯话中所指的是一项在推特和热门网站 Reddit 上的一个叫作"寻找波士顿炸弹袭击者"的话题上展开的大型网络活动，这项活动试图绕过传统记者和执法者笨拙、慢速的方法，利用网民的狂热力量来追踪袭击者。

这种做法和海地地震等灾难发生后的情况相似，十分令人钦佩。同样令人钦佩的是 Reddit 上这个话题的创建者，一位用户名为"oops777"的英国扑克选手所设定的一系列准则：这不是一项联防行动；任何个人信息都应分享给联邦调查局，不应在 Reddit 上发布；不允许任何种族主义或投机言行；每个人在罪行被证实前，都应被视为无辜。

虽然这些规则是出于好意，而且很有道理，但在行动过程中，这些规则被彻底忽视了。参与讨论者没有像福尔摩斯那样进行推理，反倒像是一群试图在网络执行私刑的暴民。在 Reddit 和另一网站 4chan 上，嫌疑人的名字、种族和详细资料被胡乱地扔来扔去，用一个评论者的话说，就像是一个"寻找威利"（Where's Wally）的种族主义游戏。这些名字不可避免地被传到了论坛之外，然后要么被苦于没有线索的主流媒体使用，要么被那些决心使被提及的人遭受一场网络诽谤的人利用。

一个经常出现的名字是特里帕蒂。他是布朗大学（Brown University）的一名学生，在 3 月神秘失踪，他的一位高中同学认为自己从一张爆炸照片中看到了他。

休斯就是在这时登场的。他是一名软件工程师和兼职记者（自此次事件后，他删除了推特账号，而且从此在网络上销声匿迹）。4月19日凌晨，他仍在跟踪最新事态。那是个颇富戏剧性的时刻：警方已经封锁了沃特敦大部分区域，正和匪徒打追击战。

根据美国记者亚历克西斯·马德里加尔（Alexis Madrigal）对事件发展的重新梳理，凌晨2点14分，一位官员宣读了波士顿警察用扫描仪得到的一个身份信息，他说："姓氏穆卢盖塔（Mulugeta），M-U-L-U-G-E-T-A，就像麦克（Mike）中的M一样。"网络上的关注者们记住了这个名字。凌晨2点42分，休斯发布推文："这是对报道'不用争做第一，要争取准确'的网络测试。到目前为止，大家做得很好。＃沃特敦。"

紧接着，一分钟后，休斯又发了一条推文："波士顿警局已经确认了嫌疑犯的名字：嫌疑犯1，麦克·穆卢盖塔。嫌疑犯2，苏尼尔·特里帕蒂。"正如马德里加尔所指出的，这是由一个错误引发的三个错误。最初，宣读扫描结果时，说的是"像麦克（Mike）中的M"，并不是嫌疑犯名为麦克，而且也没有说穆卢盖塔就是嫌疑犯。尽管特里帕蒂的名字在网上非官方的推断中占据很大比重，但那次宣读甚至都没提到这个名字。

但这些似乎都无关紧要：真相还没穿上鞋，谎言已经走遍全世界。推特上一传十、十传百，散播着这些新闻。许多人因为Reddit用户大获全胜，"旧媒体"溃不成军而欢呼雀跃。其中还有"数字义警"，他们决定破坏特里帕蒂失踪后朋友为他建立的脸书小组，特里帕蒂的家人也受到了言辞龌龊、冷酷无情的威胁。

但这根本错得离谱。真正的波士顿爆炸案袭击者是察尔纳耶夫

（Tsarnaev）兄弟，其中塔梅尔兰（Tamerlan）在穆卢盖塔的名字显示在警方的扫描仪上之前，就已经被警方狙击手射死。然而最可怕的时刻是，不久之后，有人在附近的一条河流中发现了一具尸体，经指认，这具尸体就是特里帕蒂。有那么一刻，让人感觉似乎是网络仇恨行为将他逼入了死地。后来经证实，他在爆炸发生前就已经自杀了。

以上事件概括了新闻的消费和生产方式的种种变化。其中，我们为了追求速度，不惜降低判断力。另一个变化是，我们能听到的声音种类成倍增加：这是件好事，因为它拓宽了言论，不再仅仅局限于传统的新闻机构；但这也是件坏事，因为它打开了错误信息和露骨宣传的大门。例如，2013 年 9 月，索马里青年党（al-Shabaab）的恐怖分子控制了一家购物中心，并使用了一连串的推特账户向世界播报事态进展并嘲弄警方；又如，有许多推特账户宣称支持或代表某个恐怖组织。

波士顿爆炸案仅仅是一个事例，说明了任何重大事件发生后，散播虚假信息实在是太容易了。对于 2012 年 12 月 14 日在康涅狄格州纽顿市发生的大规模学校枪击事件，人们都以为犯罪的是真正的凶手亚当·兰扎（Adam Lanza）的那个完全无辜的兄弟。通常，当网络业余记者不停提起或夸大媒体的错误，或者去填补媒体因为法律限制而不能填补的空白信息时，回声室效应就会发挥作用。BBC 的《新闻之夜》（Newsnight）节目在 2012 年 11 月 2 日诬蔑保守党前财政大臣麦卡尔平勋爵（Lord McAlpine）有恋童癖；然而，这个新闻中的主角的名字是由推特上的造谣者（包括英国下议院议长的妻子）指出的，他们是在一位口风不紧的 BBC 高管发布推文说要公布一个"独家新闻"后闻风而动的。在 2013 年年初俄亥俄州斯托本维尔镇的一起强奸案中，虽然权威部门对正在进行的调查和法庭案件表示无可置评，社交媒体却成了妖魔化青少年嫌疑犯的工具。还有一个比较轻松的例子：英国喜剧作家格雷厄姆·莱恩汉（Graham Linehan）通过推特让世界上的大部分人相信，本·拉登在他巴基斯坦阿伯塔巴德的老巢时，常常看他写的情景喜剧《IT狂人》（The IT Crowd）。

## 电视新闻的困境

到目前为止，对媒体灾难的列举，无论是印刷新闻还是网络新闻，主要都集中在文字方面。然而，正如波士顿爆炸案所表明的那样，电视新闻也存在着同样严重的问题。事实上，在互联网出现之前，推动媒体加速进程的一直是电视。比尔·科瓦奇和汤姆·罗森斯蒂尔说，CNN 刚成立时，"每一次新的采访或新闻要素都仿佛是独家新闻。每隔几分钟就会出现一个新的截止日期，让人兴奋不已。新闻似乎是有机的。"CNN 开创了多种播报技巧，比如"突发新闻"标签，以及屏幕下方不停更新的"滚动新闻"，这个技巧似乎将及时性提高到了一个新的维度。

然而，现在的新闻周期已经从 24 小时变成《洋葱报》（The Onion）讯讯的"24 秒"。在这种状况下，原 CNN 总裁告诉作者霍华德·罗森堡（Howard Rosenberg）和查尔斯·费尔德曼（Charles Feldman）："滚动新闻差不多过时了。和网页加载或页面更新的速度相比，这种播报方式看起来几乎和蜗牛一样慢……我们的身体现在变得极其活跃，而滚动新闻几乎给人一种缓慢庄严的感觉……为了应对这一问题，我们尝试加快切换镜头的速度来增加画面的数量。"

但这些办法在传达信息方面起到了极强的反效果：正如我们在探讨多任务处理时所见，人脑无法在同一时间专注于太多事情。在一项引人入胜的研究中，学者们将滚动新闻所使用的画面噱头去除，信息记忆率猛升。不过，这其实是故意对一个显而易见的事实视而不见：滚动新闻的目的不是为了传达信息，而是为了让你持续观看，而且最好让你在观看时耗费最少的眼力。

这是把报纸的流量模式运用到了荧屏上。事实上，新闻报道野心的降低甚至可能越来越严重。由于受众注意力持续时间缩短、预算降低，美国地方新闻中的新闻故事长度也严重缩短，而体育、天气和交通报道的比重增长到四成。在 2007 年到 2012 年间，CNN 拍摄和录制新闻报道的时长减半，取而代之的是成本和信息含量更低的演播室讨论。和报社记者一样，这些留在工作岗位的电视台记者的工作量大大增加，现在他们可没有时间润色新闻报道，因为他们必须提交早间、午间和晚间的新闻稿，也许还要附带为网站做几期电台广播节目或写几篇博客。他们没有四处去报道新闻故事的自由，相反，他们变成了相机和卫星电话的囚徒。这导致了那些啼笑皆非的场景的出现，例如，一位记者为了拍摄镜头，站在早已下班关门的法庭或政府部门外，他只能从主播那里了解到事态的最新发展。

CNN 于是将专注点从报道转向了观点。用伟大的《卫报》编辑 C. P. 斯科特（C. P. Scott）的话来说，**事实昂贵，而评论便宜**：在演播室或外交部外进行报道，成本高昂，而让两位评论员相互争辩或者让主播发表自己精心梳理的总结，就无须花费如此高昂的成本。

美国在这方面最为恶劣的是 MSNBC，这种观点性节目在 2013 年占了总节目量的 85%。

当然，观点新闻并不一定是件坏事（作为一名前评论编辑，你可能料到了我会这么说），但这一切的前提是你不仅对观点争论不休，也会陈述种种事实。问题是电视直播时，特别是当主持人在无暇准备的话题间不断切换时，质疑嘉宾或拿出相反的证据变得格外困难。由于多数电视讨论一般持续约三分钟，所以科瓦奇和罗森斯蒂尔认为"多数现场讨论不会带来什么启发，更像是在走形式"。短小的形式还意味着，想要传达复杂或微妙的思想格外困难。

同样糟糕的是，成就明星评论员的关键因素不是扎实的专业知识，而是说服力（或者攻击力）。毫无疑问，这些专家不是因为在某个领域具有真知灼见而被雇用。在一项具有里程碑意义的研究中，美国社会学家菲利普·E. 泰洛克（Philip E. Tetlock）评估了 1985 年至 2005 年的 20 年间近 300 位政治专家的数千条预测，得出结论：他们中多数人的预测可能还没有"黑猩猩扔飞镖"准。

讨论新闻而非直接对新闻进行报道，这种形式的新闻不妨称作"二级新闻"，这种新闻日益盛行，也导致了媒体另一种形式的加速。让世界各地的新闻编辑们永远感到遗憾的是，新闻的传播速度有一些固有的限制：记者和摄影师赶往现场需要时间，某个人对政治对手的声明或指责作出新颖的回应需要时间。

可是，公众和媒体对速度的痴迷驱使我们想出了一种绕过这些限制的方法：报道将来的新闻，而非现在的新闻。你再也不必等着某人发表了某一言论后再进行报道。在大西洋两岸，如今在政治演讲发表前，记者们老早就能得到演讲梗概，因而对事件的报道会从将要发表的演讲的政治含义，无缝切换到对已发表的演讲的反应，中间几乎不会停下来报道演讲的实际内容。正如约翰·F. 哈里斯所说:"等总统发表演讲时,我们早已提前对演讲内容进行过详尽讨论,并且已经开始了下一个议题。"

这种现象对报纸造成的后果尤为有趣。如果一个新闻故事在早上发生,等它出现在第二天的报纸上时,时间已经过去差不多 24 小时了。人们真的会买他们能从晚间新闻得知的头版吗?戴维·卡梅伦(David Cameron)领导下的首相办公室中有一位高官认为不会。他认为:"一天中发生的事件在白天已经被反复报道过,因而报纸别无他法,只能追求轰动性,选择从新的角度来报道每一个事件。直截了当进行报道的报纸已经没人感兴趣了。然而,这种报道也造成了一些混乱。"

这方面有一个有力的论点认为,大加速创造了一种粗糙而混乱的文化。在这种文化下,媒体愈加取巧、浅薄、快速,产生了不少疯狂的热度,却无法带来什么知识的亮度。和我们所看到的其他领域的特征相似,媒体也展现出了一种巨型化的趋势。如果想要吸引观众或读者,报道的新闻要么与他们自己息息相关,要么对每个人都至关重要。事实上,在如今这个观众分散的时代,新闻机构十分渴望重大的、史诗级别的事件发生,这样它们就能突破日常事件持续的平淡,增加报纸销量,或者吸引观众。

正因为此,CNN 对奥斯卡·皮斯托瑞斯(Oscar Pistorius)的审判,对中途消失的马航飞机 MH370 的寻找进行了地毯式的全面报道。一旦统计数据告诉编辑观众感兴趣,媒体就会产出大量新闻,喂饱这些观众绰绰有余。即使是影响较小的事件,满足读者的欲望也比从前更容易。纸质报纸虽然能用两页的大篇幅报道一个重大事件,但还是要刊登其余的世界新闻;而在线出版物能通过报道一个特定的新闻故事，使访问量陡升（比如，一位美国牙医在津巴布韦杀死了一只名叫塞西尔的狮子），然后就这一事件发起大量的后续报道，期望其中一个报道能成功。2015年2月，整个世界因为一场婚礼上的一件婚纱而陷入短暂疯狂，这件婚纱看起来既像白色又像金色，既像蓝色又像黑色。这个故事最早出现在BuzzFeed上，获得了约4000万次点击量，绝对算是一个病毒式现象。而后，美国和英国的新闻团队所做的后续报道又获得了数千万点击量。

## 新闻消费的新途径

考虑到以上描述的末世景象，我和其他人不仅继续留在新闻行业，而且依然深信我们正生活在这个行业历史中最令人兴奋、让人踌躇满志的转型时期，可能会令人感到意外。

事实上，新闻议题以及商业模式的颠覆速度给新闻界带来了巨大的挑战。每天都会抛出新的问题，尤其是关于媒体和互联网公司之间的关系的问题。最近，新闻行业对权力被转移到诸如脸书一类的大型公司手中而忧心忡忡。由于这种转移，负责脸书News Feed的格雷格·马拉（Greg Mara）不过20多岁，却成为很可能是新闻行业最有影响力的个人。如果脸书算法认为（它们确实这样做过），和名人参加"冰桶挑战赛"相比，发生在密苏里州弗格森的种族骚乱没那么有趣，那么人们就会看到冰桶的新闻，错过骚乱的新闻。

大加速的方方面面是相辅相成的。脸书需要满足人们的即时满足需求，这就意味着它需要减少便携设备上长得惊人的加载时间——普通的手机网页充斥着广告和隐藏的软件，需要加载8秒，让人觉得仿佛无穷无尽。解决办法是通过"即时文章"和"即时视频"的功能，在脸书自己的应用程序中呈现新闻。这样的话，脸书平台就会对出版业形成强大的控制力，甚至有人担心脸书会占据所有价值，使新闻公司成为商品化的附属品。

脸书仅凭其存在，就已经改变了我们消费新闻的方式。网络效应意味着就流量而言，分享次数最多的新闻故事比分享次数排名第二的故事，要好十倍。因而，出于经济需要，新闻公司要像出版社或音乐公司一样专注于会火的新闻，而忽略那些基本的新闻故事。这也可能意味着要专注于积极快乐的新闻故事，因为这些更有可能被分享，而传统的报道模式只专注于使读者感到恐惧或愤怒的故事，这也可以说是对传统的一种补充。

对编辑和记者来说，他们所处的网络新闻环境在不断变化。最具智慧的观察来自《纽约时报》具有里程碑意义的战略评论，该评论拒绝谈论"转型"，因为"转型表明从一种固态转变为另一种固态，暗示有终结的时候"。当《纽约时报》学会了驾驭网络新闻时，读者开始用手机和平板电脑看新闻；当它重新设计主页时，流量正通过社交媒体转向具体的几篇新闻故事。

但是，对于这个可怕的新世界，至关重要的一点是，**尽管有大量糟粕存在，但好新闻的产量也比历史上任何时候都多得多**。例如，在过去的十年或更长的时间里，报纸经历了数字化变革的阵痛：受推特蓬勃发展的驱使，以及能为特定新闻故事表现作出及时反应的预测图标的启发，面对不断下降的发行量，报纸争分夺秒地将新闻编辑室转变成了速度的殿堂。

然而，在英国及世界其他地方的报纸习惯了迎合网络受众的贪娄需求的同时，他们也产出了一系列可以说是史无前例的独家新闻，其中还有许多在很大程度上受益于技术变革和数据分析。众所周知，《每日电讯报》得到了英国国会议员的开销明细，因此引发了一场全国性的政治丑闻。除此之外，《每日电讯报》还获得了其他许多调查成果，其中包括曝光英国国家医疗服务体系（NHS）的制度缺陷，以及曝光了帮助教师对系统作弊的考试委员会。还有《卫报》通过爱德华·斯诺登（Edward Snowden）揭露了美国国家安全局（NSA）的网络监控计划。此外，《华盛顿邮报》、《华尔街日报》以及《纽约时报》也在一如既往地激烈争夺普利策奖，依旧让当权者忐忑不安。新的新闻机构，比如我之前工作的 BuzzFeed，正在为调查投入大量资源。

简言之，如果新闻业的一个主要职能是找到并发表权贵人士不愿暴露的信息，那么没人能说媒体做得不称职。早在 2008 年，一贯吝啬赞美之词的专业记者中有三分之二的人告诉研究人员，纸质新闻和网络新闻两栖，使他们工作更加出色——他们能更好地发现事实、回应批评、与受众交流。

随着信息的产出和转移速度越来越快，读者现在能就任意话题获得比历史上任何时候更多而且更好的信息。确实如此，正如《经济学人》的汤姆·斯坦奇（Tom Standage）所写的那样：“尽管互联网为记者和消费者带来了巨大的混乱性，然而，现在的他们在信息来源以及获取途径上有比以往任何时候都多的选择，互联网对他们来说绝对算是一件好事。”

有些人谴责这个充斥着即时反应和评论的新世界，但这往往说明了他们个人对人性的悲观看法。是的，煽动暴徒或者散播虚假消息十分容易，这令人不安。然而这种情况一直存在：乔叟（Chaucer）在他的一首早期诗歌《声誉之宫》（*The House of Fame*）中，主要探讨了恶意谣言的危害性。如今，面对强权，揭露真相也变得更容易了，比如动员大家抵制逃税的公司，或者指出主流媒体所犯的错误。虽然网络让尼克·戴维斯所说的"抄闻"（Churnalism）变得更具诱惑力，但它也帮助人们开发出了自动化软件，检测出了那些纯粹抄袭别人话语的人。

同理，新闻业的一个最古老的法则是，总有人比你更贴近事实真相，而通过网络，找到他们变得更容易了，不仅如此，网络还让他们不用借助新闻行业的帮助就能发出自己的声音。CBS 新闻及其主播丹·拉瑟声称，美国前总统小布什在国民警卫队服役期间受到了优待，因而躲过了去越南服役。这个新闻后来被揭露是假新闻，部分原因在于，研究 20 世纪 70 年代打字机的专家指出，该新闻所依据的文件上的字体和间距有误。这种新闻业外的专家不仅能对新闻进行品评，还能产生新闻。来自英国莱斯特的博客作者埃利奥特·希金斯（Eliot Higgins）通过对叙利亚政权武器系统的研究，成为了这方面的世界知名专家。他还负责散布叙利亚反对派偷偷传出去的网络视频，而基于对叙利亚情况的了解，他首次确认叙利亚总统巴沙尔·阿萨德（Bashar al-Assad）使用化学武器袭击民众。

新闻界关于如何提高新闻利润（至少提高到从前的水平）的争论铺天盖地，以致掩盖了斯坦奇的观点：根本问题在于供应过剩——可读的东西太多，而不是太少。以 2013 年皮尤研究中心调查美国新闻业的一组统计数据为例，这组数据经常被视为不祥之兆：31% 的美国人因为某一新闻机构服务不够好，而放弃使用其服务。这是否意味着新闻的质量在下降？有可能。但这也意味着，市场在发挥作用。这些人并没有完全停止消费新闻，他们只是换了个更方便、信息更丰富的地方获取新闻。


### 前所未有的深度新闻

对于传统新闻机构来说，互联网带来的好处在于你可以向世界上每个人推销你的商品。但因为同样的原因，你也需要和整个世界竞争，而且你的竞争对手不仅仅是报纸、电视和网络，还有谷歌算法，或者诸如 Reddit 或 Slashdot 之类内容（及内容排名）由用户产生的网站。正如出版商以及其他人所发现的那样，你还要和世界上其他所有娱乐产品争夺人们的注意力。

正如文化产业的情况，这种争夺导致了两种截然不同的反应——一种是只求博眼球的轰动主义倾向，另一种是对质量孜孜不倦的追求。对于诸如波士顿爆炸案这样的突发新闻，新闻编辑室都争相将他们最出色的记者送往现场，因而还是有大量来源可靠的谨慎报道。和其他行业一样，不高不低中不溜的报道遭到了淘汰。其结果是一种创造性的破坏：几个大型全球新闻机构崛起，它们的资源既能做严肃正经的新闻，也能做娱乐性的新闻。此外，小众新闻机构也相继出现，提供几个关键领域的优质报道。

想一想前文提及的美国政治新闻网。政治新闻速度的不断加快，使传统媒体机构无暇应对，美国政治新闻网及其报纸应运而生。约翰·F. 哈里斯回忆说，21 世纪初期对政治新闻的报道：

仍然由少数大型新闻机构主导，这些机构的报道节奏非常传统。（他那时任职的）《华盛顿邮报》当然也有一个网站，虽然报社记者们口头上也会说需要对新闻事件作出回应，但事实上，日常工作的节奏还是完全由一直以来的一日一次印刷的安排来决定。

美国政治新闻网通过加快政治新闻发布的速度，尤其是通过清晨的 Playbook（战术图解集）邮件，一举成名。当然，它依旧在尽其所能地加快速度：它的非官方座右铭是"赢得黎明"（Win the Dawn），呼应比尔·克林顿（Bill Clinton）竞选总统时使用的口号"赢得每一天"（Win the Day）。

哈里斯承认说："记者如果不想因为每一次风吹草动而情绪激动，需要具备一定程度的自制力。"不过，他也认为，推特"已经差不多让每个人都成了博主，要想单从速度的方面赢得竞争，几乎不可能"。所以，"我们能对新闻迅速作出回应，能让新闻室全天候运转，我们为此而骄傲，但是，要想在速度方面脱颖而出，根本不可能——你必须在质量方面有某种优势。脱颖而出的途径在于让报道更深入、更具分析性"。

美国政治新闻网的资深博主本·史密斯（Ben Smith）也这么认为。他因在美国政治新闻网上的一篇报道 2008 年美国总统大选的博客一举成名，而这种政论博客本身就算是一种创新。这种媒体形式之所以成功，是因为它满足了用户对速度的渴求，史密斯说："我只要离开几个小时，就会有人发邮件过来问我是不是死了。"然而，这种加速并没有停下来，推特上的即时更新让博客也显得缓慢而笨重。史密斯觉察到了这一势头，果断转移到了其他媒体领域。

和哈里斯一样，史密斯开始意识到，对速度穷追不舍并非成功之道。要想成功，应该将速度和质量结合起来。史密斯现在是 BuzzFeed 的总编辑（也就是我的前老板）。对于批评者来说，BuzzFeed 充满了像"22 张让你爱上猫咪的完美动图"或"22 位你可能没想到会是同龄的名人"之类的特写。然而，BuzzFeed 表面上看似是令人嗤之以鼻的新世纪媒体，其实是最老式的媒体形式，也就是趣味新闻的发布平台，而且这些新闻虽然被快速产出，却往往惊人地严肃，让你不得不继续读下去。这个平台既发布即时新闻，也发布考虑全面的文章，两者数量和质量相当。BuzzFeed 没有专攻一个特定的小众市场，而是面向大众市场，面向一个不断增长的庞大的国际读者市场，它将自己的风格与声音，当然还有它的技术和写作人员的素质视为其独特卖点。

事实上，史密斯在讨论 BuzzFeed 的成功案例时，提出了与前文提到过的有关网络运作方式相似的观点。他说："推特和社交网络展现的透明性意味着，最好的事物远比次好的事物成功。取得成功的通常是最好的，所以你必须雇用最好的人来做这些事情。"

如果你没有看到过 BuzzFeed 在"病毒式"新闻中投入的功夫，你很可能会嘲笑这些新闻。BuzzFeed 决心将这些新闻当作正规新闻故事处理，坚持要增加引用或者找到信息源头，使 BuzzFeed 的报道在网络上的一众模仿者中脱颖而出。此外，BuzzFeed 还决心为新闻故事设计新的框架，或者创造新的工具服务新闻故事的讲述，以便在新闻行业中保持领先地位。BuzzFeed 还有一种原生的广告模式，为客户制作和新闻故事相似的广告，并且以同样的方式对这些广告进行分享，至少在目前看来，这种模式似乎解决了如何使网络新闻营利的问题。

换句话说，我们所面临的是和流行文化完全相同的转变。正如单曲取代专辑成为流行音乐的原子单位一样，故事也取代了报纸。我们越来越不会购买《每日电讯报》或《纽约时报》，相反，我们消费的是通过新闻递送或者上千种其他途径中的任意一种方式来获得的一个个故事。这就意味着你必须专注于让每个故事的可读性达到极致：用美国麻省理工学院的媒体教授亨利·詹金斯（Henry Jenkins）的话来说，就是"不传播的新闻，就是死新闻"。这通常意味着要给新闻故事一个响亮而夸张的标题。但这也意味着，要产出让人不得不读下去的内容。

就像书籍或电影，得益于网络信息分享的速度和影响力的不仅仅是最仓促而就、最哗众取宠的新闻故事（虽然也会如此），最让人无法抗拒的新闻也会因此受益。即使是BuzzFeed所列的臭名昭著的列表，也没有说明我们所处的文化具有多动症特征，相反，这些列表说明了在我们的文化中，人们愿意将注意力集中在值得注意的事情上。史密斯说："那些表现特别好的列表里的文章，一般比杂志文章要长得多。"能说明这点的不仅有列表。在BuzzFeed就职期间，我们发表了一篇3000字长的有趣的文章，讲述一个人在互联网上如何偷走了别人的生活，这个故事的浏览量接近200万次。BuzzFeed的美国团队发表了一篇6200字的文章，讲用500美元在底特律买一栋房子的故事。这个故事的读者超过了一百万，这些人用智能手机阅读这篇文章平均所花的时间超过25分钟。总的来说，BuzzFeed上长度超过3000字的文章的分享次数是平均分享次数的五倍；对于其他出版机构，比如《卫报》，情况亦是如此。

诸多证据表明，逐渐消失的不是快捷短小的动态新闻更新，不是无可挑剔的适合分享的文章，不是引人深思的评论文章，也不是详细深入的报告，而是居于中游的平庸之作，比如那些用来填充报纸专栏，而非用来吸引读者眼球的对当天时事的600字或1000字总结。而那些真正的伟大之作，无论长短，如今都能以前所未有的速度在各种平台上被分享。

事实上，马克斯·普朗克软件系统研究所的米杨·察（Meeyoung Cha）对5400万个推特账户进行分析发现，拥有最多关注者的账户通常具有值得信赖的专业知识，并且时常提供和热门话题有关的链接和新闻。正如克莱夫·汤普森在《比你想象的聪明》中所说，"让人欣喜的是，质量似乎至关重要"。同样，路透社研究所的研究表明，所谓的"新闻爱好者"，即消费最多新闻、对新闻业起推动作用的人，倾向于选择有水平的高端报道，而不是名人八卦。

谷歌的埃里克·施密特和贾里德·科恩（Jared Cohen）在他们合著的《新数字时代》（*The New Digital Age*）一书中主张，当世界上人手一部智能手机时，每个人都会成为记者：想想处决萨达姆时的那个伊拉克人，再乘以几十亿。职业记者不再负责在一线收集信息，而是负责整理信息。名人以及其他制造新闻的人甚至也可能加入这一行列，他们个人本身就具有与传统媒体机构相当的品牌影响力和可信度。

在这样的世界里，媒体可能不得不告别作为决定我们读什么、不读什么的裁判角色。美国新闻业的开创者之一沃尔特·李普曼（Walter Lippman）曾说："报社每天拿到的新闻混杂着各种事实、宣传、谣言、猜疑、线索、希望和恐惧。"他接着说，筛选和整理这些新闻的任务"在民主制度中是和牧师一样真正神圣的工作"，更不用说还是新闻编辑的谋生之道。但是现在，这项任务已经被互联网所取代：你发的推特消息，不就是你从自己觉得适合发布的所有消息中挑选出来、整理而成，并以任何报纸或网站不可比拟的速度发布出来的精华消息吗？这种筛选过程可能比较混乱，有时会像波士顿爆炸案一样产生灾难性后果。但是，在加速的作用下，传统媒体模式的瓦解，并不代表我们随之失去了解世界大事的能力。事实上，现实恰恰相反。


## 未来新闻自动化

将来，一些记者可能要担忧的不是文笔，而是处理数据的能力，担忧自己是否还能像他们的前辈处理法庭报告或官方声明那样得心应手地对庞大的数据库进行梳理。而且他们所承担的功能很可能会从筛选转变成社区管理，或者是对数字信息的专业综合处理。随着数据从种种自动化来源——业余记者、评论员、阴谋论者、政治活动宣传、有观点要主张或反驳的公司——如潮水般涌来，编辑要扮演的角色将是核实和挑选信息，替时间不足的大众筛选出精华，或者通过加入专业知识、才思和观点来提高这些内容的价值。

事实上，电视观众向互联网转移的一个好处是，对消息提供渠道的垄断被打破了。在之前的一章中，我们看到我们在养育孩子的过程中遇到的众多关于"屏幕"的问题，事实上都是电视的问题，对于媒体，亦是如此。和电视相反，互联网提供的是一种"需要主动参与"的经验，互联网鼓励你更加主动而非更被动。互联网环境比起乏味的企业言论，要更优待人类生动有趣的话语。互联网打破了藩篱，借用其强大的传播功能，使有才华的人能让更多人听到他们的声音。

有关媒体不断加快的速度，最后要考虑的一点是：当自动化开始不仅影响新闻的业务结构，而且影响新闻内容时，情况会怎么样。一如其他领域，新闻业出现了许多企业家，他们决心用创新来颠覆新闻采集的过程。这种颠覆可能无须人力，自动将事实转化成故事，或者让算法而非编辑来决定人们想读什么新闻故事（如果结果是那种像亚马逊那样让专业编辑和图书推荐算法对比，像我这样的人最好早点开始修改简历）。

在机器生成新闻方面，目前有诸如 Narrative Science（叙事科学）之类的公司，这家初创公司来自芝加哥，近期和美国中央情报局（CIA）签订了一项协议，承诺将大数据转化为清晰的英文表述，将鲁莽冒失的人类因素从新闻中剔除。同样，来自北卡罗来纳州的 Automated Insights（自动化见解）公司为美联社和雅虎的足球报道生成了数以千计的收益报告，这些报告全部由机器人写成，没有人的参与。美联社认为，此举能让它报道比以前多十倍的新闻故事。

记者也在使用自动化技术。2013 年 2 月 1 日凌晨，加利福尼亚州出现了 3.2 级的地震，不到 8 分钟，《洛杉矶时报》（Los Angeles Times）就收到了来自肯·施文克（Ken Schwencke）的一份报告。其实，施文克提前编写了一个自动化脚本的代码，只要该代码检测到美国地质调查局网站上发布的地震警报，就会将该信息插入自动生成的故事中。虽然这一过程听起来像是会威胁到记者的工作，而事实上，如果像收益、天气报告、对体育赛事的简单报道这样的基本新闻能够用电脑生成，记者们就能有时间自由地处理更有价值、更富成效的新闻任务了。

硅谷在新闻总结和汇总的自动化方面的努力亦是如此。谷歌新闻已经算是一个这方面的例子。还有 Summly，这款应用程序的设计者是一位英国少年，该应用被雅虎以大约 3 千万美元的价格收购。这款应用程序能从故事中挖掘关键数据，并将其简化成适合在移动设备上阅读的短小易消化的篇幅。或者 Prismatic，诸多"巧遇引擎"(serendipity engine)尝试中的一种。运用这款引擎，你不仅能看到最基本的新闻故事，还会遇到各种奇形怪状的另类故事，这是由它的算法推荐的你可能会感兴趣的故事——可能是《纽约时报》上刊登的文章，也可能是 Tumblr 上一位不知姓名的学生通过自己的账号发布的消息。

一些网站和服务产出的内容可能不太像新闻。Prismatic 的创始人布拉德福德·克罗斯（Bradford Cross）是一位数据科学家，他曾经投资创建了一个名为 FlightCaster 的网站，用来在航空公司宣布前对航班延误进行预测。他在 Prismatic 的联合创始人是机器学习专业的博士生；而正如美国记者威尔·奥雷穆斯（Will Oremus）在 Slate 上所指出的，克罗斯最早雇用的两名职员拥有自然语言处理和人工智能的博士学位。就目前所知，这些人从未修改过稿子，甚至都没写过标题，不过，同样也没有编辑写出过像 Prismatic 那样能够抓取整个英文网络用以分析每一篇新闻故事的软件。如果他们做的事情能让人们有更好的东西阅读，能将好新闻传播给更多读者，我们这些老前辈真的要反对吗？

当然，有人可能会说（就像他们对脸书 News Feed 所持的观点一样）媒体的碎片化正在让社会走向分裂，这些看似有益的小算法会帮你过滤掉任何你可能不喜欢或不赞同的东西。因此，我们会沉迷于自己的小世界，仿佛生活在一个个气泡中。

是的，如果人们再也看不到不同的观点，而是都聚集在小团体中，彼此强化和肯定互相的看法，那么社会确实会两极分化，因为每个群体都在从海量的信息中挑选他们喜欢的那一部分。然而，有证据表明，这种情况并没有发生，或者至少这种情况发生的速度比悲观者预言的要慢。

比如，尽管推特的新闻推送非常个性化，但它同时也很多样，能够让你接触到你本来永远不会遇到的故事。正如史蒂文·约翰逊（Steven Johnson）在《未来的完美》（*Future Perfect*）一书中所指出，马修·根茨科（Matthew Gentzkow）和杰西·夏皮罗（Jesse Shapiro）通过 2010 年的一项研究发现网络讨论确实会产生回声室效应。不过，这项研究也发现，"事实证明，比起各种媒体形式、社区、社团、朋友、同事、家人，所有这些群体所产生的回声可以说是震耳欲聋"。随着个性化变得越来越细致，我们所处的世界可能会越变越小。然而，在社交网络上，人们也喜欢阅读其他人都在阅读的内容，而这种效应会产生与回声室效应相反的作用，仍然会戳破我们所处的气泡。

不管怎样，海量的信息都正以惊人的速度向我们袭来。其中有很多信息品质低劣、耸人听闻，无甚用处（不过，我们偶尔还是需要看几分钟搞笑猫咪的视频）。另外，媒体也时常会像在波士顿爆炸案中一样，展现出最糟糕的一面，这点几乎不可能改变。然而，正如我们所看到的那样，琐碎信息和重大信息、即时信息和全面深入的信息，能够而且必将共存。

随着世界的联系越来越紧密，涌入的信息数量只会增加。对于公众以及新闻记者，世界和新闻周期的变化似乎越来越迅速：恐怖袭击、经济震荡，胜利时刻和灾难时刻的出现比以往任何时候都要稠密和快速。这会让我们强烈地感觉到，我们被困在了一个动荡不安的可怕星球上，戏剧化的事件和危机总是近在咫尺。对于传统的媒体机构来说，这一过程一直是而且还会继续是一种痛苦；但对大众来说，在接踵而至的新闻和娱乐的洪流中，他们既有可能学会游泳，也有同样的可能会被淹死。

# 第六章
## 狼狈的政治速度

Chapter Six

**现代世界的首要特征在于变化的范围之广与速度之快。**

——托尼·布莱尔（Tony Blair）

在英国，三位首相候选人正在参加首次电视直播辩论。观众能从电视屏幕的下方看到一条不断变化的曲线，这条曲线用指数的形式实时反映了选民代表构成的焦点小组对辩论言辞产生的反应。如果候选人说了特别感人的话，曲线会陡然上升。如果候选人侮辱了另一位候选人，曲线就会下降。

在美国，一位竞选发言人正在电台接受采访。他能从面前的笔记本电脑上看到他老板网站上的捐款数额的变化。他注意到在他说话时，数字在增长，于是他使用了一个特别流行的表达方式，几秒后便看到捐款数额大幅增加。与此同时，他能从收件箱看到竞选团队的信息技术人员发来的最新分析：这些分析告诉他，从今以后，所有发给选民的电子邮件的结尾会建议"了解更多"，而不再让收件人"注册"，因为随机化测试显示，前者的效果优于后者近20%。

毫无疑问，大加速造成了媒体的动荡不安，不过它也对媒体最关注的对象——政治和政府产生了同样强烈的影响。大加速使政治家能利用技术与选民建立更加直接、积极的联系，能让政府变得更加敏捷灵活。不过，在多数情况下，大加速为竞选过程和执政过程带来的是一定程度上的压力，提升了竞选和执政的操作难度。事实上，我们对大加速背景下的政治家及政治的不满，似乎已经到了无可救药的程度。

## 生命不息，竞选不止

很多人认为如今政治竞选恶毒凶残、急功近利，并且欠缺深度。然而，按照历史的标准来看，现在的竞选可以说是相当礼貌得体了。约翰·亚当斯（John Adams）在竞选美国总统时，不仅指控托马斯·杰斐逊（Thomas Jefferson）是异教徒、无神论者、叛徒，他的支持者还声称，如果杰斐逊在 1800 年当选美国总统，"谋杀、抢劫、强奸、通奸和乱伦将大行其道"。

如今，不是竞选变得没底线了，而是竞选的精神和节奏不再局限于竞选期间。越来越多的政治家即使位居政府要职，依然坚持着竞选时的精神和节奏，他们之所以这样做，是因为他们认识到随着媒体愈加多变与凶狠，他们必然应接不暇。H. L. 门肯（H. L. Mencken）曾经说过，政治是"在猴笼里管理马戏团的艺术"。如今，政治更像是在食人鱼水缸里管理马戏团。

比尔·克林顿的精神导师詹姆斯·卡维尔（James Carville）坚持认为，政治家"必须始终走在新闻周期的前面"。而今天这一观点已经成为圣谕。已故的菲利普·古尔德（Philip Gould）是托尼·布莱尔的投票专家，他认为现代竞选是一种"用各种故事和倡议来主宰新闻议题，从而确保随后的新闻报道按你的意愿展开"的艺术。这就意味着"要预测你的对手可能会使用的策略，抢占先机，让他们一直处于防御的位置，没有喘息的机会。这就是按你的意愿来界定政治辩论的方法"。这也意味着要不择手段。就像民主党战略家乔·特里普（Joe Trippi）所指出的那样，最具传播能力的政治信息是人身攻击。因而，"最有效的竞选广告让社会变得更糟糕"。

这一切造成了一种由恐惧和攻击主导的沟通风格：竞选团队一方面时刻担心会出现对候选人不利的新闻，另一方面要不停地攻击对方，确保对方受到最严重的损伤。美国政治新闻网的联合创始人约翰·F.哈里斯说："竞选团队需要时刻保持战斗状态。"

他们过去有一种今天要赢的心态，是否赢主要取决于晚间新闻中谁领先。后来，这种心态变成了这个小时要赢，于是他们疯狂地来回发着电子邮件和传真。而今天的政治竞选团队觉得他们需要在这一分钟赢，需要对每个指控实时作出回应，于是他们几乎将新闻看作森林火灾，仿佛不理睬此刻正在燃烧的树叶和树枝，一小时后整片森林都会被烧毁一样。因此，他们极其凶猛地反击一切不喜欢的故事。一句话看起来再短、再无关紧要，也要拉出来辩驳一番。

因此，随着媒体和政治竞争对手试图对民意调查中的每一次波动进行炒作，以便创造出一种势头（记者这样做，是为了有新东西可写），政治竞选已经演变成了高度浓缩的肥皂剧。想想2008年美国的总统竞选，希拉里·克林顿（Hilary Clinton）似乎在一夜之间就从媒体以为的最受选民喜爱的候选人变成了倒霉的陪跑候选人，然后突然又变回来；或者想一想2012年，候选人米歇尔·巴克曼

（Michele Bachmann）、里克·佩里（Rick Perry）、赫尔曼·凯恩（Herman Cain）的人气都在飙升后迅速回落，在共和党阵营造成了无休止的动荡；或者想一想仅仅因为唐纳德·特朗普（Donald Trump）激起了人们的好奇、兴趣以及愤怒，媒体就对他进行了铺天盖地的报道。

在这种时候，智胜一筹的人就会指出，这些泡沫往往无关紧要。2012年美国总统选举时，新闻界激动地宣布，由于奥巴马在第一次电视辩论中表现平庸，民意调查出现大幅波动。然而，像内特·西尔弗（Nate Silver）这样头脑清醒的民意测验专家和奥巴马竞选团队中的专家都能看出，从根本上来说，民意并没有变化，发生变化的全是原本动摇、现在坚定立场的共和党人。2015年英国的"米利粉丝群"虽一时引起轰动，然而事实证明，传统的基本要素要重要得多：选民认为戴维·卡梅伦比埃德·米利班德更适合做首相，保守党比工党更适合执掌英国经济大权。

问题是，当竞选进行得如火如荼时，要想不去关注趋势的时刻变化，需要调用极大的意志力。保守党在2015年夏天时还在解释为什么他们的胜利势不可当，却在第二年的春天变得惊慌失措、毫无信心。乔·特里普在2004年负责霍华德·迪恩（Howard Dean）的民主党候选人竞选，他对竞选总部的环境做出了最好的总结。他说，对于竞选团队成员，"电话机不是电话机，而是一把.357马格南左轮手枪，每次你在接电话时，另一端都有一名记者，所以这把枪其实是指向你的脑袋。当然，多数弹槽是空的，但是其中至少有一颗真子弹，有时甚至是好几颗"。

在过去，民意测验结束后，这种紧张的情绪就会消散。而这种情况如今已不复存在了。于是政治家陷入了一种不幸的状态，不仅要对新闻界极其关注，而且还要对其要求迅速做出回应。新闻媒体的加速正在对政治造成一种令人担忧、几近灾难性的影响。奥巴马很可能是这一观点最引人注目的倡导者，他明确表示：他认为，首先，媒体没有做好他们的工作；其次，媒体让他很难做好自己的工作。他谴责媒体从根本上欠缺严肃性，并且"使我们的政治越来越粗糙"。

有一次，一位年轻人在问答环节中问奥巴马，在担任总统的实际工作中最令他惊讶的是什么？奥巴马立即想到了媒体的失职："让我感到惊讶的是，华盛顿的新闻周期总是专注于这一分钟发生的事情，而不是几个月或几年中需要做的事情。24小时的新闻周期实在是太快了，而注意力持续时间又非常短，以至于有时很难让每个人把眼光放得长远。"

然而，奥巴马的矛盾之处在于，他让自己的竞选团队"志存高远"，不要只顾在那一周领先，可是他又在2008年还有不到36个小时大选结果就要公布前，在电话中向一位高级职员抱怨团队势头不足。而当一切顺利时，奥巴马向外宣称自己对民意调查的逐日变化兴趣不大。但当民调真的出现问题时，他就会想尽办法将形势拉回正轨，与其他的短期主义者无异。

这种情况在全世界比比皆是。英国前首相戈登·布朗（Gordon Brown）的一位密友曾经告诉我，布朗在周六下午只有看到足球比分或者第二天的头条新闻才会开心。布朗的前任，托尼·布莱尔曾经为了避免负面新闻，让他的新闻主管阿拉斯泰尔·坎贝尔（Alastair Campbell）打电话给正前往机场去度假的外交大臣罗宾·库克（Robin Cook）。在《世界新闻报》（*The News of the World*）揭露了库克的婚外情后，布莱尔和坎贝尔不仅坚持让这位不幸的大臣在妻子和情妇之间作出选择，还坚持让他赶在头版头条出来之前作出这个选择。

我们在上一章看到，如今的新闻故事可能来自任何人、任何地方，情况因此也变得更加糟糕。2012 年 10 月，英国财政大臣乔治·奥斯本（George Osborne）从他的选区坐火车回伦敦。他手中只有一张二等座票，但他想升级到一等车厢，就这么简单的一件事。不过，相邻车厢的一位记者开始兴致勃勃地发推特，描述财政大臣如何试图在没有相应车票的情况下弄到一个一等座，以及他的助手如何拒绝回到二等车厢和平头老百姓坐在一起，结果他们又如何和检票员站着争吵起来。

随着一个又一个记者致电财政部，打听更多细节，或者让他们作出评论，推特上充满了对这位不愿节俭的富有的财政大臣（据估计，他的个人财富有四百万英镑）的谴责。紧接着，一个虚假推特账号出现，声称是奥斯本的一名下属，让情况变得更加混乱了。等火车到达尤斯顿站时，（据《卫报》报道）站台上围满了"狂热的工党积极分子、全国学生联合会的主席和副主席，以及各种媒体……来自伦敦大都会警察局专业应对小组的警员认真研究着火车时刻表，试图确定财政大臣在哪班列车上，好赶过去确保他安全无虞"。

尽管奥斯本的下属也使用推特试图扑灭四处散播的谣言，但一位助理说："推特已经将这件事判断为新闻故事。"他接着说，"在如今这个全新的世界，你相当于一直在镜头前，你周围的人在同时使用多种社交网络。你基本上从未远离过镜头和麦克风，因为有可能在你车厢里正坐着一位有一万推特关注者的乘客。"还有一次，奥斯本的团队刚从达沃斯的世界经济峰会上回来，就发现"他们还没上飞机，那个航班上就已经有人打电话给《每日邮报》（Daily Mail）

抱怨财政大臣坐商务舱了"。

　　你可能会说,这种事情很快就会被人们忘记。然而,政治人物及其下属却需要一直保持警惕,因而总是忐忑不安。这也在很大程度上造成了现代政府面临的主要问题:缺乏全面仔细考虑的时间和意愿。

## 政府 VS 新闻与网络

　　阿拉斯泰尔·坎贝尔说过:"我认为,没有哪个民主政府很好地适应了全天候媒体所带来的压力,这种压力迫使政府反应迅速且手段高明,而政府应该始终保持战略性。"

　　白宫新闻主管发表过类似言论。比尔·克林顿的新闻秘书麦克·麦柯里(Mike McCurry)告诉霍华德·罗森堡和查尔斯·费尔德曼:"今天,有关技术和媒体结构的一切都旨在加快信息传播的速度。"曾为里根和老布什效过力的马林·菲茨沃特(Marlin Fitzwater)告诉笔者:"现在世界运作的速度至少比 1992 年我离任时快三倍……政府中每个人都必须反应更快、表现更好、脑子更灵活……然而,这点很难做到,因为并不是每个职员都具备这种高素质。"

　　即使在相隔不远的 20 世纪 80 年代,这种压力状况也完全不可同日而语,决策方式也大不相同。斯蒂芬·舍伯恩(Stephen Sherbourne)曾经担任撒切尔夫人的政治秘书,他指出,和坎布尔不同,撒切尔夫人的新闻主管伯纳德·英厄姆(Bernard Ingham)认为他的工作是"防守三柱门,而不是非要得分"。他们有足够的时间来打磨立场，仔细思考政策。"如果周六有一场重要的演讲，我们会在周二和周四晚上 6 点到 12 点投入准备工作，然后周五会准备一整天。要经过一段十分漫长的准备时间。这也是避开政府的压力，进行周密思考的方式。现在，要是花上一整天，别人会认为你疯了。"

政府现在必须多接几个电话、多回复几封电子邮件，听起来可能变化不大，而事实上，其影响深远。首先，政府的执政压力更大了。英国一位资深政府官员说："如今，一天只推出一则新闻是不够的，你必须在早上推出一则新闻，下午再推出一则，然后晚上再推出一则。"政府已经不能再享用"健康周"或"福利周"了。一方面，民众注意力的持续时间过短；另一方面，政府也实在无法产出能让民众保持兴趣的东西了。这个官员说："因为你必须不断地提供新闻，所以媒体管理的困难性大大增加。政府因此承受着产生新政策和新举措的压力，而这是一种极其糟糕的治理国家的方式，因为它使政府机构更加臃肿了。"

与此同时，考虑不周或者过分吹嘘的政策也应运而生。新闻界在不断努力引起受众关注的过程中变得愈加耸人听闻，政府亦是如此。这位英国政府官员坦言，在发表声明时，"我们需要让这个声明看起来很奇特、令人震惊，我们需要使用夸张的言辞。我们或者工党写过数不胜数的新闻稿，都会将某一项政策称为'当代规模最大的改革'。其实完全不是，但我们必须夸大，才能确保它赢得足够的关注"。

马克·弗拉纳根（Mark Flanagan）在布莱尔、布朗以及卡梅伦担任首相期间在首相办公室担任公务员，他说："我们生活在一个消费者要求需求被即时满足的世界中。如果媒体披露了一个问题，消费者就会要求政府'必须有所行动'。这会导致没有实质意义的举措或只说漂亮话的政府，政客会条件反射般地随意做出承诺。而当承诺的政策在实施过程中不可避免地出现实际问题时，公众会感到更加幻灭。"《是，首相》（Yes, Prime Minister）中的汉弗莱·阿普尔比爵士（Sir Humphrey Appleby）描述过政治家所落入的这种陷阱："必须有所行动。解决方法就这样，所以我们做就得了。"

因此，政府慢慢从积极主动走向消极反应，从思考新点子走向迎合最新流行趋势。保守党议员及英国舆观调查网的创始人纳齐姆·扎哈维（Nadhim Zahawi）说："民意过去像是一瓶优质的苏格兰威士忌，偶尔小酌、细细品味。"撒切尔夫人在非选举季每月只收到一次民意反馈。而如今，政府每天都在大喝特喝这瓶酒。

你可以争辩说，这是在帮助政府对选民的忧虑立即作出回应。然而，这往往会造成政府将重点放在政策的发布上，而非政策本身，并且容易在反对呼声高涨时（在这个连接紧密、等级减弱的年代，很容易办到）放弃政策。正如扎哈维所说："民意只能告诉你该如何传达你想施行的政策，并不能告诉你该采取什么样的政策。每项政策都会造成少数人有所损失，然而往往正是这些损失者，组织最完善、呼声最高，特别是在网络环境中。"

在大加速的作用下，这种抗议的声音还可能来自最令人意想不到的地方：讨论日本流行文化的论坛 4chan 催生了全球最大的黑客组织"匿名者"；韩国流行音乐团体的粉丝网站在抵制美国牛肉的运动中起了很大的推动作用。

这种氛围还会导致政客为了煽动网络支持（或者反击对手的敌意）而使党派之间更加分化。美国前总统奥巴马的通讯联络办公室主任丹·法伊弗（Dan Pfeiffer）给奥巴马写了一封备忘录，分析奥巴马总统第一任期失败的原因。法伊弗沮丧地坦言："我们做了一个错误的战略选择，让你向公众树立一种明智理性的形象（因为你本就如此）。然而，在当今的媒体环境下，没有人会拥护明智理性，戴维·布鲁克斯可能是个例外。"

**也许新闻议题加快带来的最重要的影响是，领导人越来越难以追求自己的政治议题，只能受事态摆布。**英国最著名的宪法史学家之一彼得·亨尼西（Peter Hennessy）用量子物理中波和粒子的概念对首相的工作进行了描述："波是技术变化、国际政治经济的变动这些影响广泛的事件。粒子是各种问题和烦人的小事，其中许多让人意想不到，个别只持续很短时间，处理这些事会耗损大量体力和脑力，常常占用首相大量的工作时间。"奥巴马在上任之前也有同样的发现，他坦言，自己八成的工作时间花在了对各种事件的回应上，只有两成的时间在用来推进议题。《华盛顿邮报》的专栏作家达娜·米尔班克（Dana Millbank）曾抱怨说："我们国家的政治讨论已然演变成了一部接一部的独幕剧，每部都是迅速上演，持续一两周，剧评人主动对总统的表现作出评论，然后就草草收场了。"

至关重要的问题在于，以上这些情况对于一个高效的政府来说只是一种拖累，甚至是一种致命的障碍。有些人深信是后者。霍丁·卡特（Hodding Carter）是卡特政府时期的一位资深官员，他告诉罗森堡和费尔德曼，"现在媒体行业的游戏规则使政府丧失了做出任何理性举动的能力"。一位法国政府部门的助手曾经向我简要地介绍了他绘制的一个图表，这个图表包含 14 个阶段，充满了环状线条和箭头，展示了推特上的新闻故事是如何发展的，以及政府部门应在何时何地发表评论。这个图表作为一种拨乱反正的尝试，实属无奈。

这就造成了一种糟糕的矛盾：当今世界在速度的作用下，愈加脆弱，愈加容易受到突发的积极或消极的颠覆性影响，而政府的危机处理能力却每况愈下。托尼·布莱尔在他的回忆录中声称，政治议题加速，意味着今天的政府需要以光速做出决策，以声速决策的日子已经一去不复返了。同时，这本书也让人频频感到处于风暴中心会让人失去应对能力。在农业口蹄疫危机期间（其实，他也可以写写那次使英国陷入短暂瘫痪的汽油行业罢工），布莱尔震惊地发现"政府系统完全缺乏处理反常挑战的能力……当我回头阅读那时的报纸时，我就会想起当时我们所处的危机规模之大、影响之深、情形之恐怖，我们能度过那个危机真是个奇迹"。

英国政府的一位知情人士说："现代媒体环境不允许政府以它应该的慎重方式进行决策。"

假设，某个事件在中午突然爆发，媒体要政府给出一个决定，于是发文"你是否会解雇这个人？"如果你没有做出这个决定，媒体又会说"首相迟迟不愿解雇大臣"。我们花了很多时间处理这些新闻，几乎在瞬间就对一项政策或某个人职业生涯的命运做出了决定，我认为这会让政府形成不良的反应机制。一旦危机发生，政府就用这种机制应对。在这期间，政府没有思考的时间，也没有做出慎重决策的时间。

早在克里米亚战争之前，将军们就对政治家的远程详细指挥感到愤懑不平，这要归因于一项叫作电报的新发明。在《凡尔赛条约》的谈判期间，谈判进展遭到泄露，被刊登到了报纸上，这使得政府不得不发表声明，迫使谈判代表的立场更加强硬。然而，在如今这个高速运转的世界中，有时会给人们一种感觉：外交决策是有线电视新闻中的发言人做出的。所以重要的不是看决策是否明智，而是看它是否能推进新闻故事的进展。

迈克尔·刘易斯（Michael Lewis）在《名利场》杂志上一篇关于奥巴马的文章中，描述了纽特·金里奇（Newt Gingrich）等共和党人先是呼吁干预利比亚，而当奥巴马终于做此决策时，他们又开始谴责他，整个过程不费吹灰之力。"新闻报道的语调变化十分显著……前一天还是'你为什么毫无作为？'后一天就变成了'看你让我们陷入了什么处境？'"

乔治·凯南（George Kennan）是冷战时期遏制理论的缔造者，针对美国对索马里的干预〔电影《黑鹰坠落》（Black Hawk Down）改编自相关事件〕，他评论说："如果美国的政策……是受大众的冲动性情绪操控，特别是商业电视着重报道的那些情绪，那么传统意义上政府的责任审议机关……就毫无用武之地。"另一位资深外交官亨利·基辛格（Henry Kissinger）表达过类似的担忧，"狂热的舆论"会执掌这个世界，而领导者不肯违逆大众情绪。《纽约时报》的专栏作家托马斯·弗里德曼（Thomas Friedman）将这种趋势描述为一种从代议民主制度向《美国偶像》（American Idol）风格的转变，情绪反复无常的人们通过大众投票，瞬间对政策做出决定。

这个问题会变得有多糟糕？罗森堡和费尔德曼在《没时间思考》一书中进行了一个相当惊人的思想实验，他们让肯尼迪总统的演讲撰稿人特德·索伦森（Ted Sorensen）想象，古巴导弹危机发生在21世纪会怎么样。索伦森认为：

> 以今天的媒体压力，肯尼迪团队很可能无法将他们知道苏联的导弹在古巴的秘密保守到一个星期。这个秘密一旦被泄露，很可能会造成公众的恐慌，迫于国会的压力，总统和国家安全委员会的执行委员会可能会提早一周决定应对之策。这可能会造成我们选择了

当初那个最初的想法，即对导弹及相关目标进行空袭。根据国防部的说法，这很可能会造成我们紧接着对古巴的侵略和占领。而且，由于我们发现驻扎在古巴的苏联军队配备了战术核导弹，并且有权使用它们对抗美国的袭击，于是我们面对的是核战争，世界会因此而毁灭。

人类毁灭的可能性是一个沉重的负担，而新闻议程的加速大约要为此承担一部分责任。毫无疑问的是，媒体和政客（实际上是公众和政客）之间反馈循环的速度大大加快了，由于政客需要将智慧和经验运用到对公众即时需求的筛选上，这削弱了他们作为审议代表的能力。

幸运的是，还有一些安慰。首先，在面对困难局面时，政客仍然具备果断采取行动从而避免灾难的能力。想想金融危机期间，灾难后果最终得以避免；或者想想奥巴马总统在第一任期内，虽然面对种种执政压力，依然能够投入数月时间，决定是否加强美国在阿富汗的兵力，并且稍后他还在策划歼灭本·拉登的袭击的同时，润色他在白宫记者晚宴上要用的段子。英国政府最高级别的官员指出，即使面对媒体的重重压力，他们依然能完成富有挑战性的重大长期举措，譬如改革国家养老金体系、全面改革福利与教育，而这些举措可能需要几年或者几十年的时间才会产生预期效果。

加速也会带来积极的一面。例如，错误很快会被发现。不仅是你的候选人使用种族蔑称总会有人拍摄下来，你所说的任何令人尴尬的、自相矛盾的话都会被记录下来。而且，政治家所做的每一项声明都会立即受到核查。

在英国，这种转变在财政年度预算中一目了然。制定财政年度预算是政治议程的核心，彼时财政大臣会规划来年经济的走势。对财政年度预算的新闻管理至关重要。戈登·布朗当政时期，路透社发布的新闻快讯其实是由财政部亲自编写的。时任财政部新闻主管的达米安·麦克布赖德（Damian McBride）说："我们会向路透社交代清楚限时发布的细则，比如'当他在演讲中说到这句话时，你可以发出这则新闻快讯——未来五年的 GDP 预测'。虽然我们的要求很严格，但这样路透社就省了十秒钟写稿时间，而且也能避免他们出岔子。"

对路透社来说，这十秒钟至关重要，能让他们抢在竞争对手之前进行报道，这就是速度的作用。但整个过程还是带有一种传统的庄严肃穆色彩。在议会辩论期间，反对党一般不会质疑布朗所用的事实；而记者们会在第二天早上聚集在英国财政研究所，听取那里的专家们拆解其中细节。

如今，在这个事实核查被推特用户众包的时代，任何错误都会以比从前更快的速度浮出水面。乔治·奥斯本的 2012 财政年度预算虽然在准备过程中没得到多少关注，但在发布后，却得名"一塌糊涂预算案"，其瓦解之迅速，至今令人感到震惊。

一位政府顾问回忆道："乔治坐下来不到一小时，我正在向民众做简要说明，人们就已经开始看手机了，'奶奶税'（granny tax）'最不受欢迎的举措之一'等词条已经开始在推特上流传，我能感觉到我们正在失去对这个新闻走势的控制。"受到挑战的不光是错误。去中心化的媒体环境使新闻故事能够通过各种渠道为人所知，这也意味着，对既定的故事、事实和政策的挑战也能以更加迅速、更加容易的方式成功。

## 发胖的政治家

到目前为止，我们关注的重点是新闻议题的加速对政治的影响，主要表现在使政治受制于选民与记者瞬间的热情。但新闻议题的加速对政治还有另一个层面的影响，即对政治家的影响。在这个大加速时代，要想爬到政治金字塔的顶层，需要具备什么样的素质？如果想在顶层有所作为，又要具备什么素质？

第一种也许最为简单：上述压力使领导人的工作对基本的生理水平要求更加苛刻。我们在之前的章节看到信息时代会导致压力、睡眠不足以及注意力涣散，对于政治这样本身压力巨大的职业，这种影响更为强烈。

因此，作为现代领导者最重要的是要具备应对这些压力的性格。确实，随着新闻议题的要求越来越高，你甚至可以说，这已经是决定领导者最终是否能够成功的最重要因素。一位保守党高层人士说："如今最好的领导者是能够迅速做出决定并且说，'对，这就是我们的选择，我会坚持这个选择'的人。这即是戈登·布朗作为领导者糟糕透顶的原因——他总做不了决定。"

根据政界权威托尼·布莱尔的说法，时间管理是领导者的首要任务之一。如果将他并不真正需要的会议安排进了他的首相日程，即使他对这场会议表示过急切期待，这个行为仍被戏谑地称为"S.O."——"足以被解雇的罪行"。

虽然布朗有种种不足，但他仍是一位经验十分丰富的政治家，他身边的团队也具备出色的能力。他比谁都更了解现代政治的混乱性。问题是，他的性格特别不适合做英国首相。

布朗之前的助手达米安·麦克布赖德对布朗大体上持有好感，

他坦言"戈登有很严重的时间管理问题"。他在担任财政部长时，基本自己能控制自己的日程，而当他担任首相时，有源源不断的与各国大使会面等任务需要安排进他的日程。麦克布赖德说："他感到十分艰难。他会在两场会议间休息的时间，哭丧过来说：'怎么回事？怎么回事？'那时无论电视上在播什么，你都必须向他解释为什么这是重大新闻，我们在如何应对，我们的立场是什么，他是否需要对此做些什么。"

布朗对首相府邸的重新设计使情况变得更加糟糕。他设计了一个宽敞的开放式"作战室"，以便他和他的团队能时刻掌控事态。当时的交通大臣阿多尼斯勋爵（Lord Adonis）回忆道："一堵大墙上是 Sky News（天空新闻台），对面的一堵墙上是 24 小时 BBC 新闻。这样做的结果是，首相府一直在不断与外面的世界进行互动，特别是摄像机有可能就等在首相府邸外，让人有种时时刻刻都在面对媒体的感觉。"

逐渐地，布朗开始沉迷于为行动而行动。为了让媒体看到他的领导决断力，即使是极微小的状况发生，他也要召开内阁紧急状况委员。他的财政大臣阿利斯泰尔·达林（Alistair Darling）在他的回忆录中写道：布朗"糟糕透顶"的时间管理造成首相府"一直被混乱和危机氛围笼罩着"，虽然布朗无休止地召开会议，却未能达成任何决定。在金融危机爆发后，布朗"似乎想每周都发表新的声明……我记得有一次，我们又要做一系列媒体采访，我和另一位大臣伊薇特·库珀（Yvette Cooper）发现，我们记不清政府发表的所有声明"。首相团队的另一位成员马克·弗拉纳根说："布朗当政时期，政府的根基十分薄弱，承受不起任何危机。"

所以，一位优秀的领导者需要具备迅速决断的能力、有效管理日程的能力，以及远离媒体的即时评判的能力。不过，他们还需要一样更基本的东西：严格的锻炼安排。

在英国，新的联合政府组成后的头两年内，人们会眼睁睁地看着当权者体重向上蹿，可谓触目惊心。由于工作需要，健康饮食以及工作与生活的平衡被牺牲，取而代之的是夜班和快餐。在美国，奥巴马的一位资深助手丹·法伊弗由于压力过大，几度轻微中风。也许这才是近来政治领导人的年纪越来越轻的原因，不是因为公众喜欢年轻有活力，而是等他们上了年纪后，已经有些力不从心了。

布莱尔首相曾经的助手约翰·麦克特南（John McTernan）说："我认为，政治议题的加速使领导人的精力更快被用光。看看撒切尔夫人，再也不会有首相能肩负这份工作这么久了。"阿多尼斯勋爵也认为："政治的步伐比以往快得多。你的身体也需要比以往健壮许多。这一代领导人确实比前一代精力衰竭得更快——如今坚持到60多岁继续从政的人确实不多。"还有一个重要原因是，现在领导人的任何健康状况都会被媒体大肆宣扬。正如阿多尼斯勋爵所指出的，很难想象，今天的首相能像1953年丘吉尔那样隐瞒自己的中风。

丘吉尔确实有一段时间没有出现在下议院，不过当时正逢漫长的夏季休会，他唯一要做的就是出席保守党会议。决定他是否能接着担任首相职位的是他是否有能力发表那场演讲。他刚好能做到这点。因为到那时，医生正好将他的健康恢复到那种程度。这要放在今天，简直无法想象。你能想象戴维·卡梅伦一周没在媒体中出现吗？更别提一个月、四个月了！

## 民主政治与看脸的时代

因此，政治事务存在的一个主要问题是，加速环境所需要的领导者要沉着、头脑冷静、具备抗压能力、具备管理大型团队的能力、具备兑现具体政策承诺的能力，而媒体环境对这种领导者不一定有利。

这一问题由来已久：公众一直无法抵挡漂亮的脸蛋。马尔科姆·格拉德韦尔（Malcolm Gladwell）将选民在瞬间做出的快速判断称为"眨眼测试"，这项测试虽然很有效，但时常不准。他举了美国第 29 任总统沃伦·G. 哈定（Warren G. Harding）的例子，这位既愚蠢又糟糕的总统之所以当选，在很大程度上是因为他"相貌出众，让人无法抗拒"。还有很多其他的例子。普林斯顿心理学家亚历山大·托多罗夫（Alexander Todorov）和查尔斯·巴柳（Charles Ballew）做了一项实验，他们让受试者在短短四分之一秒内看不同候选人的图像。结果他们选择的候选人在现实生活中有七成赢得了竞选。同样，有关加拿大 1972 年联邦大选的一项研究发现，长相更好的候选人所获得选票的数量是长相稍差候选人的 2.5 倍。

当然，相貌出众并不是唯一的决定因素，如果是的话，2008 年赢得共和党提名的就应该是米特·罗姆尼（Mitt Romney），而不是约翰·麦凯恩（John McCain）了。不过，我们还是相当看重候选人在电视上表现出的可信度。然而，正如罗森堡和费尔德曼所说的那样，在电视上赢得选民信任的素质不一定是构成优秀总统或首相的素质。例如，政治辩论"看的是即兴应变的能力，要辩论者机智灵敏、反应迅速，并且具备高超的应对电视镜头的技能，政治辩论奖励的是空话、是速度……在回答之前仔细斟酌答案的候选人，虽然我们认为总统应该具备这一特质，但他们在电视上往往显得紧张不安、缺乏决断、不接地气，像是一位生活需要协助的老朽之人，不适合坐在美国总统办公室"。

在英国，2010 年大选的首次电视直播候选人之间的辩论，其反响似乎也证实了这一点。自由民主党领导人尼克·克莱格（Nick Clegg）从默默无闻到红遍英国，不是因为他的政治见解，而是因为他习惯于直视摄像机，在对提问者做出应答时指名道姓。工党代表阿利斯泰尔·达林在参加政党财务发言人辩论后说，他"很惊奇地发现，人们对竞选人的举止风格议论纷纷。当我温和地询问他们对我们所说的内容有什么看法时，发现他们根本没听进去多少"。

然而，不仅辩论是如此。最近政界出现了一个极其有趣的变化——"自拍"突然无处不在，我的一位前同事将这一转变比作电影界有声电影的出现。突然之间，政治家不得不掌握一项全新的技能，即在拥抱选民、盯着他们的手机时，表现得轻松友好。如果表现得太过尴尬，那张自拍照会以光速在社交媒体上疯转。

事实上，一些政治家已经将自拍当作一个极其重要的竞选策略。新西兰总理约翰·基（John Key）在 2014 年的竞选活动中拍了超过两万张自拍照。他的团队称，每张自拍照会被分享逾一百次，从理论上来说，这些自拍照的总分享次数会达到选民人数的一半，这样他们就能通过略微表现出亲切来获得最大限度的曝光，不用回答棘手的政策问题，也不用做其他任何事情。

以上种种迎合了加速文化即时、肤浅的一面，是巧言令色的无聊之辈的惯用伎俩，同时也是应对公众无聊感和疏离感的秘诀。后来创办 Fox News（福克斯新闻）的罗杰·艾尔斯（Roger Ailes）

在做共和党战略家时，曾指出："如果舞台上有两个人，一个说'我有解决中东问题的办法'，而另一个掉进了乐池，你觉得哪个会上晚间新闻？"因此，在政治竞选时，避免失态比说有趣的话重要得多。所以在竞选活动中，政治家只会在严密控制的情境下与选民互动。

你可能会认为这些肤浅伎俩只会让选民嗤之以鼻，不会赢得他们的支持，那你就对了。威斯敏斯特大学（University of Westminster）的史蒂夫·巴尼特（Steve Barnett）教授认为，社会尊敬的等级完全翻转了过来：我们现在情愿相信名人、朋友、随便哪个熟人，也不愿信任领导者、长辈、专家，我们对他们越来越充满鄙夷。近些年政界出现了一个重大变化，即故意粗鲁的政治家越来越受欢迎，越来越有影响力，比如奈杰尔·法拉奇（Nigel Farage）、唐纳德·特朗普、贝佩·格里洛（Beppe Grillo）、杰里米·科尔宾，他们似乎在与既有的精英阶层作对，一心为普通民众的权利发言。

当然，这种平民主义定位并不新鲜，古希腊人在发明了民主时，也一并发明了平民主义。不过，这种平民主义之所以会重获新生，是因为在网络上展开新的运动非常容易，因为我们对办事效率一直不够高的政府失去耐心，因为大加速使贫富差距两极化。现代经济典型的无情竞争使整个社会人群或职业人群陷入了贫困。科尔宾之所以能当选工党党魁，虽然得益于工党领导选举体制的独特特征，但从根本上来说是因为一些党内人士对激进派的一种反叛。因为他们感觉到，工党的政治体制及其数十年来倡导的解决方案毫无效果。

## 反复无常的民意

不管我们怎么想，但我们的领导人并不真蠢，他们对这一过程再清楚不过。事实上，现代政治最有趣而又常常被忽视的一面是，政治家们刻意围绕加速时代的要求以及公众越来越变幻无常的偏见来制定他们的媒体战略。

例如，政治家们普遍认识到，公众对政治家感到厌烦的速度正在加快。达米安·麦克布赖德回忆说，戈登·布朗有一个理论：

你有七年时间可以出现在公众的视线中。到那时，可能喜欢你的人已经喜欢你了，已经喜欢你的人中有许多会开始对你产生厌倦，而从未喜欢过你的人会开始憎恶你，因为他们在想："你什么时候才能不出现在我的电视上？"因此，戈登做财政大臣时，轻易不出现在公众的视线中。虽然他也想上新闻，但他没有每天都制造新闻。

约翰·麦克特南曾任澳大利亚前总理朱莉娅·吉拉德（Julia Gillard）和英国前首相托尼·布莱尔的顾问，他也认为，我们对领导人的热情很快就会耗尽："我们所处的一次性文化，不仅体现在商品上，也体现在思想和理想上，以及政治家身上。"

问题是，同样是这些政治家，却总是被要求对当前时事进行评论，以推动新闻故事的进展。麦克布赖德说："媒体决定这件事就是新闻，大家都在关注这件事，人们开始说：'唐宁街还没发言呢……'他们需要实时更新新闻动态，而你是新闻故事的一部分，并且在一定程度上决定着故事的走向。"

不过，责任也不完全在记者身上。政治家都喜欢出风头，赢得公众的认可，因此，他们会条件反射般地接受任何卷入新闻议题的机会：卡梅伦就足球运动中的种族主义现象表态，布莱尔命令他的内政大臣调查《加冕街》（*Coronation Street*）中蒙冤入狱的戴尔德丽·拉奇德（Deirdre Rachid）的案件。

然而，这种策略并不像看起来那样荒谬无理。例如，奥巴马领导着一个极其有效而又极其残酷的沟通机器，这个机器通过推特、脸书以及其他任何它所能使用的渠道输出它自己的产品——奥巴马品牌。乔纳森·阿尔特（Jonathan Alter）在他所撰写的奥巴马传记《诺言》（*The Promise*）一书中，解释了这一策略：

> 媒体对奥巴马（入主白宫第一年时）最常见的批评……是他过度曝光了。他接受了几十次采访，发表了多篇专栏文章，每周录制电台演讲和网络广播，白天出席白宫新闻简报室举行的新闻发布会，深夜又在电视节目中露面，平均每隔几周还在华盛顿外举行由电视直播的市政厅会议。比尔·马厄（*Bill Maher*）开玩笑说："你是总统，不是《法律与秩序》（*Law and Order*）的重播。"

但是，阿尔特说："多数时候，奥巴马只是对经常观看Fox News、CNN、MSNBC、PBS（美国公共广播公司）、Comedy Central（美国喜剧中心频道）、CNBC（美国全国广播公司财经频道）的观众或者经常收听NPR（美国国家公共电台）广播的听众过度曝光。虽然这些受众群体听起来很庞大，事实上总共只占在大选中投票的选民的一成……对剩下的那些对政治基本不感兴趣的1.1亿选民，他的曝光并没有那么频繁。"他补充说，"即使他的政绩评价有所下降，他的个人评价依然保持平稳……奥巴马白宫是有史以来规模最大、观众最多的真人秀节目。"

英国前首相卡梅伦使用了相似的策略。作为保守党的最佳发言人和最佳销售员，他一直有一种要让自己参与讨论的冲动。尽管他的政治保鲜期可能会因此而缩短，他的团队却可以因此不用想一出又一出代价高昂、时常会起反作用的政治噱头，还能填补新闻空白，与不同的受众沟通。

奥巴马和尼古拉斯·萨科齐（Nicolas Sarkozy）还采用了另一种稍有不同的策略，即用速度战胜媒体和对手。具体做法是让政府这台机器超速运转，以期目标在发动机熄火之前达成。阿尔特说："奥巴马担任总统的早期，政府活动五花八门……政府产出的新闻如尼亚加拉瀑布般让人无法招架。"问题是，这种策略也会滋生种种错误——对待任何事情都是先将其做成，而不是先考虑是否该做。

还有一种策略可供选择，不过主流政治家都不敢尝试。虽然网络话语充满种种问题，尤其是容易导致政治迫害和公开羞辱，但网络话语优待有加的积极品质很多，比如诚实、开放、机智、幽默和真正具有人性的声音。这些也是我们认为如今的政治家们迫切需要的品质。那么，如果更多的政治家是在网上冲浪，而不是让浪把他们拍在沙滩上，会是什么样的情形？

CNN 前记者彼得·汉比（Peter Hamby）在对 2012 年总统竞选的分析中说："在推特、Instagram 和 YouTube 的时代，一切都是透明的，竞选活动可以选择躲躲藏藏，也可以选择投入其中。而试图在两者之间开辟出一条路，必然充满艰险。"正如美国资深新闻记者查克·托德（Chuck Todd）告诉汉比的："某个候选人在 2016 年也许会想：'我要让这一点成为我的优势。我要接受全天候新闻的现实。为什么不直接让新闻完全不经过过滤呢……比如说，将一切都记录在案，一切都对外公开。第一个认识到这点并这样做的候选人一定会得到奖赏。'"杰里米·科尔宾、唐纳德·特朗普之类的候选人的吸引力就在于此：他们看起来很独立自主、直抒己见，好像给出了解决方案，并且不为政府蹩脚的折中方案所动。

我们距离政治家为了证明自己的真诚而选择完全坦诚相见的那一天有多远呢？在戴夫·埃格斯（Dave Eggers）所写的审视技术社会的寓言《圆环》（*The Circle*）中，最后政治家们为了展示他们的真诚，将摄像机戴在头上，每天24小时不间断地直播他们的每一场谈话。尽管这种做法此时听起来可能荒唐可笑，但是随着人们对政治和政治家的疑虑与日俱增，谁能保证这种做法不会流行起来呢？

## 不知所措的政府改良

综上所述，在这个魅力主宰的浮华时代，我们投票支持的是那些看似新颖独特的政客，他们承诺反对政权的一切照旧的做法以及蹩脚的折中方案。问题是，一旦这些政客当权，他们却无法兑现这些诺言。事实上，他们很快就会褪去自己年轻有为的光芒，堕落成大腹便便、头发灰白的官僚。我们因为最初的期待被抬高，所以后来的幻灭感就变得更加强烈，这意味着我们对政客的不信任感再次加深。

和以往一样，这一过程因为大加速带来的其他影响进一步加剧。前文所说的反政治情绪高涨，以及英国独立党（UKIP）和法国国民阵线党（Front National）的壮大，这些都是在大加速和全球化过程中贫富差异日益尖锐的产物。随着社会不平等加剧，政治的两极分化趋势必然成型，这使得社会共识更加难以达成。不仅如此，在如今个人主义的时代，我们越来越不愿意让传统的政党身份凌驾在我们的个人身份之上，这也解释了为什么2012年经济合作与发展组织（OECD）当时的 34 个成员国中，只有 4 个国家的政府拥有绝大多数席位的原因。

马修·泰勒（Matthew Taylor）曾经是布莱尔政府的高级顾问，现在是英国皇家艺术学会（Royal Soceity of Arts）的首席执行官，他是英国研究政治幻灭最重要的学者之一。他认为，社会学家艾夫纳·奥弗尔（Avner Offer）为人们理解当下的情况给出了重要的线索。

奥弗尔认为，在西方，近些年来人们或多或少成功地摆脱了他所谓的"承诺机制"（commitment devices），即诸如家庭、友情或宗教信仰等社会形式所依赖的社会结构，这些社会结构对我们想要的及时行乐是一种阻碍。泰勒说："20 世纪六七十年代，我们富足起来，于是我们觉得那些东西不再必要，我们不需要婚姻，也不需要工会，我们为什么要限制贷款呢？所以，我们基本上将所有这些机制都拆除了，以为在富足年代，我们可以为所欲为。然而这些机制刚被拆除，我们就做出了种种灾难性的决定。"

泰勒认为，一直以来，大加速对这些离心力起到了巨大的推动作用。

**技术和速度通过流动性从根本上削弱了等级结构，削弱了构成团结的常规关系。速度很适合个人主义，极端个人主义就表现为"我要我想要的，我现在就要"。但速度也进一步削弱了组织结构，因为信息在自上而下的等级结构中流动得相当缓慢。**

由于这个世界上没有比政府更明显的等级结构，因此，泰勒说："政府因为招架不住这种生活节奏，于是开始追求其他形式的权威，比如民粹主义和有号召力的领导。"

换言之，根本问题不在于政治，而在于政府的本质。**即使我们**

生活在一个加速的时代，政府依然速度缓慢，虽然部分原因是为了有深思熟虑的时间，但主要原因还是官僚主义、自身的惯性以及不称职的结果。

布莱尔在他的回忆录中抱怨，他必须在竞选的过程中假装一切正常，比如和戈登·布朗一起逛商店，一起买冰激凌，为了让选民觉得他们并不厌恶彼此。他诉苦道："每次快到大选时，为了应对一轮又一轮的采访，我必须查看日常物品的价目表，比如一品脱牛奶、一磅黄油、一块羊肩肉的价格。我们曾经还围绕面包的类型争辩不休，白面包或者黑面包，不要全麦的，但也不能不健康。"

布莱尔没有意识到的是，即使他定期查看现实，他还是生活得不现实。《连线》杂志的记者本·哈默斯利（Ben Hammersley）指出：

如果顺风顺水运气好的话，你可能会在首相的位子上坐足八年。然而，你在上任第一年时提出的基于某种技术的政策到你离任时已经变得陈旧不堪，你在大选之夜接受电话祝贺的手机到你离任时会被比它强大十六倍的通信设备代替。

布莱尔在 2007 年离任后才发出他的第一条短信；阿拉斯泰尔·坎贝尔（现在是一名多产的博主和推特用户）在任时从未写过任何一封电子邮件。保守党 2010 年上任时，他们发现电子邮件地址的"自动补全"功能被关掉了。当一位莫名承受了怒火的职员询问被骂的缘故时，别人戏谑地告诉他，愤怒之下的戈登·布朗本想给他在苏格兰的选举协调员温迪·亚历山大（Wendy Alexander）发封邮件训斥她，可他却发给了鲁珀特·默多克（Rupert Murdock）当时的妻子邓文迪（Wendi Deng）。

以即时满足为基础的社会要求政府像其他服务机构一样积极迅

速。因此,我们的政治体制正在遭遇前所未有的压力,不仅如此,由于政府对技术变革力量相对来说更无动于衷,又导致在民众的期待和政府的能力之间出现差距。阿尔·戈尔(Al Gore)和技术维权分子劳伦斯·莱斯格(Lawrence Lessig)等思想家大声疾呼,政府根本不具备应对我们所处时代的重大挑战的能力。

一方面,大加速自身使人们更容易组织起来,从而使阻碍政府运作变得越来越容易。正如专栏作家、白宫前演讲稿撰写人戴维·弗鲁姆(David Frum)所说:

技术胜利论甚嚣尘上,他们认为互联网能用来改善民主制度。然而,最终真正发生的事情是互联网让愤怒积极的少数群体掌握了话语权,让他们能牵制体制的运行。做事情似乎要花越来越久的时间。修建一条高速公路要花多久?建造一架桥要花多久?让参议院通过一名总统提名人要花多久?所有的这些时间似乎都越拖越慢。

有些人认为,要解决这一问题,政府需要更透明。弗鲁姆却不这样认为:"我们总是想,要让人们更信任政府,政府需要更透明。然而,执政的过程常常不能让人放心,现在我们都能透过玻璃窗看到香肠工厂的内部,人们对政府的信心却也因此消失殆尽了。"阿尔休·冯(Archon Fung)来自肯尼迪政府学院(Kennedy School of Government),他同样认为,虽然执政的透明度会让你抓住错误,但也会让你对执政过程产生怀疑。"就像是为政府建立了一个庞大的亚马逊评级系统,但只允许一星或两星评价"。

还有一个关键问题是,因为一切事务公开并且能瞬间得到回应,政府开始对犯错以及随之而来的批评惊恐无比。正如美国记者马特·泰比(Matt Taibbi)所表明的,之所以没人因为金融危机而遭到起诉,原因之一在于奥巴马领导下的司法部部长办公室经过深思熟虑，决定不起诉任何可能会输的案件，以免滋生负面新闻。所以，银行只是付了罚金，道了歉，却没有人蹲监狱。

在这种环境下，政治家不愿冒可能在短期内招致惩罚的长期风险。事实上，他们也不必如此。哥伦比亚大学的埃尔克·韦伯（Elke Weber）发现，禁止吸烟或碳税等不受欢迎的措施出台六到九个月内，选民就习惯了现状，并且将他们的异议丢到了脑后。不过，要让一位民意调查处于低潮，且面对着公众愤怒抗议的政治家相信这一点并不容易。这就导致了政治理论家弗朗西斯·福山（Francis Fukuyama）所说的"否决政治"（vetocracy）的出现，让阻拦变得比实施容易得多。

不仅如此，政治家还要应对不停的竞选。弗鲁姆认为，因为一直要为竞选连任筹措资金和做准备，"国会议员不得不花费大量（四分之一或者更多的）时间筹款。而由于交通技术的改善，他们周末都要回家——花更多时间筹款、和活动家见面、再筹款"。

阿尔·戈尔将之称为"季度民主"（quarterly democracy），是对"季度资本主义"（quarterly capitalism）的戏仿，指将每季度的筹款目标当作政治的一切。他指出，所筹款额的八成用在了电视广告上，这对新政治家参与竞选形成巨大的障碍，保证了捐款大亨"对决策享有绝对的主导地位"。他声称："自 19 世纪 90 年代以来，还没有哪一届美国政府的决策如现在这般软弱、反常、照顾企业的利益。"

以上种种，让人们越来越感到政府在整体上已经发挥不出应有的作用了。特别是在硅谷，人们普遍担心政府僵化的结构正严重阻碍经济增长和科技创新。乔治·帕克（George Packer）在《纽约客》上撰文，讲述了硅谷的一名员工拒绝放下工作去听奥巴马在办公室发表讲话，他坚称："我所做的改变比政府任何一名官员所能做的都更重大。"

总的来说，帕克宣称，技术行业认为政府"办事缓慢、人员配备拙劣、规则过时、效率低下"。例如，专利制度理论上是为了促进创新，实质上却死板笨拙，容易被滥用。一位律师和他 5 岁的儿子都能为一种"荡秋千的方法"申请专利："在一根与地面平行的树枝上用两条链子挂起一架普通的秋千，使用者坐上去，用手交替拉拽两条链子，从而实现左右移动。"

《经济学人》所做的创新调查得出结论：其实创新的数目并没有降低，问题是我们的执政机构太过僵化，无法吸收创新。确实如此，谷歌执行主席埃里克·施密特及其同事贾里德·科恩在《新数字时代》一书中哀叹道："美国科技行业的标志性创新优势在很大程度上没有对美国军队造成任何影响。因为军需采办系统的混乱无序与复杂死板……大型国防项目在原型阶段停滞不前，超出预算，落后于预定计划。而今天的商业技术及产品却成批量地以前所未有的速度经过构思、建造并最终推向市场。"他们还举了在阿富汗的美国直升机飞行员的例子，他们将支持 GPS 功能的 iPad 绑在膝盖上，利用其移动地图系统来规避烦琐的军方内置系统。

我在为这本书采访施密特时，他告诉我："在创新、创业以及监管之间有一种平衡。可以想象，当监管过度时，创新就会失去可能性。比如谷歌眼镜，人们还没使用过，就开始要求对其监管了。"软件公司热衷于颠覆社会，而政府热衷于维持现状，两者间的冲突越来越普遍：英国以恐怖主义和隐私问题为由向数字巨头开刀，欧盟持续对谷歌在搜索领域的垄断地位进行攻击，纽约最近和优步开战。（前者一般输得很惨，由此可见未来的趋势。）

## 信息化政府的代价

那政府如何才能应对这些压力以及颠覆带来的机遇与风险呢？政治家通常使用的一种解决方法是目光放长远，强化他们的"远景扫描"（horizon-scanning）功能。正如布莱尔之前的助手杰夫·马尔根（Geoff Mulgan）所说，许多政府"一直盯着后视镜，重复着古老的战争，重燃着古老的仇恨"。

然而，发展一种更类似易洛魁族人的文化则好得多。根据菲利普·津巴多的引用，易洛魁族人的大法（Great Law）规定："我们在每次审议时，必须考虑到对第七代易洛魁族人造成的影响……即使这意味着我们的皮肤要像松树的树皮一样厚。"

然而，要求人们在决策时为长远考虑，谈何容易。问题在于，世界的变化如此之快，连最好的规划者也可能感到出乎意料。国际货币基金组织（IMF）在 2007 年《世界经济展望报告》（*World Economic Outlook*）中曾高兴地宣布，"总体上的风险……似乎比六个月前的威胁性更小"。我们都知道接下来发生了什么。或者以英国的 HS2 高铁线路为例：光规划就花了数十年，要建好还要数十年。到那时，和磁悬浮列车、极其快的"超级高铁"（hyperloop）子弹头列车或者老式超高速列车相比，常规高速铁路也许会显得陈旧不堪。

约翰·布朗勋爵（Lord Browne of Madingley）以前是英国石油公司的负责人，现在是政府的首席非执行董事，负责为政府事务提供商业见解。他说，有一句话他经常挂在嘴边：不要将视线放到十年开外，专注于眼前几项首要事务，投入所有资源，集中注意力将其达成。有些人建议下小一点、更灵活的赌注，这样就可以根据事态变化对这些赌注进行调整。

要想在技术方面利用大加速的颠覆性、快速性以及反等级性的特征来改善并且加快政府和政治的运作，方法繁多。例如，一位英国政府官员指出，因为技术变革，"政治家们能够以十五年前或十年前甚至五年前从未有过的方式，和民众建立密切的关系"，他们不再依赖媒体替他们游说。

互联网不仅让候选人能够绕过媒体（例如奥巴马在 2012 年进行的极其缜密的动员投票活动），还让他们吸引支持者投入竞选活动。乔·特里普谈到他在 2004 年霍华德·迪恩的竞选活动中所做的工作时说："我们很快明白了一点，办公室里数十位睡眠不足的政治迷……根本不可能比得上 60 万美国人加起来的脑力与智谋。"

从地方来看，英国国会议员使用网络建立起包含大部分选民在内的电子邮件列表，这样他们就能更及时地直接回应选民的忧虑。有时，技术还减轻了政治家的工作量：英国独立党的首位国会议员道格拉斯·卡斯韦尔（Douglas Carswell）表示，他曾经工作的一大部分内容是处理残疾儿童的父母提出的申诉，随着这些父母形成在线组织，就如何确保相关体制满足他们孩子的需要而相互讨教，他的这部分工作明显减少了。

本质上，政府的速度永远赶不上其他社会机构。首先，任何官僚机构都存在惯性。例如，如果恐怖分子每隔几周就换用最新的通信形式，那么追踪他们的挑战性就会大大增加，因为等情况在情报机构中被一级级向上汇报，再一级级下达，恐怖分子早已经逃走了。

其次，当你为选民负责需要遵循数不胜数的法规、指令、条例时，你不可能恣意破坏旧例。毕竟，当遭到破坏的可能是人们的纳税记录或福利待遇时，"快速前进，打破常规"是行不通的。一位朋友惊恐地发现公务员领导用自己的推特账号（其本身是一种时代的标志）宣布了一项创新比赛的信息，获胜的公务员将会获得在美国奇点大学（Singularity University）由雷·库兹韦尔设立的旨在散播指数加速学说的中心学习的机会。这项活动的赞助者认为这是与时俱进，而这位朋友认为这是在收买政府信奉硅谷的那套思想观念。

然而，无论你对政府应该扮演的角色持有什么观点，你都很难辩驳说，目前的体制真的是监管四分之一到一半国民生产总值的支出的最佳方式。道格拉斯·卡斯韦尔引用了经济学家肯尼思·博尔丁（Kenneth Boulding）的话："组织机构越庞大、越专制，其最高决策者在决策过程中脱离实际的可能性就越大。"这个描述用在现代政府身上颇为贴切。

托尼·布莱尔在担任英国首相十多年后，得出结论："政策文件由公务员递交给内阁，然后经过以首相为主席的内阁辩论并决定，这种老套的系统已不适合应对快速变化的世界以及变化更快的政治环境的需求。"智库最近的一份报告强调，"公文匣"（red box）系统是一个具有英国特色的问题，这一系统至今已有数百年历史，是由公务员递交给大臣数十份文件，让其予以裁决。正如该报告涉及的匿名人士所说，这个系统就相当于"让首席执行官做公司里大大小小的所有决定，我们要做的就是给他厚厚的材料，让他带回家，拿到床头，喝杯酒，潦草地写上几笔，然后再带回办公室"。

在不同的政府部门互相打交道时，这一问题表现得更加恶劣。这些部门通过大臣互通正式信件来完成沟通。据估计，大臣们每人每天大约会收到 15 封来自其他部门大臣的信。2013 年 3 月发生了一件荒谬至极的事情，一位商业大臣迈克尔·法伦（Michael Fallon）新增了能源方面的职责，而能源归属于另一个部门。于是，在上任第一天，"商业法伦"必须在一封预先写给"能源法伦"的信笺上签名，让后者对政策进行调整，然后，"能源法伦"彬彬有礼地回复自己滚一边儿去。

然而吊诡的是，正因为政府问题重重，所以潜在的收益才如此巨大。克莱顿·克里斯坦森等人都撰文描述过，接纳创新和技术会为教育和医疗卫生带来种种机会。不过，益处远不止这些。

例如，当保守党作为联合政府的组成部分上台时，他们决心对一个特定领域进行大刀阔斧的改革，即数字政府平台。2010年时的数字政府平台算是一个重灾区，当时工党每年在公共部门的信息技术方面花费250亿英镑，人均花费超过世界上任何国家，其中七成进了七家大公司的口袋。可能这就是亚马逊上卖20英镑，而批发价8英镑的电源线，政府却要花57英镑购买的原因。英国有750个独立的政府网站，每个网站的设计、服务器、架构都有所不同，而且，真正重要的人根本不会关注这些网站。在金融危机最严重的那一周，政府做出了历史性决定，要拯救大银行，而其主要门户网站direct.gov.uk的首页却在向公众宣传"国家蜜蜂周"（National Bee Week）。

保守党吸收了私营公司的经验，努力在现有的等级制度下实现创新。为此，保守党招募了灵活、不因循守旧的黑客负责监督政府的线上产品，并且剥夺了政府大部分的线上操作的权力。最终，政府数字服务组（Government Digital Service，GDS）诞生了，这是一个精简化的高效率团队，在伦敦中部霍尔本区设有一套办公室，其中安置着白板和挂图，看起来既像政府部门，又像一家位于伦敦肖尔迪奇区的初创公司。

政府数字服务组的一个关键见解是，由于创新的速度飞快，政府信息技术采购的传统模式（花费高昂费用和一家大型企业签署一份大型合同，然后眼睁睁地看着事情出错）完全可以撇开不用。这个团队通过引进人才，构建可扩展的简单原型，可以在短短几周内完成从前数年的工作，并且在此过程中，他们节约了大量资金。用唐宁街高级顾问、政治数字服务组的创建者罗恩·席尔瓦（Rohan Silva）的话来说，他们"接过了以往花费20亿英镑的任务，并用几十万英镑将其完成"。

弗朗西斯·莫德（Francis Maude）在其中扮演了重要角色，他在2010年至2015年间担任内阁办公室大臣。他回忆说，他刚进内阁办公室时，英国在信息技术上花了巨额资金，基本由那七家大型公司提供，政府和它们签署了七年的合同，光合同谈判就花了三年的时间。结果，多数信息技术"在委托之前就已经过时，等到合同期截止时，简直成文物了"。比如说，由于向农民发放农业补贴时要使用四个互不兼容的独立系统，导致发放每笔钱要耗费727英镑。整个系统运行简直糟糕透顶，以至于英国被欧盟罚款。

因此，农业部决定建立一个新系统，预估在代码撰写前要花600万英镑。与此同时，政府数字服务组这个小型团队直接开始干起来，为证明他们的概念建立了一个支付APP的样本。结果，一个便宜得多得多的系统诞生了。还有一次，政府要签的信息技术托管合同是400万英镑，而英国的一家小企业提供的解决方案价格仅为6万英镑，而且质量更优。

莫德描述了一个让他茅塞顿开的特别时刻。他在参观硅谷时，见到了一家只有80名职员的公司，而这家公司刚刚为印度政府做了一个数据库，其中包括印度十几亿公民的身份证信息。相较之下，在英国，为政府提供信息服务的公司要想竞标，必须提供足足三年的审计报表，如此不仅初创企业没戏，有创业心理的人更没戏。

席尔瓦指出，结构庞杂的政府和规模庞大的公司讲话的速度一样，这也许是它们相处起来如此舒服的原因。席尔瓦在卡梅伦就经济发表的第一次讲话的最后插了一部分，指出金融时报100指数（FTSE 100）剧烈动荡，由于未来的大企业（和雇主）尚未诞生，因此政府需要扶植小企业，鼓励创业。他回忆说："政府想把那部分去掉。这和他们的世界观形成了巨大冲突，他们认为只有大公司才重要，只有大公司才值得与之对话。"

需要指出的是，这场数字革命并非一帆风顺。安德鲁·奥尔洛夫斯基（Andrew Orlowski）在The Register网站上发表了一篇令人印象深刻的文章。他在文章中称，政府网站的精简也导致许多网站失去了大量功能。政府内部备忘录记录，网站的质量保证完全崩溃，并将情况描述为"一片混乱""完全是场噩梦"。

虽然创建一个具有穿透力的一流数字服务团队的理念也许被执行得有些过头了，却引起了奥巴马的兴趣。他构建了自己的政府数字服务组——美国数字服务组，组里的多数成员是他亲自从硅谷巨头公司那里物色来的。美国数字服务组的明星新成员马修·韦弗（Matthew Weaver）为了测试政府是否真的完全接受硅谷的精神风气，要求用《星球大战》中的"侠盗领队"（Rogue Leader）角色命名自己的职位。政府二话没说，满足了他的要求。

美国政府曾试图在程序员能力不足的情况下，将美国所有人口的信息转移到一个未经测试的新数据库中，结果造成healthcare.org崩溃。此后，英、美政府皆认识到，雇用能力更强的程序员在提供下一代的公共服务中处于中心位置。毕竟，在线提供服务能够节约公共资金和选民投票的时间。理查德·萨金特（Richard Sargeant）在谷歌工作多年，后经政府招募担任政府数字服务组的性能与交付总监，他说："数字化不仅更方便快捷，还要便宜一个数量级。"

根据智库克里斯·姚（Chris Yiu）的计算，如果英国政府能形成数字优先的办公习惯，每年能节约 240 亿英镑。政府自己发布的《数字效率报告》（*Digital Efficiency Report*）发现，数字化处理的费用是打电话的二十分之一，是邮寄表单的三十分之一，是面对面交谈的五十分之一。在美国，Intuit 公司的一个五人团队创建了一款应用程序：只要将纳税申报表拍成照片上传，就能自动进行处理。这款应用程序可能会为数百万人节约几百美元。

技术还能帮助提高政府绩效。近期，英国政府对税务海关总署的人员进行了精简，引起了人们极大的愤慨，认为政府一心想要放过逃税者，这些身家不菲的政治家解雇了防止他们逃税的人。然而，一位气愤的大臣指出，他们辞退的是那些原本负责填写表格（现在由电脑处理）的人，这样政府就能雇更多的税务检查员。税务检查员的人数是在增加，而不是减少。（当然，这种自动化对一些职员阶层的筛除会对税基造成什么影响，那是另一个话题了。）

此外，还有更富想象力的利用技术的方式。英国联合政府上台执政时，使用了线上和线下技术相结合的方式，发起了"公共支出挑战"。简单来说，就是通过让政府雇员就公共服务如何能够在降低支出的同时提高效率而提供建议，以抹平政府的层层等级的干扰。结果，政府职员提交的建议超过 11 万条，公众提交了 48000 多条建议。这项活动的组织者之一马克·弗拉纳根（Mark Flanagan）说："政策制定依然存在相当多的局限。既得利益者或利益相关者一般会提供很多建议。所以，为什么不扩大意见提供者的范围呢？我们可以运用技术及工具，获得更广泛的提议。"

令人遗憾的是，英美政府政策众包的效果并不乐观。从前的"公共支出挑战"一度陷入瘫痪，直到最近这一想法才复苏。同样地，虽然英美政府都有上访网站，旨在迫使政治家将人们真正关心的问题纳入辩论和考虑的范围，效果却不理想。举一个迄今为止最有名的例子，美国政府收到一封请愿书，请求他们参照《星球大战》建造一颗真实版的死星（Death Star）。政府详尽列出了驳回的理由：就算用上国防部的国防预算，这笔费用还是高昂得令人难以承受。

然而，其他国家坚持使用这种方法。南美洲的一些城镇实行了一种名为"参与式预算"的制度，每个人都可以就支出的优先项目进行投票。道格拉斯·卡斯韦尔在他的作品《自由民主》（iDemocracy）一书中，提出了一种极端方式（德国海盗党在对这种民主方式进行试验），选民不仅每四年左右能参与政治，而且，只要他们愿意，可以随时通过大规模线上即时全民公投进行参与。

这样的公民制度可能会反映出大加速的所有劣势，最终沦为戴夫·埃格斯在《圆环》一书中所描绘的那种对"做出改变的速度随心所欲"的制度。不过，如果我们能够让一位值得信赖的专家或知己就特定问题代替我们投票，这一问题也能相对减轻。代替投票的人可以是一位朋友、某个竞选团体，甚至可以是一位政治家。另外，卡斯韦尔指出，既然美国政府为每个美国公民购买了价值24268美元的公共服务，那么为什么不开发出一个超级个性化的服务，让人们可以按照自己的选择来花那笔钱呢？

通过技术的合理利用来使政府的运行加速，还可以体现在各种各样的小细节上。例如，纽约市政府开通了311市政热线，以便市民反馈遇到的市政问题，比如道路坑洼或者停车限制。正如约翰逊在《未来的完美》一书中描述的那样，纽约政府部门能够通过充分的数据分析，提高其服务质量。例如，通过分析锁定过度噪声为最让市民头痛的问题，或者分析出开春的日期补充氟利昂的需求陡增，因为人们想赶在天气回暖前升级他们的空调。同样地，通过犯罪制图（crime mapping）的使用，英美的警察队伍得以更加高效地分配他们的警力资源，逐时换防。


## 注定不完美的未来

公务员和政治家在内心深处都怀有各种促使政府执政更加敏捷的方案。罗恩·席尔瓦认为："也许你不需要常任的公务员职位，也许你可以雇请需要的人，让他们施展技能。"他的一位前同事认为，如果政府解雇四分之三的公务员，英国会被治理得更好。"让政府变得更加精简、敏捷、快速的方法是砍掉大量部门，解雇大量大臣，"席尔瓦补充道，不过，这永远不会发生，"因为首先，有违公务员制度；其次，对首相来说，大臣任务减半就意味着互惠互利减半。"也有人说，有朝一日，经济管理将会由合适的高级算法来负责。

然而从短期来看，很明显，当前的政治制度问题重重。在英国以及其他国家，传统的两党政治在日益多元且不安定的人口压力下，正在逐渐瓦解。人们对政客和缓慢臃肿的无能政府的嘲讽愈演愈烈。人们认为政府花费太多、浪费太多、借贷太多。东方崛起的大国，尤其是中国，认识到西方民主的低效，越来越将其视作必须规避的错误，而不是什么令人艳羡的优势。

在本书其他章节，我试图说明大加速带来的好处远超过其造成的问题，然而当谈到政治时，却难以如此乐观。正如施密特和科恩所说的那样，"在懂技术的人和负责处理世界上最棘手的地缘政治问题的人之间存在着一个巨大的鸿沟，而目前没有人能成功在两者之间架起桥梁"。英国作家约翰·米克尔思韦特（John Micklethwait）和阿德里安·伍尔德里奇（Adrian Wooldridge）同样这样认为，他们在合著书籍《第四次革命》（*The Fourth Revolution*）中说："在欧美，政府妄图用羽毛笔和算盘统治谷歌和脸书的世界。"

那么，这么做的后果会是什么呢？对政府存在的问题置之不理显然是行不通的，因为还有千百万的人依赖政府提供服务，保障他们的安全。然而，随着大加速的速度越来越快，社会内部以及社会之间存在的动荡和不确定性逐渐加深，政府面临的挑战也愈加严峻。

几乎可以肯定的是，统治者和被统治者之间的脱节、高效企业和低效政府之间的差距将持续加大。因为，在如今紧密相连的世界中，许多问题需要不同国家之间的协作才能得到解决。所以，当问题过于顽固时，投机取巧和糊弄的诱惑变得让人难以抗拒，于是情况进一步加剧。这种状况会造成一种明显的后果——大众的幻灭感加深，这种情绪一部分也是由吹毛求疵的媒体煽动起来的。

然而，还会出现另一种趋势，虽然没有那么明显，但发展下去影响更大：**欣然接受速度并从中获益的社会群体，即在大城市居住、受过高等教育并且懂技术的人，和那些落在后面、必须做低薪工作、受到自动化威胁的人之间的鸿沟将会加大。**

我们可以从要求硅谷或伦敦脱离它们所处国家的呼声中看到这种趋势。例如，彼得·蒂尔（Peter Thiel）所提出的"海上家园"（seasteading）愿景，包括创建海上漂浮城市，安·兰德（Ayn Rand）那样的认知精英群体能在这样的城市中开拓出一个属于他们的纯粹的资本主义未来。生物技术企业家、斯坦福大学讲师巴拉吉·斯里尼瓦桑（Balaji Srinivasan）在一场演讲中提出，美国已经成为"国家中的微软",一个往日的巨头,因操作系统在230年前写成,所以极其陈旧、行动缓慢,能力受到了局限。

虽然彻底脱离不太可能,但在这些地方生活着一种"超级阶级",他们受教育程度高、表达能力强、极其富有,并且不断吸纳社会中最优秀、最聪明、最有上进心的人,因此这些新兴城邦的力量注定不断壮大。这将会导致贫富、南北之间的纽带越来越薄弱,因为那些快车道上的人普遍认为,他们的所得是他们用辛劳换来的,于是社会文化从"不让一个孩子落后"转变为"谁落后,谁倒霉"。例如,比特币等电子货币的优势之一就在于,让政府更难发现你的财富,难以对其征税。这种观点与自由主义精神十分吻合,然而问题是,谁来为学校、医院,或残疾人的福利付费?

这些问题没有简单的答案。但是,一个可行的方案是,摆脱民族国家的单一模式。一方面让权于个人或社群,使其能快速追赶进度和补足短板;另一方面想办法让政府间形成协作,以便控制突发危机,并且抹平加速带来的参差不齐的不确定因素。

不久前,一群高层次的思想家组建了牛津马丁后代委员会(Oxford Martin Commission for Future Generations),就国际机构如何达到其目标作出了报告。报告中提出的一个主要建议是制定日落条款——当组织机构变得太过臃肿、太过官僚化时,就将其解散。不难看出,这一原则适用于所有法规,从而确保我们的法律和制度足够灵活和敏捷,能够应对这个不断变化的世界。

报告提出的另一个解决方案与国与国之间的外交尤其相关,即使是最僵化的政府部门,在这一方案的作用下也会显得充满活力——放弃在重要议题上达成一致的需要,允许那些愿意更新环境、金融或贸易法规的国家或地区形成同盟。这些同盟可能既包括强大的新兴城邦，又包括传统意义上的国家。这一现象已经在发生，伦敦、纽约和巴黎在竞争的同时，也在互相交流理念、签署协议。

不可否认，这样的安排确实有可能造成搭便车的现象出现，比如有些国家或群体享受环境保护带来的好处，而其他国家或群体要承受其代价，从而可能会降低其特定标准。而且，这样的安排也加剧了诸如海洋鱼类种群退化的问题在尚未进入讨论议程前就变得无可救药的可能性。

这次会议还有其他许多想法。英格兰银行的安德鲁·霍尔丹（Andrew Haldane）认为，政府可以将监管诸如环境状况或金融体系的稳定性等重大而长期问题的工作，交到与政府保持距离的独立机构手中，因为这种机构相对不容易受到政治和媒体不断变化的影响，不过，这会引起民主问责制和合法性方面的问题。牛津马丁学院（Oxford Martin School）院长伊恩·戈尔丁（Ian Goldin）认为，政府应该将权力下放到最低级别，这样地方官员就能更加快速地对公众的要求作出响应，而中央政府就能集中精力处理极其重大的问题。

很明显，政府需要做出某种改变，尤其是因为，就算政府无法驾驭加速带来的种种影响，它们的对手也一定会做到这点。施密特和科恩警告说，在未来，"在和不断复制、不断变化的网络较量的过程中，所有政府都会感到必输无疑"。白俄罗斯的叶夫根尼·莫罗佐夫（Evgeny Morozov）在《网络错觉》（*The Net Delusion*）一书中无情地戳破了技术乌托邦主义的假象：反移民团体为了更好地组织大屠杀，可以用一张伏尔加格勒的地图把人口普查数据与种族数据结合起来分析。他还提到，伊朗可以用和脸书相同的面部匹配技术来识别抗议者，或者使用为苹果的 Siri 或微软的 Cortana 这样的虚拟助手而开发的语音识别软件来辨别喊反政府口号的声音。

此外，还有电脑黑客的风险。《纽约客》对网络战争以及西方防御此战争的能力做了漫长的调查，并以一位美国高层官员匿名作出的预言作为结论："我们死定了。"

**在大加速的作用下，世界变得更快，不仅如此，世界也变得更加动荡。**政府对这种新的世界形势既欠缺了解又欠缺应对能力，因此工作的展开越来越艰难。而讽刺的是，政治家唯一将技术的潜力发挥出来的领域是竞选。不同政治党派通过使用强大的电脑工具，可以用比以往更有效的手段来分析选民以及他们的偏好，让竞选者投其所好。技术专家杰伦·拉尼尔曾发出警告，政治竞选可能会变得越来越像技术公司之间的战争，最终获胜的是拥有最大的数据库、最聪明的分析师的政党，而不是拥有最合理、最令人信服的政治主张的政党。这反过来会将那些竞选信息针对范围之外的人群隔离开来，或者导致政治辩论更加依赖简单化的口号和人身攻击。而当油嘴滑舌、民粹主义的竞选者开始面对政府丑陋的妥协以及政府机器的腐朽本质时，公众的幻灭感也会加深。

虽然在政府内外有许多有识之士正在努力应对这些挑战，但这是一场异常艰苦的战争，因为改变总是需要经历剧烈的震荡。然而，如果不试着挽救，我们将陷入政治家越来越擅长竞选而执政能力越来越糟糕的局面。到最后，公众对整个政治体制的信心就会消失殆尽。

# 第七章
## 时间就是金钱

Chapter Seven

**并非人类的贪婪比以往更盛，而是人类展现贪婪的途径极大地增加了。**

**——艾伦·格林斯潘（Alan Greenspan）2002 年在美国参议院作证时说**

在金融危机发生之前，人们普遍认为金融市场可以而且应该任由其自由发展。金融市场如何运作并不重要，只要它能保持那种创造财富和繁荣的神力就好。

在金融危机发生后，我们普遍认识到应该密切关注市场的运作。而出人意料的是，我们对市场的实际运作方式几乎一无所知，特别是我们仍然以为金融市场是由人来运作的——他们个个身着条纹衬衫和背带，站在广阔的交易室里挥舞着字条，或者坐在设施齐全的办公室里，精心制订着垄断五花肉或冷冻浓缩橙汁市场的计划。

事实上，这种场景已经过时得有些可笑，因为大加速对金融市场影响的力度与广度早已超过我们生活中的其他任何领域。今天的股票市场由一连串的 0 和 1 构成，随着一次次买入和卖出的不断波动，今天的股票交易市场不在股票交易所中，而在英国的斯劳、巴西尔登或美国的新泽西等地不知名的仓库里。这些仓库中安置着大量的电脑服务器，其大小能装满一整座房子。买家和卖家并非人类，而是计算机算法。这些算法在相互博弈，其速度之快，需要用毫秒甚至微秒计量。

从理论上来说，金钱流动速度加快是一件非常好的事情。市场资本主义的最大优势在于，它是我们目前所发现的能让我们都变得更加富有的最佳方式。这是因为市场资本主义能够极其高效地将资金转移到最能有效利用资金的地方，于是资金从消费者手中转移到了商家手中，养老金也被转移到了初创公司手中。正是这种储蓄和投资、收入和消费构成的反馈循环创造了财富、增长和工作。总的来说，金融世界的加速大大提高了这一过程的效果。资金从一个地方流向另一个地方，从一个国家流向另一个国家，其速度和数量用小说家约翰·兰彻斯特（John Lanchester）的话来说，"让人头晕目眩"。

不过，这也带来了两大副作用。**第一大副作用是，系统更加流畅、更加无摩擦、互联更加密集，也意味着难以预料的突发性崩溃发生的可能性大大增加。**经济评论员约翰·凯（John Kay）将其和高速公路上的紧随前车行驶相比：路上行驶的汽车开得越来越近，车内司机在为自己的驾驶技术以及更快的行程时间而得意着。然而，一旦发生追尾就会造成一连串汽车相撞，后果不堪设想。

此外，这种崩溃不会局限于金融市场，正如我们所熟知的那样，还会大范围波及整个经济。这是因为银行和对冲基金用来进行超高速的股票市场竞争的系统，也是我们用来进行长期资本的有效配置的系统。统计学家内特·西尔弗说，这就好比"决定举行一场F1赛车比赛，可是由于官员的疏忽，忘记关闭了一条上下班的交通车道"。

**金融加速的第二大副作用是，长期思维越来越多地让位于短期思维。**正如记者要求政治家迅速做出决定一样，投资者也要求首席执行官立即获取利润。问题是，对寻求即时利益的交易人或投资者合情合理的决定，对整体经济来说可能是荒谬无理的。在本章中，我们将探讨这一转变的种种后果，先是中期和长期后果，最后是近期后果。


## 目光短浅的金融市场


商业世界一直都充斥着急于挣快钱的人，这些人倾向于从众心理，于是他们放大了繁荣，反过来也加剧了萧条。但这本身并不一定是坏事，美联储前负责人艾伦·格林斯潘收集的证据表明，"周期性非理性繁荣"是我们为更高的增长和生活水平付出的代价。一个经济体如果缺乏动物精神，那么它也缺乏创造繁荣的能力。

然而，我们对速度愈加痴迷，只顾眼前利益，无法看得更远，这些似乎意味着我们正在丧失记忆力和判断力。我们越来越关注明天的红利和利润表，而不是关注长远的发展。

阿尔·戈尔在其著作《未来》（*The Future*）一书中引用了一项针对首席执行官和首席财务官所做的调查。在这项调查中，他们被提供了一次非常好的投资机会，不过他们也会因此失去下一份收益报告。八成接受调查的人表示，他们不会接受这个投资机会，"季度资本主义"决定了只有达到或超过股东的目标才至关重要。其他研究人员表明，研发和新基础设施方面的投资有显著下降（因为减少这种投资才更有可能让公司的盈利目标增长，从而使高管认购的股票更具价值，虽然这样做会牺牲公司的长期盈利能力）。

不仅金融公司如此。伦敦经济学院的学者在一项包含了 51 项独立研究的元调查中表明，专注于短期经济利益会损害所有类型公司的长期表现。联合利华之所以开始采用半年报告的原因之一就在于此，并且联合利华的首席执行官告诉投资者，如果他们只专注眼下，不顾长期目标，大可另觅公司进行投资。

但是，我们不应该单单指责高管。持股的投资者也越来越没耐性，所以他们迫使高管们快速获利，以提高他们的投资组合收益，而不是将目光放在长远利益上。英格兰银行首席经济学家安德鲁·霍尔丹表示，部分原因可能是神经性的，因为受到大加速的影响，我们心浮气躁，不愿投资无法立即看到回报的项目。毫无疑问，平均的持股时间大幅缩短，1940 年到 2008 年，平均持股时间从四年缩短到两个月。英国政府对这种短期思维十分关切，并委托约翰·凯带领团队提交一份官方报告。

当然，金融市场中还是存在着一些长期思维者。金融作家迈克尔·刘易斯的精彩著作《大空头》（*The Big Short*）就描绘了一群意识到次贷危机即将发生而借机捞取巨大利润的投资鬼才。还有像沃伦·巴菲特（Warren Buffett）那样的投资家，他们收购心仪的公司，然后花数年时间等候投资回报。对于有如此耐心的人来说，金融市场的短期思维实际上是件好事，因为他们可以因此更容易找到暂时低迷的好股票。

问题是这种职业路线正变得越来越艰难。2013 年，英国投资家尼尔·伍德福德（Neil Woodford）退出 Invesco Perpetual（景顺基金），启动了他自己的基金。这种新闻一般只会出现在商业版面，不过，伍德福德是英国最接近巴菲特的人物。他管理的资金达 330 亿英镑，而且在他二十五年的职业生涯中，他创纪录地让投资者的资金增长了二十三倍。

在凯所做的报告中，伍德福德被尊为长期投资者的典范，他的平均持股时间为 12～13 年。伍德福德在接受凯的团队的调查时，就金融产业典型的短期思维侃侃而谈。他说，这种短期思维尤其表现在佣金和奖金等与储户利益相悖的激励措施上。他感叹道，短期思维"几乎存在于储户和公司链条的每一个环节中"。

曾经发生这样一件事，使得尼尔·伍德福德险些遭到解雇。在互联网热潮鼎盛时期，股价飙升至天际，他却专注于低债务和强劲收益，投资了些烟草公司和能源生产商之类的项目，在外人看来迂腐可笑。后续的发展毫无疑问，互联网泡沫破灭之时，他被正名，不过过程也很惊险。他同样避开了抵押贷款热潮，不过尽管他德高望重，传言说 Invesco Perpetual 还是想让他走人。

简言之，要想成为尼尔·伍德福德这样的人，要比随大溜需要更多的勇气和克制。确实，用社会学家菲利普·津巴多的话说，在董事会和股票市场中，仿佛是"我们决定每冲刺一百米就选出一个马拉松冠军"。如今巨型公司不仅要求增长，还要求以越来越快的速度增长，就像大加速时代下的其他领域一样。这一趋势之所以会出现，部分原因在于在金融危机出现之前，苏格兰皇家银行等银行进行了大规模灾难性的扩张：在"季度资本主义"的世界中，这些银行需要（通过收购）提高短期收入，以便掩盖它们在过去犯下的错误。

对资产负债表严密关注，本身并非坏事。在情况好的时候，这种持续不断的压力会使公司保持高速发展，步伐也丝毫不敢懈怠。

然而，在此压力的作用下，企业结构也超级精简，这使得企业变得脆弱，只要供应链出现哪怕一个问题，整个系统都会受到损害。《纽约客》的作者詹姆斯·索罗维基（James Surowiecki）撰文讲述过波音 787 梦想客机惨遭失败的故事。由于过度追求低成本高效能，787 飞机的设计被外包给了 50 个不同的合作伙伴。这就导致了大量的沟通问题和不兼容的地方，最终因电池多次着火，使得飞机无法起飞。而此时，距计划的时间已经过去了三年。

对于反传统的经济学家张夏准（Ha-Joon Chang）来说，问题在于"企业和政府被迫实施能够快速获利的政策，无论会带来什么样的长期影响……资金流动更快，也导致金融更加不稳定，工作更加不安全"。他得出结论："除非我们将金融和实体经济之间的速度差距大大缩小，否则我们不会鼓励长期投资和实际增长，因为生产性投资往往需要很长时间才会获利。"

事实上，现代公司最显著的特征之一是股息的大幅增长，这些公司不是通过投资来促进未来发展，而是通过给投资者分发红利来安抚他们。正如马萨诸塞州大学洛厄尔分校（University of Massachusetts Lowell）的经济学教授威廉·拉佐尼克（William Lazonick）所言，这种心态也妨碍公司投资员工的职业发展或长期成就——这样做的重点是通过当前的利润、股票回购等策略哄投资者开心。这样做的结果是中产工作机会减少，产生一种他称之为"不景气的利润"的文化。

这种吃企业种子玉米的现象也是引发创新是否以及如何受到经济的压榨这一争论的罪魁祸首。考虑到我们在第一章描述的硅谷对颠覆性的投入，此现象本身不会使大加速脱轨。然而，有些深受敬重的评论家称，虽然我们有可能让轮子越转越快，但实际上我们行驶的速度并没有快多少。

风险投资家彼得·蒂尔认为问题出在政府监管上。艾伦·格林斯潘认为问题出在福利国家的发展上，他声称，福利国家的发展使得人们不再积累个人存款，而这笔钱过去被用来重新投资股市。经济学家泰勒·考恩认为是自动化的影响，由于大部分较容易的科学成果已经被采摘，新发现变得更加困难、更加罕见。还有人提出，如今世界，新点子被抄袭的速度前所未有的快，如果你在模仿者蜂拥而至前没有足够的时间获利，投资新产品线就完全不值得。

但是，颠覆与创新的预言家克莱顿·克里斯坦森则有另一种说法。正如他近期在伦敦简明扼要所说的那样，问题不在于创新被经济压榨，而在于我们所做的创新类型。

他说，从本质上来讲，专注于发明新东西（授权式创新）已经被专注于以更低廉的价格做出同样的东西（效率式创新）代替。他在最近的一次演讲中指出，强大的经济制度就像一台"永动机"，从效率式创新中得到的资金会被用来资助新的授权式创新，从而创造就业机会，促进增长。

但是，这个过程出现了问题。他说："金融斩断了这一循环……它用效率式创新得到的资金重新投资效率式创新。我感觉，在过去的二十年中，我们所产生的授权式创新的数量是 20 世纪 50 年代、60 年代和 70 年代的三分之一。"

这种观点认为，罪魁祸首在于管理层的短期思维，尤其是对电子表格的崇拜。市场告诉高管们，他们的工作就是一个季度接一个季度地产生最大的资本回报，而数据告诉他们该如何办到这点：通过削减成本、提高短期利润。因此，"我们衡量成功的方式使得创新者不愿致力于能够创造就业机会的产品创新，因而经济复苏无法创造就业……金融机制劫走了资本，并将其回收利用"。结果，虽然企业资产负债表洁净如新，长期看来，经济却停滞不前。

克里斯坦森不是唯一发出警报的人。康奈尔大学（Cornell University）的苏珊·克里斯托弗森（Susan Christopherson）将20世纪80年代以来的经济变化称为"金融化"的产物——华尔街习惯的优先顺序和他们使用的技巧手法侵入了大范围的经济领域。对于通用电气、雀巢或福特这样的全球性公司，将资本投入汽车或巧克力棒生产的收益远不如投入金融工程。

她写道："这些巨型的全球企业名义上是在从事商品的生产。然而……事实上，产品制造是这些公司内部的弱势竞争项；与金融交易能带来的利润相比，产品制造要获得利润，花的时间太长了。"事实上，研究显示，在许多西方国家，对产品制造的资本和研发投资已经大幅减少。这一现象也解释了为什么投资者比起投资那些生产无聊的传统实体产品的公司，更喜欢投资那些更容易起飞并且获得垄断地位的虚拟公司。

这是否意味着大加速将终结？不完全是。大加速背后的力量太过强大，不会轻易熄灭。不过，这确实是硅谷的大公司普遍采用不同寻常的股权结构的其中一个原因——将控制权交到马克·扎克伯格或拉里·佩奇这样的人手中，因为他们具有威逼或无视市场的能力。杰夫·贝佐斯也从投资者那里赢得了大量以牺牲眼前利益为代价，致力于长期（常常不切实际）项目的余地。然而，危险的是，这样的公司可能会越来越成为特例，而非惯例。

## 混乱中的赌博心理

　　有充足的证据表明，市场在资本的长期优化配置方面没有发挥应有的作用，或者至少没有非常有效地发挥作用。然而，在另一端的股票市场，在股票每分钟、每微秒的交易中，相似的现象——短期思维增加，耐心减少——同样明显。金融的加速在这一方面作用最为强烈，也最令人担忧。

　　人们对次贷危机及随后华盛顿的放松监管存在着五花八门的解释，例如，是因为他们将亚洲的储蓄变成了西方的抵押贷款，或单纯是因为金融家的贪婪。然而，使这场危机本身有所不同的是其速度。数十年累积的坏账和糟糕的决定在短短数天内将这一系统撕得粉碎。为了化解危机，人们所做的幕后努力可以说是很魔幻了：美国财政部长亨利·保尔森（Henry Paulson）一再因为压力以及睡眠不足而呕吐；纽约联邦储备局局长蒂莫西·盖特纳（Timothy Geithner）从一场会议奔赴另一场会议，竭尽全力使价值数十亿的公司不至于在一夜之间暴跌。（他疯狂地让这些受到重创的巨型公司联手，因而被这些公司的首席执行官戏称为"红娘"。）在英国，银行系统的未来以及数万亿英镑的资产，是财政部长吃着他最喜爱的外卖餐馆的咖喱，通宵开会谈判，慌里慌张地决定的。

　　此种情况虽然令人不安，但对于恐慌和崩溃来说，并不新鲜。可是，2008年，由于现代通信的高速，这种情况在全球各地纷纷发生。安德鲁·霍尔丹先是英格兰银行的金融稳定执行董事（用大白话来说就是，负责确保2008年的危机不再重来的人），后来成为这家银行的首席经济学家。他说："雷曼兄弟公司在2008年秋季倒闭时，金融史上首次出现全球每个国家的股市几乎无一例外地跌落悬崖。这场危机和我们所见的其他任何一次金融危机都截然不同。例如，大萧条没有席卷全世界——它是以不同的方式影响了不同的国家。而这场危机扩散的速度远远超过我们之前见过的任何一次危机，扩散的范围也比以往大得多。"

在某种程度上，之所以会如此，是因为新闻媒体的速度在不断加快。即时通信虽然满足了我们对瞬间获取信息的需求，但也使冲击和不稳定性扩散得更快了。从波士顿到北京，那段时间，世界各地的人们和公司都停止了支出，甚至从账户中取回了存款。

然而，人们对赚钱速度的痴迷使得金融行业存在的问题加重了。信用违约互换等金融创新使得市场中的银行以及其他参与者以相对微小的赌注进行豪赌，所以当金融危机来袭时，银行可能实际资产只有 1.6 亿美元，却贷出了 100 亿美元。英格兰银行计算出，2000 年到 2008 年间，银行业增加的每一份利润都不是来自效益的提高，而是来自杠杆的加高——下更大、更快，而非更聪明的赌注。

为了满足上述饥饿的投资者，利润压力创造了动力，让市场进一步加快。资金涌入了明显不适当的行业，特别是次级抵押贷款市场，因为这些贷款使得金融的传送带具有了保持转动所需的原材料。那些指出皇帝没有穿衣服的人大多失去了工作，因为他们的季度利润数字比他们的竞争对手落后了。

不过，金融危机应该不会再发生了吧？我们现在更年长、更智慧了，而且远没有以前那么富有了，肯定不会重蹈覆辙的。

问题是，虽然导致金融危机的具体动因可能不同于从前，但基本的冲动没有变化。更大风险、更高速度的趋势依然存在。

以交易商最基本的赚钱方式为例：发现市场中存在的低效益。

比如说，通过发现一款交易价格过低的产品来从中获利，直到这种低效益被纠正。有些人这样做的时间跨度很长，沃伦·巴菲特可能会认为某只股票的价格过低，但在几年内会有所上升。然而，伦敦金融城和华尔街的其他人时时刻刻都在这样做，不过他们是非常迅速地下非常小的赌注。

这些公司所做的事情可以被描述为一场有关创新的军备竞赛。为了发现盈利机会，比如一款在这次交易时一种价格、在另一次交易时另一种价格的产品，你需要比其他市场参与者更聪明或更迅速。这就意味着要么想出更好的策略，要么设计出更快的算法。不过，其他人也很快就会明白过来。所以，要挣同样多的钱，你需要找到新机会，或者下更大的赌注。

这就是美国长期资本管理公司（LTCM）所落入的陷阱（该公司之所以名为此，是因为它将管理的资金锁定为三年的合约——这一事实恰恰表明市场变得多么短期主义）。这家公司由约翰·梅里韦瑟（John Meriwether）创立，他在所罗门兄弟公司带领的团队由最聪明的数学和物理学毕业生组成，曾经是华尔街最能捞钱的团队。然而，正如迈克尔·刘易斯所指出的那样，当这支团队创建 LTCM 时，他们必须告诉支持者（其中包括许多大银行）自己的策略。随着模仿者的出现，LTCM 被迫冒更大的风险。当俄罗斯 1998 年一反该公司的种种预测，拖欠贷款时，铺天盖地都是有关 LTCM 的新闻：其他华尔街公司被迫掏出 36 亿美元为其解困，以免发生（事实证明，只是延迟）更广泛的崩溃。

是的，LTCM 所采用的基本策略确实愚蠢，被人形象地描述为"在推土机前捡钱"。它下的赌注看似毫无风险，仿佛只是忽略了像俄罗斯违约（或者美国房价在金融危机时下跌）这样的意外状况，在金融危机的那些年月里，其他许多公司亦是如此。在市场竞争压力的作用下，LTCM 将金融常识远远地抛在了身后。

正如 LTCM 认识到的那样，另一个使情况变得复杂的因素是，现代通信的速度意味着赌输的消息，或者甚至只是赌输的谣言，传播的速度都会超过以往任何时候。虽然储户排队等在北岩银行外的那场金融危机的图片极有象征意义，但监管机构真正担心的是虚拟银行挤兑——一家银行出现一则负面新闻或者几次不良事件，会促使算法卖空其股票，储户（特别是公司财务主管）就会纷纷通过互联网点击取出存款。

《泰晤士报》（The Times）的经济新闻编辑哈里·威尔逊（Harry Wilson）说，苏格兰皇家银行濒临破产时，"你不会看到街上在排队，如果世界各地的首席财政官为屏幕上显示的数字而忧心，他们会点一点鼠标，收回存款"。而因为出现这种虚拟银行挤兑，"整个销售团队会被要求停止打推销电话，而改成打乞求电话——告诉他们的客户，如果你存回去几百万的钱，就会得到一瓶香槟酒"。

威尔逊说，随着越来越多的人使用网上银行，这种恐慌情绪正在逐步增加。一家银行的杠杆率越高，这种影响就会越糟糕，因为它需要处理掉更高比例的负债，以弥补其核心资产的减少。

这对银行来说还不是最糟糕的方面。如今，银行的许多操作都掌握在像 LTCM 这样的股市分析高手所谓的"金融工程师"手中。然而，他们的方程式和计算对门外汉来说无比艰深，连他们的老板几乎都无法得知他们做的是什么，更何况他们的监管者或普罗大众。正如《金融时报》的专栏作者吉莉恩·泰特（Gillian Tett）所指出的那样，这些长着外星人大脑的年轻极客通常不太可能成为优秀的人事管理者，也不太可能玩得转政治。因此，会出现被提拔的高管对他们的下属所做的事情只略懂皮毛的情况。威尔逊说："基本上，银行已经成为科技公司。但由于某种原因，升到高层的总是银行家。"

对于这种管理者来说，无论员工的策略对整个金融体系有多危险，他们都越来越难加以控制。正如刘易斯写的那样："华尔街首席执行官不能干涉新新事物，因为新新事物是利润的中心，而制造新新事物的人是可以流动的。如果首席执行官的所作所为影响了员工的进度，那么他最赚钱的员工辞职投奔另一家大公司或者开办自己的对冲基金的风险就会增加。因此，他不是传统意义上的老板，而是他最聪明的员工的人质。"

金融危机之后，为了解决这些问题，已经出现了种种尝试——比如，让奖金与长期绩效而非短期利润挂钩。然而，风险的重担依然严重向雇主而非雇员倾斜。如果你是一位年轻的大学毕业生，受雇于一家大银行或对冲基金，这基本意味着你到 40 岁左右，就已经拥有足够的钱，永远不需要再工作了。

因此，他们当然总是选择冒最大的风险，或者至少在当前的趋势上加倍下注，因为在受雇于那家公司期间，你所下的赌注失败的可能性，远低于两年后你开着阿斯顿马丁驶向黄昏的可能性。而且，竞争公司何其多，你能轻而易举地找到愿意猎你的人，或者如果你一败涂地的话，也能找到愿意给你第二次机会的人。

对于这些年轻气盛、时髦新潮的枪手来说，他们玩的是我们的养老金，这一事实似乎根本无关紧要。又或者，很可能是因为他们不眠不休地工作，以至于所做的决定愈加冒险、愈加糟糕。这又回到了第二章提到的有关充足睡眠和合理工作时长的重要性的研究，我们将经济中最为重要的行业委托给了一群睡眠不足的肾上腺素迷，这也够古怪的。


## 福祸相依的金融速度

现代市场的一个讽刺之处在于，即使是总体而言向好的方向发展，也会造成风险。例如，随着科技降低了进入市场的门槛，竞争加剧。这会降低消费成本，提高市场效率。并且在位企业的利润也会受到威胁，因此它们下越来越大的赌注让现金持续流入。

这一过程很明显适用于大银行。正如威尔逊所说，现在银行所从事的各种业务，其他企业几乎无不在做。Wonga、PayPal、Tesco 和 Sainsbury's 等公司正在入侵零售方面的业务，并且向客户发放贷款、接受存款或提供抵押贷款。苹果、威瑞森（Verizon）、通用电气等大公司现在通过发行它们自己的债券来融资，而不是依靠银行贷款。在贸易方面，有大量的对冲基金或者其他机构能以同等或者更高的技术服务市场。

现在这是一件好事：打破银行的垄断，竞争、创新和效率都会提高。霍尔丹说："这是经典的克里斯坦森风格的颠覆性创新，对稳定性有好处，因为系统因此更加多样化了。这对客户来说也是件好事，因为业务成本因此大幅降低。"事实上，欧洲在金融危机后恢复速度之所以很慢很多，原因之一就在于欧洲公司过于依赖银行融资，因而贷款严重不足，而美国公司直接进入了债券市场。

然而，这也确实会产生不良后果。在这种环境下，为了保持盈利，银行要么必须通过采用更好的技术或者裁人或者两者兼而有之的方式来削减成本基础，要么必须加大赌注。金融危机之所以会发生，原因之一就是监管者本该抑制后面的那种势头，而事实上他们却没有干涉格林斯潘所说的"这些华尔街传粉蜜蜂"，以至于引起了严重后果。

简言之，金融行业是建立在对风险的嗜好之上的。不过，它也建立在速度之上——特别是货币在全世界畅通无阻的流动，以及贸易的轻松达成。

货币自身即渴求快速流动，但令人惊讶的是，直到最近，英国金钱的快速流动才得到了允许。1979年，撒切尔夫人在英国上台时，外汇管制将资金流出限制为每笔交易不超过500英镑。高利率是货币流动的另一个制约因素，利率越低，货币流动越快，因为将现金存入银行账户赚取利息的吸引力变低。

即使在过去几年中，资金流动速度的加快也令人吃惊。例如，1997年亚洲经济危机之所以会发生，是因为东南亚国家通过短期债务为其发展筹集资金。经济学家杰弗里·萨克斯（Jeffrey Sachs）说，这些国家不懂，"面对来自伦敦、纽约或者其他金融中心的恐慌和兴奋的情绪波动，它们会有多么不堪一击"。印度尼西亚、韩国、马来西亚、泰国、菲律宾最终欠下了共1750亿美元的短期债务，比其集体美元资产多出75%。当人们终于明白过来后，纷纷蜂拥而逃，于是经济就这样崩溃了。

在金融危机中也出现了同样的"超流体"资本现象。前财政大臣阿利斯泰尔·达林说，当他冻结雷曼兄弟英国分公司的资产时，他之所以这样做，"是因为他怀疑有60亿美元在其伦敦办公室的周五晚上一去不回"。货币流动速度如此之快，以至于同一笔钱可以同时出现在两个地方。一些华尔街公司能够利用银行结算账户的准确时间变化，让它们的现金不断在世界范围内流动，在合适的时机积累利息。有时候，同一笔钱甚至可以在同一天的时间里在地球两端两家不同的银行中赚取利息。

创造出这样的世界的最关键因素不是里根总统和撒切尔夫人所推行的放松管制，而是电脑。自 20 世纪 70 年代开始，一连串的企业家发现颠覆华尔街的时机已经成熟。当时的华尔街充满守旧的交易员，他们用过时的纸和笔做着过时的交易。当其中一位机智的企业家迈克尔·古德金（Michael Goodkin）与英国金融家西格蒙德·沃伯格爵士（Sir Siegmund Warburg）接洽投资时，后者告诉前者，使用电脑管理华尔街资金的想法不仅荒谬，并且是十分荒谬。

然而事实并非如此。古德金成立了套利管理公司，招募了也许是有史以来最豪华的团队阵容：三位前期成员分别是哈里·马科维茨（Harry Markowitz）、保罗·萨缪尔森（Paul Samuelson）和罗伯特·默顿（Robert Merton），这三个人后来皆获得了诺贝尔经济学奖。他们提出了预测和检测市场低效益的公式，不过他们还需要有强大的计算能力将这些公式应用于现实世界。正如古德金在自传中写的那样，当他们的初期困难得到解决，后来就"仿佛是持枪加入刀战"。

下一步是使用计算机做交易，而非用其为交易建模。托马斯·彼得菲（Thomas Peterffy）是美国的匈牙利移民，保守估计净资产达 60 亿美元。他的巨额财富源于将计算能力不断应用于金融市场——克里斯托弗·斯坦纳（Christopher Steiner）在《算法帝国》（Automate This）一书中讲述了这个故事。

斯坦纳写道，1977 年，彼得菲以 36000 美元的价格在美国证券交易所买了一个席位，使他有资格进行交易。然而，他所雇用来做交易的人与众不同,他既聘请了许多楚楚动人的模特,又聘请了热门电影《斯维特拜克之歌》(*Sweet Sweetback's Baadasssss Song*)的作者、导演兼主演马文·范·皮伯斯(Melvin Van Peebles)。

这些人是如何做出击败了周围所有经验丰富的金融老手的交易呢?彼得菲做了一份小抄:他精心推算出一组数学公式,用来计算出人们正在买卖的东西的实际价值。通过电话,以及后来的手持终端(比 iPad 提前 30 年的触摸感应设备),他能将这些数字输送给他的交易员,这些交易员会从众多汗津津的中年男性中脱颖而出,因为经纪人更容易接受他们的订单。

很快,彼得菲的公司迅速盈利,业务范围扩展到了全国。随着技术变得越来越便宜,他能够让计算机来做那些他之前必须亲自做的计算,因此可以说是他创造了第一个算法交易。这台被称为"相关者"(the Correlator)的中央计算机扫描了十多个市场的价格,每当发现价格差异时,就会生成大量交易。

彼得菲的下一个重大创新是不仅用计算机生成交易,而且用同样的方式进行这些交易。1987 年,纳斯达克证券交易所的一名官员到彼得菲的公司参观。考虑到他交易的股票数量之大,他以为会看到一大批销售人员。相反,他却看到一个纳斯达克终端,连接在一台笨重的 IBM 电脑上。他问道:"你的其他交易在哪里?"彼得菲回答道:"就这些,都在这儿了。"

几乎可以确定无疑地说,这就是世界上首家完全自动化的交易公司:从电线接收价格,然后吐出订单,无须任何人为干预。对于纳斯达克来说,这可恶至极,它们的数据被拼接并焊接到 PC 主板上,使得彼得菲对市场波动反应的速度远远超过他的竞争对手。正如斯坦纳所说,他基本上破解了证券交易所。

恼怒的官员告诉他整个装置必须拆除：即使是电脑生成的，所有交易也必须通过传统键盘一次输入一个。但彼得菲不会这么轻易地就被打败。经过六天不眠不休的创新，他和他的团队开发了一款摄像头，能够扫描屏幕信息，并通过个人电脑将信息发送到键盘上方的一套有活塞和杠杆的杆状物体上——简言之，自动打字装置。回来检查的官员见状目瞪口呆。彼得菲问道：如果由人体模型完成打字，至少做做人类输入的样子，他是否会感觉好一点？检查的官员悻悻离去，再也没有回来。彼得菲的公司势头难挡，当年就赚了2500万美元。

## 所向披靡的股市网虫

接下来的几十年，华尔街完全被像彼得菲这样的网虫接管了。没多久，金融工程师取代了老式的交易员。到2011年时，逾七成的美国股票市场交易是由它们创造的算法生成的。

为了看看这样的策略现在变得有多普遍，我拜访了伦敦金融城最老的公司之一——曼氏集团（Man Group）。该公司成立于1783年，当时是一家制桶企业，成立不久后，获得了向英国皇家海军水手提供每天一小杯朗姆酒的合同。后来，公司业务扩展到包括朗姆酒、糖、可可在内的各类商品的交易。最后经过错综复杂的发展，终于演变成为一家投资管理公司，为其客户监管数百亿英镑的资金。

这些资金中的一部分存放在AHL基金公司中，在我去拜访他们时，其交易由默里·斯蒂尔（Murray Steel）负责监管。斯蒂尔起初是一位传统的金融城交易员，当时作为交易员对身体条件有严格的要求——他回忆说，他有一个朋友也申请了类似工作，但因个头儿太小，在交易场内不容易被看到而遭到拒绝。

AHL 的投资策略基于趋势跟踪原则：有数据证明，正在上涨的股票市场价格将继续上涨，而正在下跌的股票市场价格将继续下跌。不过，斯蒂尔并不亲自买卖股票，AHL 办公室的一众职员也不会聚精会神地盯着多个屏幕亲自负责。从系统闪烁而过的买卖订单，包括 330 个不同市场的咖啡、10 年期美国国债、钯金或瘦肉猪的买卖合同，皆由一个"黑匣子"生成。这台运作能力极强的电脑可以研究市场，能够运用办公室最聪明的职员编写的算法，让他们以比竞争对手稍快的速度识别出正确的趋势。

AHL 的业务并非纯粹建立在速度之上，其交易系统一般持股四至六周，而不是在几秒内买进卖出。不过，它充分说明了计算机化如何改变了市场。比如，竞争压力的加大。斯蒂尔说："我们知道，有些聪明绝顶的算法人员能对市场在几周内形成的任何东西做反向设计。因此，游戏关键的一部分在于确保你总是使用不同的经纪人，在不同的时间进行不同规模的交易，以避免目标太大。"尽管 AHL 的交易相对比较长期，但它仍旧需要在价格最合适时去做这些交易，并且需要避免暴露它在市场中的举动。

在某种程度上，这些职员受困于他们自己创造出的算法。他们无法确切知道不断演化的算法做出某一交易的原因，他们唯一知道的是算法产生了交易并且发挥了作用。斯蒂尔说："交易员会有他们自己的看法，他们会说：'我们今天为什么要买股票？股票的价值虚高啊。'但我们的职责不是说三道四。早在 2000 年，我们从 300 开始买入黄金，当时我觉得相当贵，结果一路涨到了 1800。这件事让我很难忘，我始终记得我以前购入黄金的价格一直在 240 到 260 之间。"他说，人类总是会寻找理由解释自己的亏损，而不是去止住亏损。计算机是完全理性的："它们不会受制于恐惧、贪婪和恐慌——这些是影响市场行为方式的人类情感。"

但是，如果算法没有发挥应有的作用，会怎么样呢？曼氏集团的股价在 2008 年以 600 便士到达顶峰，在金融危机期间严重受创后开始下降。有人认为，这是因为 AHL 的"黑匣子"不管用了，算法出了毛病。

斯蒂尔说，真正的原因其实很简单。无论是因为量化宽松政策的推行，还是由于市场波动范围的扩大，他的虚拟交易员所跟踪的趋势越来越不明显。结果，多变的投资者决定寻找获利更快的方法，不再等待系统或是市场恢复常态。于是，大量资金流出曼氏集团，致使其股价暴跌。

这种交易让一些人心生恐惧，以为"黑匣子"会胡乱运行，事实上并没有什么风险。罗伯特·哈里斯（Robert Harris）在他的小说《恐慌指数》（*The Fear Index*）一书中，想象出了一种自行交易的超级计算机（此处剧透警告——计算机为了保持盈利，引发了现实世界中的种种灾难）。实际上是，如果曼氏集团的算法失败，除了投资者，其他人的钱都没有风险，除非碰巧曼氏集团"太大而不能倒闭"，那就是另一个问题了。


## 贸易的光速赛跑

这种算法交易的真正危险来自市场的另一端，即所谓的"高频交易"（HFT）——使用计算机在极短的时间内下注并利用机会套利。

当然，在华尔街，抢在对手前进行交易的能力一直是盈利的关键驱动因素。例如，20世纪90年代早期，古德金在卖掉他的第一家公司后，决定重新进入市场。他招募了一些很有才华的俄罗斯物理学家，设计出了更精准的衍生品定价模型。这是一个巨大的潜在机会：金融衍生品（有点像对产品、股票或市场的表现所下的赌注）的交易量远高于股票和股份。然而，令他感到惊讶的是，当时没人对这个模型感兴趣。他在自传中写道："所有交易员都使用同一种计量经济学模型。让一个交易员的模型更加精准，就仿佛是在一个时间都不准的世界中让一只钟表时间精准。"他们想要的是，使用他们不准的模型，以比之前的16小时更快的速度，计算出"合适"的价格。所以，古德金选择正中其下怀，向他们出售"错误但更快的答案"。四年后，他的公司价值4000万美元。

**这就是现代市场的基本事实：时间就是金钱。** 2008年，一家对冲基金请丹尼尔·斯皮维（Daniel Spivey）开发一种算法交易策略，以利用纽约和芝加哥之间的价格差异牟利。他发现自己无法参与竞争，因为其他公司独占了两个城市间的联系。因此，他建立了自己的联系。2010年，他的公司Spread Networks揭开了交易所之间的一条新的联系，从而震惊了华尔街。和以往顺着铁路网的线路不同，这条线路通过挖掘、爆破和挖隧道克服障碍物，尽量走直线。

Spread Networks通过将信号从两个城市间传输的速度减少4毫秒，确保了任何想以速度制胜的交易员都不得不通过他们进行交易。这条线路十分成功，有些人甚至想设置一条更快的线路——忽略地球弯曲的表面，直接穿过地面。尽管这一想法未能实现，但确实有另一家公司，在同一条线路上设置了微波塔，以便再赢得几毫秒的优势。

这就是安德鲁·霍尔丹所说的"零延迟"（race to zero）现象。为了利用某一价格差异，你必须成为第一个发现这种差异并将订单发送到交易所的人。这就意味着，你需要速度极其快的计算机，现在有越来越多的算法直接被嵌在定制的硅芯片上，这样信号就不用被来回发送到处理器。

既然抢先知道价格并采取行动会赋予交易者巨大的优势，那么你离交易所的距离就必须尽可能地近：英国多数大型交易中心之所以都在 M25 公路以内，或者刚好在 M25 公路外，是因为一旦你的距离超过一定半径，光速就会成为一个严重劣势。此外，你分析所收集数据的速度还要最快，因此，一些专家认为华尔街会在创造真正的人工智能的竞争中击败谷歌，因为在华尔街如果胜过其他市场参与者，会获得巨大的经济优势。

目前，最快的速度可以通过将你的计算机安置在交易所内部实现。这被称为"共址"（co-location），如哈里·威尔逊所说，这实际上已经是经过授权的内线交易了。虽然大家在同一时间知道价格，但那些把服务器安置在交易所的服务器旁边的人，能在信号到达竞争对手那里之前采取行动。

这当然会造成各种后果。首先，这意味着，如果你没有一台属于自己的超级计算机，那么当你尝试交易时，你就会被其他交易者抢先。英国银行业标准委员会的一位权威不亚于坎特伯雷大主教的委员发出警告："普通投资者没办法进行高频交易，那些正在阅读日报或者在网上关注某只股票的人还不如直接穿越到 17 世纪的一家咖啡馆。"确实，我们现在已经很熟悉，高频交易所做的就是清除中间地带。威尔逊说："你要么参与高频交易，要么做一个长期投资者。如果你是一位当日交易者，那么你就是人傻钱多。"

如今，高频交易是一桩大生意。最近，一家名为 Flow Traders 的荷兰公司上市，价值 15 亿欧元。根据其 IPO 招股说明书描述，它每年交易数千亿美元，横跨 94 个交易所，每天发送订单消息多达 9000 万条，而所有决策都由一个拥有超过 180 万行代码的软件系统做出。不过，最令人吃惊的一组数据也许是：在过去两年半的时间里，Flow Traders 只亏损了一天。

因此，高频交易备受争议。批评者认为，这些公司不是市场参与者，而是市场寄生虫。迈克尔·刘易斯在其极具吸引力和影响力的书籍《高频交易员》（Flash Boys）中，称这些公司是华尔街的新坏蛋，它们速度惊人却腐败保守，通过改变交易所的运作，确保它们从几乎每笔交易中获取微利。当它们发现有人下大订单时，它们通过将股价抬高或压低一点点，每次都能分得一杯羹，大约为每笔交易的 0.1%。

刘易斯的这本书通过讲述布拉德·胜山（Brad Katsuyama）的故事，向读者介绍了高频交易。这位质朴的加拿大人在刘易斯的描绘下，俨然一个腐败不堪的城镇里的最后一个老实人。胜山在担任加拿大皇家银行的交易员时，发现他从来都不能以自己心仪的价格买到股票，他一下订单，股价就骤然上升。

其实，这是因为他的订购量比较大，没有哪个交易所有足够的现成股票。比方说，他的自动订购系统不是直接从高盛购买 100000 股，而是分别购入 10000 股、1000 股或者甚至 100 股。而那 100 股的报价是狡猾的高频交易公司放出的诱饵。胜山的系统会接受这个报价，因为这是市场最低价格；高频交易公司的系统从而得知，有人在买此类股票，于是，它抢在原始订单之前，将胜山想要的股票全部买进，并以更高的价格转卖给他。

胜山在追溯这种高频交易的文化根源时，他（和刘易斯）意识到了速度对华尔街的支配之深。罗南·瑞安（Ronan Ryan）是胜山的一位老雇员，他是维护数据中心的专家，而这些数据中心安置了这些计算机化的交易所。据瑞安回忆，他在为一家名为 Radianz 的公司工作时，一位交易员打电话问："我在房间的哪个位置？"对这个人来说，和新泽西州的数据中心共址还不够，他想离服务器再近一点。另一个交易员则要求，他的电缆不能和其他人的电缆缠绕在一起，要直接穿过房间。

很快，随着每个人的相互竞争，一场军备竞赛应运而生。例如，数据切换的速度从每次交易的 150 微秒降至 1.2 微秒。在一个由速度支配的市场中，谁第一个抓住机会，谁就收获所有回报，可谓是赢者通吃，因此，公司心甘情愿让交易所趁机牟利，比如为了租一条能快 2 微秒的数据管道，情愿花 40000 美元，而不是 25000 美元租条普通数据管道。

一如所有英雄，胜山最终取得了胜利，他建立了 IEX（代指"投资者交易所"），提供诚实定价。IEX 通过对股票交易订单施加足够的延迟（350 微秒，通过在鞋盒内将 50 英里长的光纤电缆一圈圈缠绕而实现），将黄牛和共址者击败。并且，在此过程中，他和他的团队声称发现了高频交易公司的一系列黑幕。刘易斯写道：

大体而言，高频交易者的三种行为导致了大量极其不公平的交易产生。第一种被他们称为"提前交易"（electronic front-running），即在一个地方探知投资者的交易信息后，在另外一个地方抢在投资者前面通过一系列订单推高或拉低价格，从而获利……第二种被他们称为"回扣套利"（rebate arbitrage），即交易所通常会为创造流动性的券商提供一定的交易费用回扣，而高频交易者利用速度优势创造虚假流动性，骗取交易所的回扣。第三种被他们称为"慢市场套

246

利"（slow-market arbitrage），这可能是流传最广的高频交易手法。高频交易者在一个交易所探知股票价格变动之后，利用速度优势在另一个交易所反应过来之前进行买卖操作……这种策略每天无时无刻不在发生。

刘易斯坚称，这些公司并没有像他们所说的那样为市场提供有价值的流动性。他们插手那些不需要他们参与的交易，并夺去其部分价值："那笔钱是对投资的课税，代价由经济偿付。"这一论点赢得了大量的支持者：罗得岛州普罗维登斯市正在起诉数十家华尔街银行和其他金融公司，称其高频交易活动欺诈股民，这场诉讼可能会为其他无数诉讼铺平道路。


## "正义"的高频交易

高频交易公司对其活动以及他们在市场中的作用所做的反驳十分简单：他们并没有试图欺诈股民，他们是在根据最新信息调整价格。如果你以 35 便士出售股票，而其他地方的股票已经上涨至 36 便士，这表明有市场需求，那么仍然以 35 便士的价格出售自己的股票无异于自寻死路。

经验丰富的市场观察员萨姆·泰菲尔德（Sam Tyfield）指出："如果你的系统能够接收大量信息，并对其进行解析和处理，然后以比任何人都快的速度为资产指定价格，那么这说明你是一个优秀的交易者，你并没有抢在任何人前面进行交易。如果你的证券经纪人不能以特定价格进行交易，价格总是有所上涨或下跌，是市场的错，还是经纪人的错？"事实上，对于多数交易，吃亏的只有其他高频交易公司，因为很大一部分交易量是机器人之间的斗争。

那些参与高频交易的人并不否认有人违规，但他们坚持认为，多数从事高频交易的大型公司不是"黄牛"，而是做市商——它们常常通过和交易所达成正式的约定，负责确保某一时刻某个交易所的每一种商品总有买家和卖家。为了更好地履行这一职责，它们需要尽可能地获取最新消息。

荷兰高频交易公司 IMC 的常务董事雷姆卡·伦特曼（Remco Lenterman）说："我读过这本书，我觉得他们仍然毫无头绪。"他坚持认为，刘易斯揭露的许多所谓的"秘密"，事实上不过是常识。对于那些有关市场操纵的指控，他认为："这些看法出自从未真正见过高频交易员的人。然而，他们对我们在做的事情却有这些不可思议的推测。我能保证华尔街没有人这样做吗？当然不能。但对我们来说，这些推测听起来很合乎常理吗？也没有。"

事实上，可以转变一下画风，将伦特曼等人的公司描绘成受害者，而非坏蛋。Virtu 等主要高频交易公司做市商的 IPO 账户显示，它们每股赚取的利润在 0.03 美分到 0.07 美分之间。而交易所的运行模式是激励性的，它们支付刘易斯所说的"回扣"是为了确保市场的流动性（当然，也为了获取更高的成交量和更多的业务）。正如伦特曼所指出的那样，每股回扣在 0.25 美分到 0.3 美分之间。但做市商只会将其中五分之一留作利润，这就意味着交易价值的八成是买方获取的，而非卖方。

伦特曼坚持认为："如果你询问世界上最大的机构——贝莱德集团（BlackRock）、先锋集团（Vanguard）、道富银行（State Street）——那些真正拥有大部分证券、每天交易数十亿美元的人，他们的说法会非常不同。事实上，道富银行发表了一篇论文，完全质疑刘易斯的调查结果。他们说，第一，市场从来没被操纵；第二，他们从事交易的市场也从未更加便宜过；第三，电子做市商正在为他们的客户提供价值。"换句话说，多数高频交易公司不但没有向市场课税，还让市场运行更加顺畅。

不过，高频交易确实存在刘易斯与其批评者能够达成共识的问题。第一个问题是一目了然的欺骗。许多银行营运"黑池交易平台"，使这些银行及其客户能够避开市场耳目私下交易，是一个不影响市场价格的迷你股票交易所。许多华尔街银行也在发现它们无法在公开市场中和小型敏捷的高频交易公司竞争后，与这些公司达成了协议，允许这些交易者进入它们营运的黑池，换取一部分利润。

正如刘易斯所说："一家大型华尔街银行在越来越快的金融市场中确实只有一个优势，即让它自己的客户首先进行股票市场交易的机会。"在公开市场中，高频交易公司本来就会彼此竞争，从而压低整体价格，然而，在黑池中，它们是最顶级的掠食者。银行不仅让这些食人鱼进入它们平静的小池子，而且试图掩盖真实情况。例如，巴克莱银行的LX黑池十分赚钱，因此内部称为"特许经营"，并根据其增长速度分发红利。然而，这家银行为了掩盖黑池中最大的一条鱼是高频交易公司Tradebot这一事实，一直在篡改其公关材料。此事被曝光后，这家银行就江河日下了。

第二个问题被称为"电子欺骗"。因为证券公司的算法都在互相监视，时刻准备抢其他公司的交易，所以你不可能随意简单地买入或卖出股票，其他所有公司都会插手以抬高价格。因此产生了一种技巧——证券公司会利用交易机器人使市场充斥大量小笔的欺骗订单，这些订单通常与它们想要进行的交易截然相反，然后，当价格有所上涨或下跌时，它们再撤回这些订单并执行合适的交易。

例如，在 2010 年英国大选当天，理论上，交易数量达到了约 194 亿股，但实际完成的交易数量只是它的十分之一，其原因在于有许多订单瞬间消失不见了。这是在不断地扭曲市场，而且产生的大量订单也对交易所的系统造成了巨大压力。

高频交易存在的第三个问题是它扭曲了交易所的激励机制。一般来说，某位交易员在某次交易中赚了几分钱并不重要，尤其是如果胜山的观点是对的，那么随着客户纷纷涌入他创立的更具安全性的交易所，黄牛就没生意可做了。但是当这样的交易开始影响其他市场时，就造成问题了。

矛盾的是，这种现象在很大程度上是试图平衡金融的竞争环境带来的结果。2007 年，美国政府通过了一项名为 Reg NMS 的法律，规定交易商必须在交易所执行订单，并提供最优惠的售价，从而降低投资者的成本。正如刘易斯所说，这意味着更多的交易所将会涌现，每家售价差异都略有不同。这对高频交易公司来说相当于喜从天降，因为其存在的理由就在于捕捉并利用这种机会进行套利，并且为做市商创造出确保每个交易所都能为其每项待售的资产找到合适的买家的需求。

这种竞争的加剧意味着传统交易所即将失去大部分原有市场。随着这些交易所的利润和数量逐渐减少，它们被迫寻求新的收入来源，特别是高频交易。纽约纳斯达克交易所在 2005 年上市，到 2011 年年底，其超过三分之二的收入源于高频交易公司。这些受到激励的交易所不仅会根据新客户的需求量身定制订单，还会专注于快速交易。IEX 最重要的新成员之一是佐兰·佩尔科夫（Zoran Perkov），佩尔科夫的上一份工作是负责确保纳斯达克交易所日复一日的运作。正如刘易斯所说，这意味着：

由于某种不明原因，他一方面要负责应对纳斯达克交易所最大的客户（高频交易商）对纳斯达克市场的要求，另一方面还要负责确保这些市场的安全和稳定。这就好比维修站的一位工作人员既要拆开赛车，扯掉座椅安全带，又要尽其所能地使这辆车比以往跑得更快，与此同时，还要负责降低赛车手的死亡可能性。

结果，不可避免地，在2012年8月22日这一天，纳斯达克交易所运行中断了两个小时。交易所将其归因为一个小故障，IEX却认为，真正的原因在于纳斯达克交易所"在高频交易商用来提高交易速度所使用的新型科技设备上投入了大量资源"——液冷式机柜、特殊开关、电线和光纤，"在普通投资者使用的市场基础设施上几乎毫无投入"。

总的来说，有关高频交易的证据表明，正如伦特曼所说，它提高了市场的效率。它会在任何特定时刻为特定产品带来更为精准的定价，并确保市场的流动性，以便所有人都能买卖金融工具，不受到剥削（至少不会受到超过几美分的剥削）。这并非说明高频交易无须受到更严格的监管，以制止其滥用的行为，但一味地专注于黄牛和电子欺骗者，就会忽视使高频交易存在的真正的系统性问题。真正的问题并不是高频交易扭曲市场，也不是高频交易商中存在欺诈分子，而是高频交易一旦出错，错误的速度非常之快。

## 拔电源也无法拯救的闪电崩盘

高频交易造成严重破坏的第一种也是最简单的方法是，有人搞砸了。彼得菲在其系统开始处理掉上千万的"看跌期权"而无人及时干涉时，遭遇了这一问题。虽然他的团队把他们的电脑上连接到证券交易所的电缆全部都拔掉了，但订单仍纷至沓来。最终，他们仿佛感觉到，每当有人打开或关闭他们办公室洗手间的门时，一阵风就会吹过他们其中一个的手持交易设备，从而促发订单。

在当时的情况下，彼得菲勉强抢在公司破产前找出了问题，并将其解决。而后面的人就没有那么幸运了。比如骑士资本集团（Knight Capital），这是一家巨型贸易公司，2011 年公司收入达到了 14 亿美元。2012 年 7 月 31 日，这家公司在未经充分测试的情况下，发布了一个算法。到了第二天，大量受到误导的买卖订单涌入，使得纽约证券交易所（NYSE）的 148 家上市公司的股价陷入了混乱。骑士资本因此损失 4.4 亿美元，一夜之间失去了四分之三的价值，并被一家竞争对手公司以最低价收购。

同样地，在 2009 年，一家名为英菲资本管理公司（Infinium Capital Management）的公司推出了一个算法，这个算法一上线，就开始以极快的速度卖出期货，导致了整个股市的下跌。2010 年，这家公司推出了另一个算法，用来从原油交易的微小利润中获利，这个算法同样失去了控制，在 3 秒内损失了超过 100 万美元。据报道，由于忙于击败竞争对手，算法通常需要的两个月的测试时间被缩短到仅仅两周。芝加哥联邦储备委员会（Chicago Federal Reserve）的一则简讯透露，2003 年，一家美国贸易公司"在一名员工错误启动一个算法后 16 秒内破产。这家公司在 47 分钟后才意识到自己已经破产，联系了它的清算银行，而该银行对此状况竟毫无察觉"。

尽管这样的失误很可怕，但从系统的角度来看，实际上问题并不严重，正如曼氏集团失利的那一年一样，骑士资本的破产除了其投资者，不会波及其他人。真正让那些股市参与者感到恐惧的是，当这些以光速运转的算法开始以难以预测的方式相互作用时会出现的状况。

自1987年自动交易出现后，就一直有这方面的征兆。许多美国公司为了保护它们的投资，为自己买了一份保险，即当它们的股票下跌时会将其卖出的一种计算机软件。问题是，在2008年这一年，购买了相同保险的所有公司，当金融危机下的股市开始下跌时，共同构成了一系列恶性循环。大家争相抛售自己手中的股票，导致股价暴跌，而这又促使软件出售更多的股票，结果造成了所谓的"黑色星期一"。

今天，与之相同的过程能够以比之前快出许多倍的速度发生，并且造成的损害也会加倍严重。最著名的例子是2010年5月6日的"闪电崩盘"（Flash Crash）。当日下午2点42分，美国股市开始像巨石一般下坠：短短5分钟，道琼斯工业平均指数就损失了近1万亿美元的财富，创造了史上最大的单日跌幅。一些世界知名公司的股票大幅波动，价值上涨或下跌数十亿美元：埃森哲（Accenture）的股价从40美元跌至0.01美元；苹果和苏富比（Sotheby）的股价分别从每股250美元和34美元上涨至100000美元。但不到20分钟，一切便又恢复正常。

闪电崩盘最可怕的一点不是它发生了，而是我们始终不知道它为什么发生。最初的解释是，美国堪萨斯城一家名为Waddell&Reed的公司发布了一个算法，这个算法试图以过快的速度卖掉价值40亿美元的期货合约"eMinis"，从而引发了多米诺骨牌效应，于是其他算法使一些相关投资的价格骤然下跌，而另一些投资的价格陡然上升（因为这些算法都被写入了类似"如果X的价格上涨，然后Y的价格会下跌，那么快速卖出 Y"的关系程序）。

然而，这个解释依然无法确定各种相互影响的性质。所以美国监管机构进行了一项调查，然而虽然他们花了五个月的时间来梳理数据，但他们的核心调查结果依然在两三天内失去了可信度。2015年，一位名为纳温德·辛格·萨劳（Navinder Singh Sarao）的 36岁英国人，人称"豪恩斯洛猎犬"（Hound of Hounslow），因涉嫌使市场充斥大量欺骗订单从而导致那次闪电崩盘，被引渡到了美国。萨劳仅仅通过在高波动的时日进行交易，五年内就赚取了三千多万英镑，而且他还建立了系统，在其父母家中进行交易。然而，到底萨劳做了什么才引发了那次闪电崩盘，至今尚无说明，事实上，直到现在，人们对他的被捕依然感到困惑不已。

但是，这并不意味着我们对此一无所知。无论那次闪电崩盘是如何被引发的，有一点肯定是加剧了情况的严重性——提供流动性的机构，即保持市场流动的最重要的资本，由于崩盘引起的波动性，自动退出了市场。流动性从根本上来说，是指知道如果你试图出售某物，一定会有买家，反之亦然。如果市场流动性不足，不可能对商品作出准确的评估，价格因此会变得不正常。

这正是闪电崩盘期间发生的情况：做市商受波动性惊吓，纷纷退出市场，随着买家和卖家消失，价格失控，波动性增加；多个交易所的增长使情况变得更加严重：大量订单涌入，引起纽约证券交易所的强烈震动，其股价与其他交易所的股价之间的差异加大，导致大量自动套利的出现。

闪电崩盘带来的教训是，由于市场规模巨大、速度飞快、相互联系极其紧密，市场已不再是市场。正如受英国政府委托的一份近期的研究报告所描述的那样，"这是一个复杂的、具备适应性的、超大规模的社会技术集成系统"。这个庞大的网络如此复杂，但有时又如此脆弱，一个失误就会酿成灾难性的后果。正如安德鲁·霍尔丹所说："这种类型的网络具备一种特点……很难知道接下来会发生什么，因为这样的网络是在混乱和非混乱的边界上运作。"

这个市场不仅毫无理性，而且在最根本的层面上无法预测，并且可能会仅仅因为计算机算法的相互作用就陷入混乱，而非受到真实世界的萧条和灾难影响——这一点仔细想想尤其恐怖。而让情况更加糟糕的是，每一次像闪电崩盘这样的事件发生后，情况很快就恢复正常了，并且由于未造成实质性的长期损害，所以人们将整个问题置之不理就变得更加容易了。

编写英国政府报告的科学家说，这和美国宇航局（NASA）在"挑战者"号航天飞机发生灾难前的情况相同："偏差正常化"。虽然有意外状况发生，但似乎并无大碍。当这种状况一再发生时，人们便开始认为这是正常情况。然后，当这种状况在错误的时间发生时，灾难来袭。

闪电崩盘并非孤立事件。2012 年 7 月 30 日，在股市关闭前 3 秒钟，一笔错误的订单出现，有人出售近 41 亿美元的特定商品，其价值几乎和那个 eMinis 合同相同。如果这一订单早几分钟出现，结果将会比闪电崩盘更加糟糕，因为美国政府的熔断制度（当股价飙升或暴跌的速度快到不合理时，熔断制度会停止交易）会在最后半小时的交易中关闭。这种在市场快要关闭前由算法引发的美国股价崩溃，必定会在东京引发类似的抛售，然后欧洲股市开盘后会发生同样的情况。我们之所以能避免这种崩溃，纯粹靠运气。

简言之，市场的表现很不正常。霍尔丹坦言："我们现在已经经历了数百次小型闪电崩盘。虽然影响不像那一次那么大，但这种数百次股价不明所以的反常表现发生得十分频繁。已经有充足的证据表明问题的严重性，可仍有人说：'谁在乎呢？'市场确实存在发生大型闪电崩盘的风险，我认为人们至今仍在否认这一事实，这起不到任何帮助。"

另外，市场速度越快，风险就越大。例如，金融领域最热门的策略就是将投资组合与新闻挂钩，人们会根据头条新闻推断股票会受到什么影响，并抢先下手。2015 年 4 月 6 日，道琼斯通讯社报道称，英特尔公司正在谈判收购一家名为 Altera 的芯片制造公司。于是一个匿名机器人在一秒钟内购买了价值 110530 美元的期权，看准 Altera 的股票会上涨，到那天结束时，它赚取了 240 万美元的利润。

然而，这种策略可能会适得其反，或者被人操纵。2013 年 4 月，叙利亚政府的支持者侵入了美联社的推特账号，并在白宫附近发布了一则假的爆炸消息。链接到新闻源的算法扫描了该推文，预测市场会下跌，于是开始抛售价值达 1400 亿美元的股票。同样，2008 年，由于一则六年前出现过的美联航破产的新闻再次出现在网络，使其股价暂时下跌了 76%。

之前在骑士资本任职的杰弗里·沃利斯（Jeffrey Wallis）是高频交易方面的专家，他一直警告存在这样的风险。他说："我们还会再经历一次闪电崩盘事件吗？我认为大约有 40% 的可能会发生。如果回到五年前，看着当时的技术和基础设施，我可能会说有 10% 到 15% 的可能。现在我的看法和那时相比发生了很大变化。"

即使这样的灾难能得以避免，高频交易滋生的不确定性也会产生很强的连锁效应。沃利斯说："现在我认为电子市场存在一种信心危机。在美国，自闪电崩盘以来，已有 3000 亿美元的资金从股票市场转移到了其他资产类别，仅仅因为对不稳定性的担忧。这种担忧与公司收益关系不大，更多的是担心市场不公平以及无法预知你将从中得到什么。"

## 股市风险控制

有没有办法鱼与熊掌兼得，既享受超快速资本的速度、流动性和效率，又能避免突如其来、不可预测的崩溃风险呢？可能有。因为，虽然高频交易可能是市场速度加快的一种表现，但这种表现并非不可避免，至少能够避免高频交易变得更加疯狂、更有风险。对于如何规范高频交易体系，有各种各样的建议。

最基本的方法是直接阻碍高频交易。美国经济学家约瑟夫·斯蒂格利茨（Joseph Stiglitz）建议将交易仓位空出一整秒时间，这样抢先出击就变得毫无意义。与此同时，欧盟已批准了金融交易税，又称"托宾税"（Tobin tax），向每一笔交易征税。这项税收一方面通过建立一个应对未来灾难的保险基金，好让银行家为自己的罪行付出代价；另一方面，是向国际金融市场飞速运转的车轮上掷些沙子，以放慢英国交易商忙乱的脚步，让他们像欧洲交易商那样从容地进行交易。

可惜的是，这两个策略都行不通。要想让交易所和银行家们会因为损失的利润叫苦不迭，你还需要将此办法在世界各地通行，不然高频交易仍会抬头。一直以来，资本都会流向监管最松的地方，而伦敦金融城之所以会在 20 世纪 80 年代成为国际金融中心，在很大程度上是因为其欧洲美元市场是绕过美国监管的极佳路径。而且，英国的限制措施也能被轻易避开。正如技术专家杰伦·拉尼尔所说："对于算法来说，熔断制度或者时间限制只是其所分析和利用的环境中的另一个特征。"

但这并不意味着速度限制策略毫无用途。除了 IEX 的延时策略外，外汇交易平台 EBS 也开始推出程序，在规定时间段（虽然仍然很短）内随机抽取收到的订单。这样做并不是为了扼杀高频交易，而是为了限制"速度至上"的策略——踩刹车而非踩油门，让市场决定支持哪条路径。

此外，自"黑色星期一"以来，为防交易再次失控，各家交易所致力于在其内部建立"关闭开关"。虽然这一方案最近深受欢迎，但杰弗里·沃利斯认为："有点天真——一旦到了要使用关闭开关的地步，说明需要人类参与，可是情况恶化得太快，人类根本没办法作出反应。这一方案的自动化程度需要大大地提高。"

安德鲁·霍尔丹同意这点，"你可能也需要有人将手放在插头上，但第一道防线应该是算法"。至关重要的是，这些反算法和熔断制度不应在交易完成后发挥作用，而是应该在仔细检查系统的时候，绝不漏过任何隐患。

这就需要极其强大的计算能力。监管者和银行家开始谈判一个等同于曼哈顿计划的金融项目，即为金融市场建立一个极其复杂的影子模型，其中算法能被精确地调整，系统的隐患也能被检测到。这个项目虽然成本会十分高昂，但考虑到如若出现一场大型的闪电崩盘会损失的数目，仍然非常有必要。

然而，如果没有国际上的一致行动，这一切都毫无意义。只要世界上还有许多家交易所，监管者就需要几乎在同一时间采取行动，因为一个股市的动荡能在瞬间被转移到另一个股市。霍尔丹指出，目前欧洲用来预防股市崩溃的方法存在一个巨大的漏洞，这一方法没有被应用在不同的交易所之间。和美国的情况不同："这一点非常重要，否则，你只是将压力推向了另一个市场，使得压力在系统内循环，最后来到流动性最低的那个交易所。如果你想让设置的熔断机制发挥作用的话，你不仅要将其应用在一个交易所内，还必须将其应用在不同交易所之间。"

颇具讽刺意味的是，当初正是为了防止这种情况出现，交易所才被解除管制。霍尔丹补充道："之所以走上这种分散化的交易所和高频交易的道路，是因为这条道路有助于加强流动性。"

人们相信，这条道路会使交易所和做市商更具竞争力。从表面上来看，在风平浪静的时候，流动性确实有所提高。

问题是，流动性在危机时期也有所提高吗？抑或是，我们是不是创造了一种流动性在最被需要时——也就是在压力环境下——水平最低的结构？在我看来，情况恰恰是如此。虽然你也许创造了一个平均而言更具流动性的水池，但是在你不需要流动性时，水流成灾，而在你需要时，却干旱不已，因而导致了价格更加脆弱、波动性更大。

霍尔丹认为，要想解决这一问题，需要给伦特曼之类的做市商足够的福利。例如，交易所向他们收取更低的费用，这样他们就会接受合同要求，在困难时期留在股市，不会打退堂鼓。不然，大家就必须都坚持使用一个速度超级快但可能超级脆弱的系统。霍尔丹说："你甚至不必问'这样做对社会有用吗？'那是一个主观的、几乎有关道德的问题。你只需问'这样做使金融结构更加稳定吗？'而我很难看出还有什么比这样更稳定的措施。"

随着时间的推移和加速进程的持续，这些问题只会愈加紧迫。随着竞争公司逆向工程的速度日益加快，一个算法的生命周期已经从数周缩短至数天。这些问题还偶然蔓延到了金融市场之外。在亚马逊上，一本不起眼的关于遗传学的书价格曾短暂达到了23698655.93美元（再加上3.99美元的邮费和包装费），因为两个不同的第三方卖家的算法都被设定为定价比竞争对手稍高。

就金融市场而言，还存在一个更大的问题：当计算机的能力足够强大，像"天网"那样，创造出的算法能够设计出其后续的算法时，会发生什么？不难想象，一场达尔文式的进化游戏将会实时展开，然而主导游戏的计算机程序对它们给股市或金融系统造成的伤害全然不知。在计划应对方式时，我们需要铭记英国政府关于现代市场复杂性的报告中的一个警告："一些系统一旦被损坏，就会以超出人类能力的速度，产生灾难性的后果，因此对于这种系统，最安全的选择其实是在尚未损坏时对其进行修理，因为这是你拥有的唯一机会。"

必须强调一点，这并不是说技术和算法有害无益。例如，高频交易的危险并不在于高频交易对短期效益的注重最终会吞噬金融体系，研究表明，高频交易能够在股票市场获取的价值量是有一定限制的（所占比例相当小）。危险在于，如果我们不善加监管，股市的崩溃将会蔓延至其他经济领域。

然而，你不需要彻底改造股票市场或者废除高频交易，以便使金融体系奖励长期思维，或者至少让长期思维在这个生态系统中占据一席之地。虽然杰弗里·沃利斯提出的禁止股票交易所盈利的建议可能有些过火，但他提议的对欺骗订单的禁止对于恢复股市公平性、去除大部分泡沫和大大降低波动性，似乎不失为一个好办法。

本章开头提到了金融市场提供资金的方式如何才能促进长期增

长，而不是专注于短期盈利这一引起广泛关注的问题，其解决方案与此大致相同：最好的办法不是打压动物精神，而是调整竞技场的状态，激励符合长期经济健康的行为的同时，仍然为市场运作和大加速进程提供空间。

例如，英国和美国曾经实行了奖励长期资本的税收和投资制度，通过人寿保险债券一次性付款，经理人能够对其进行数十年而非数月的投资。克里斯坦森提出的一个方法是，大幅增加资本快速进出公司的成本和让资本留在公司的利润。另一个方法是，重新推行分级扣税制，特别是对创业投资，根据资产的持有时间相对减少纳税金额。约翰·凯的报告提出了许多其他的可行方法：公司应该停止宣布短期收益；应该取消对强制性季度报告的要求；董事的股票期权和类似的奖励措施应该在他们从公司退休甚至更晚的时候才到期；资产管理者亦应如此，应该根据他们所管理的基金的长期表现而不是短期表现给予他们回报。

做这样的改变，不可能毫无困难，也不可能毫无摩擦。大加速对金融和商业的影响已经非常显著，而且会愈加如此。在当今世界，不懈创新的文化以及国际资本的无摩擦流动会创造巨大的财富，带来巨大的进步，但也会无情地惩罚那些不能对此加以利用的人和国家。

如果我们确保银行业的地下赌场已被封锁，闪电崩盘的风险得到控制，那么这张全球金融巨网依然能够发挥其利大于弊的潜力。是的，我们正在赛跑，除非我们听之任之，不然绝不会一无所获。

# 第八章
# 特快星球的人类

Chapter Eight

**军无辎重则亡，无粮食则亡，无委积则亡。**

——孙子

对于那些听到发动机的声音就感到兴奋的人来说，古德伍德速度节（Goodwood Festival of Speed）简直是人间天堂。每年，数十万车迷不远万里前往西萨塞克斯郡，观看一些世界上目前速度最快、模样最炫的赛车参加爬山赛。比赛结束后，赛车被停放在展览区，供观众欣赏。

对于许多参加古德伍德速度节的人来说，速度是一种生活方式。我在接受《每日电讯报》的采访任务时，有幸与红牛公司旗下一级方程式车队的首席设计师阿德里安·纽维（Adrian Newey）一起喝茶。纽维在空气动力学方面的能力，堪比莫扎特在钢琴协奏曲上的造诣。接着，我采访了猎犬号超级汽车背后的团队。这个全英国人的团队野心勃勃，试图通过将一架英国皇家空军战斗机上的发动机安装在一个高科技碳纤维底盘内，以打破世界上的陆地速度纪录〔以及每小时 1000 英里（约每小时 1609 公里）的速度障碍〕。

然而，我在开车离开时，遇到了一个很生动的事例。正当我钻进我租来的小小的大众 Polo 汽车时，一辆经典樱桃红的法拉利在我面前开了出来。接下来至少 45 分钟，这辆车一直在我面前，和我一起在拥挤的乡间小道上慢慢前行。后来虽驶上了高速公路，但依旧车水马龙，不得施展。直到差不多开回伦敦，这辆华丽的跑车才终于在一阵咆哮声中疾驰而去。

在过去的半个世纪以及更久的时间里，我们眼前充斥着速度和自由的画面——火车、汽车、飞机轻而易举地将我们从一个地方送到另一个地方。今天，继喷气式飞机和火箭车之后，新一代梦想家希望用超音速喷气式飞机消除大陆之间的距离，用超高速气动列车将我们从一个城市送往另一个城市。

然而，对于我们中的大多数人来说，和一个世纪前相比，如今的出行并没有更快，而且也没有舒服多少。我们坐在堵成长龙的车里生着闷气，公共汽车和火车的延误不停考验着我们的耐性，机场的安全检查挑战着我们的尊严。

**大加速终究是一种建立在运动之上的现象，大加速的理念是人和货物、资本和思想都能在全球范围内飞速流动。然而，现实真的是这样吗？** 在本章中，我们将探讨我们的生活中似乎唯一没有加速的方面。而当视野扩大时，我们将看到，这个世界的移动速度其实比任何时候都快。

## 堵车导致大减速

二战后，西方（特别是美国）的大规模道路建设计划圆了我们的出行梦。然而，自1980年以来，拥堵问题将我们拉回了现实，与此同时也浪费了我们数十亿小时的生命。在美国，每年交通延误的总量从1982年的7亿小时上升到2015年的69亿小时，对经济造成的损失预计超过1600亿美元。在整个欧盟范围内，拥堵造成的损失据估计占GDP的1%。

而且，情况至今并没有什么好转的迹象。根据英国经济和商业研究中心近期的预测，到2030年，拥堵对英国经济造成的损失将增加63%，在美国将增加50%。英国高速公路局负责英国主要道路的运行，其首席执行官已承认，该局对繁忙的高速公路设定的目标速度已经降至每小时40英里（约每小时64.37公里）。他说，道路正变得"越来越缓慢"，驾驶者不得不去适应这点。汤姆·范德比尔特（Tom Vanderbilt）在他的精彩作品《开车经济学》（*Traffic*）一书中揭露："在美国，由于在车流中无法动弹的司机长时间将胳膊肘支在摇下的车窗上休息，以至于身体那侧患皮肤癌的概率要高出许多。"

拥堵问题如此严重，究竟是什么造成的？部分原因在于，人和车的数量都在增加。据预测，在未来二十年里，全世界行驶在道路上的车辆数量还会再翻一番。而在西方，许多道路承载的车辆数量已经超过了其承载能力的一倍。与此同时，在一些发展中国家，交通堵塞的程度能让西方的司机庆幸不已。中国110国道上的一次塞车长龙曾经持续超过十天时间，速度低至每天1千米。

但是，正如范德比尔特所说，这不仅是车辆数目增加的问题。问题在于，这些车辆的司机上路的次数增加了，特别是那些父母。在西方，孩子过去走路或坐公共交通去上学，现在却是车接车送（由八九十年代对"来自陌生人的危险"的恐慌造成的结果）。人们也不再在附近街道购买食品，而是开车去城外的大型超市（不过，这种现象现在可能也在变化，我们日益感到在附近商店买几件小物品，或者直接网上订购食品送货上门要更方便）。全球乘客移动总量，即我们所有人出行的总里程，预计在 2000 年到 2050 年间将增加三到四倍。

我们在道路上浪费了大量的时间，交通系统俨然成为人类痛苦的根源之一。英国国家统计局做出了如下总结："在其他条件相等的情况下，通勤者对生活的满意度更低，对日常活动的价值感也更低，幸福水平更低，并且更加焦虑。"

通勤者之间的状况也有所不同：通勤时长在 60～90 分钟之间的人受到的影响最糟糕，自驾者比乘坐公共汽车的人幸福水平稍稍高一些（可能因为他们觉得旅程更在他们的控制之中）。不过，一般来说，通勤时间每增加一分钟，你的幸福感都会下降，焦虑感都会上升。这种影响非常强烈，完全超过拥有更大的房子或者获得更高的工资带来的好处，而这两点通常是人们最初愿意延长通勤时间的原因。

更糟糕的是，长时间通勤的不利影响还会被我们的自身行为放大。首先，弗兰克·帕特诺伊在《慢决策》一书中指出，通勤时间长会让我们不愿下班。研究显示，人们不但不会早点下班来弥补通勤时间，反而当通勤时间每多出 1 小时，人们就会在办公室多留 35 分钟，因为我们不愿面对通勤的痛苦。此外，因为拥堵本质上是无法预知的，所以为了无论如何按时到达，我们都会改变行程计划，为可能发生的最糟糕的情况留出时间。现在在美国拥堵严重的城市，一些司机如果觉得必须按时到达，他们会留出比一般行程所需多出 4.5 倍的时间，虽然这样做意味着他们到达的时间也可能会早出许多。

这些研究结果说明，一个理智的政府必定会重点投资交通，因为这是降低公民集体不幸福感，让社会顺畅运行的最直接方法。毕竟，每天的通勤是许多城市居民生活中最悲惨的一面。

可是，事情并没有那么简单。一方面，道路增加，交通必定也随之增加，因为会有更多的人买车，而已经有车的人会增加出行次数；另一方面，如果你改善伦敦或纽约的交通网络，比如通过铺设更多通往城市的铁路线路来缓解问题，客流总量不会下降，相反，高档化社区将会呈环形向郊区蔓延，因为人们都沿着新的线路搬到出行时间大致相等但更大的房子里居住去了。

之所以会如此，正如汤姆·范德比尔特所说，是因为人类似乎天生就留出了大约一个小时的出行时间。自从我们成为穴居人以来，我们建设或选择的社区，从中心到外围就大约只需要半小时。现代由于拥堵和房价的原因，我们愿意延长这一时间（少数"极端通勤者"除外），但是这种痛苦很快就变得不堪忍受。

英国前交通大臣阿多尼斯勋爵说："通勤的黄金法则是，人们愿意每次通勤一个小时。虽然总体平均通勤时间是一小时左右，但这就是通勤时间的极限，愿意超过一小时的人很少。"（大加速还有一个有趣的副作用，即最低通勤时间：随着工作压力增加，即使是那些有幸住在办公室旁边的人，通常也会到星巴克之类的地方，创造出 20 分钟左右的"迷你通勤"时间，为一天的工作做好心理准备。）

当然，有些方法可以减轻拥堵的影响，其中许多运用到最新的技术。通过查看手机软件或者发送短信，你能看到下一班公共汽车的到达时间，这样的服务为用户节约了数百万小时的时间。与此同时，在城市交通指挥中心，最新的超级计算机正在马不停蹄地调整着每个红绿灯的持续时间，以便平衡竞争优先权，使交通流量最大化。

传统的方法是通过使用车辆行为普遍规律的历史数据来做到这点的。而最新的系统，如犹他州安装的系统，能够使用诸如埋在沥青中的金属感应回路、悬挂的摄像机、道路旁的雷达传感器等工具实时监控交通状况并作出反应。美国政府研究发现，实时信号减少了21%的延误。在另一项研究中，卡内基梅隆大学（Carnegie Mellon University）的斯蒂芬·史密斯（Stephen Smith）声称，"智能"交通信号使每个道路交叉口能够使用交通算法控制自己的流量，并将结果发送至链条上的下一个交叉口，这样就能减少25%的行程时间，并减少40%的"空闲"时间。接着，算法不仅会对交通作出反应，还会对其进行预测，在交通堵塞形成前，将危机解除。

　　采取更严厉的措施也能发挥作用。伦敦实施的拥堵收费方案不仅减少了市中心的交通量，而且启发了斯德哥尔摩进行可变定价的实验。实验包括在交通最繁忙的时段，向拥堵严重的主干道上的司机收取小额费用（3美元或更少）。此举使高峰时段使用拥堵道路的车辆减少了两成，并且将拥堵减轻了一半。

　　然而，不断增加的交通流量使这种交通管理技术只能治标，无法治本。不过，如果我们从长远的角度看，有初步迹象表明，我们对汽车的热爱就算无法逆转，至少也已停滞不前。

　　在对青少年最喜欢的品牌进行的调查中，汽车已开始退出首位，取而代之的多是电子设备或网站。我们的身份现在与我们携带的设备绑定在一起，而不是由我们乘坐的机器来决定。另外，随着数字通信的视野逐步扩大，人们不必亲自出行。诚然，视频会议十分可信，以至于让商务旅行失去了必要性，但这一发展趋势总像是与我们还相隔五年。不过，这一天终会到来。

　　我们对汽车的兴趣逐渐下降，也反映出了我们在本书其他章节探讨过的对更大便利性的普遍追求。例如，Zipcar 之类的汽车共享服务商的成长，为司机提供了一种诱人的选择：花五分钟时间走去指定的停车位置，省去保养私家车的麻烦和花销。一项研究显示，此类共享汽车俱乐部的八成会员在加入后出售了自己的汽车，这就意味着每辆 Zipcar 之类的共享汽车都从道路上去掉了 15 辆私家车。

然而，甚至连这种共享汽车模式也被一种不需要寻找车辆的新模式颠覆了。优步之类的服务享有数十亿美元的风险投资，能够随时让你选择的出租车出现在你面前，而且费用出奇地低。尤其对于那些居住在城市的人来说，这种服务一出现，立刻充满了吸引力（虽然对现有的出租车公司可能会造成十分不利的影响）。而且，这项服务需要的高科技不过是一部智能手机，只需将其固定在司机的仪表板上，并运行优步专门的软件即可。

当我们完全不需要司机时，效率将会再次被大幅提高。在谷歌和苹果的加州校园实验室中、在牛津大学机器人系的研究室中、在大型汽车公司的研发部门中，自动驾驶汽车的研发正在取得巨大的进步。

事实上，自动驾驶汽车的研发是对加速以及硅谷创新模式的一种案例研究。正如伯克哈特·比尔格（Burkhard Bilger）在《纽约客》上刊登的一篇文章中所说，五角大楼的内部智库，美国国防高级研究计划局（DARPA）向各行各业发出了研发自动驾驶汽车的挑战。这一决定不仅让包括斯坦福大学教授和一群来自路易斯安那州的保险公司员工在内的各界人士参与挑战，还在 2004 年到 2005 年仅仅一年间就取得了军工综合体花了二十年都没能取得的进展。自那时起，自动驾驶汽车的研发进步巨大，尤其是因为利用了越来越强大的处理器，收集并分析这些汽车的各种传感器每秒所收集的数千甚至数万条数据。

截至本文撰写之时，自动驾驶汽车正处于谷歌员工所谓的"狗粮"阶段：虽然相当不错，但还没为人类消费做好充分准备。不过，这点很快就会发生变化。而且，我们尚未意识到自动驾驶汽车的普及将会带来多少惊人的好处。

最明显的好处是，拥堵将会急剧减少。因为拥堵不仅在于汽车的数量，每一个上过高速公路的驾驶者都很熟悉波浪理论——前方驾驶员踩一次刹车，就会波及该车行道上后面的司机。自动驾驶汽车应该不仅能避免这些问题，还能使车距更近，如果它和前方车辆联网，还能及时知道前方车辆何时会改变速度。

另一个巨大的好处是，交通事故以及致死人数将会大幅下降。正如比尔格所说："美国每年发生的1000万起交通事故中，950万起是驾驶者自己的错误引起的。"在英国，这类事故是年轻人死亡的主要原因之一，95%的事故与驾驶员的失误相关；在全球范围内，这类事故每年导致124万人死亡，5000万人受伤。谷歌工程师安东尼·莱万多夫斯基（Anthony Levandowski）在自动驾驶研究方面一直领先，他有特殊的私人原因想完善这一产品：在一辆汽车撞上他怀孕的未婚妻驾驶的汽车后，他险些失去自己未出世的孩子。

然而，拥堵和交通致死人数的下降只是自动驾驶车辆将会带来的好处的开始。通勤带来的痛苦和沮丧多半也会随之一扫而空。我们不用再表情凝重地盯着前方车辆，我们可以在上班途中召开商务会议，也可以在一家人去乡下旅行的途中，从我们的网飞待看列表中挑一部两小时的电影观看。

接下来的问题是，我们是否真的需要一辆属于自己的汽车。许多交通方面的专家认为，未来至少在我们的城市中，驾驶将是谷歌和优步的融合体。自动驾驶汽车会在我们需要的时候出现，等我们用完后自动开走。有些人可能会想念和属于自己的车辆之间的关系，当然，豪华车或老爷车的市场可能还会存在。但对于多数人来说，每次上车时，能装载我们的个人资料，调整到预先设定好的座椅角度、调出自己喜欢的电台甚至调整车内颜色，就已经足够了。

此外，地球和城市环境将会受益匪浅。目前，我们的汽车平均95% 的时间停在街道上或车库里。如果我们能充分利用自动驾驶汽车，理论上一辆车的使用效率相当于目前的 20 辆车。

当然，我们永远无法达到完美的使用效率，所以需要确保高峰时段或周末出游时的额外承载能力。不过，即使将一定程度的供应过剩因素考虑进去，我们需要的车辆还是会少很多，这也就意味着城市中大片的停车场将变成公园或新住房，而街道将不再有大量车辆停在两边，从而变得更加宽敞美观。

下降的不只有汽车的数量，还有它们对环境的恶劣影响，因为我们能订用合适的车辆。正如英国运输研究实验室的尼克·里德（Nick Reed）所说，你不仅叫了车，这辆车还会满足你当时的需求。"如果我是一个人上下班，叫来的可能会是一辆小车；如果我是去野营，叫来的可能是一辆更大的车。而且，所叫车辆的能源类型也能正好适合需求，可以是电动汽车，也可以是内燃汽车。"

自动驾驶车辆的影响数不胜数。20 世纪，我们完全重塑了城市建筑，特别是教区的建筑，以适应汽车的需求。21 世纪，自动驾驶车辆可能会带来同样巨大的影响。例如，随着道路上汽车和卡车的威胁性下降，骑行或步行将会变得安全得多。青少年、老年人和残疾人出行也将会变得容易许多。街道不再笼罩在数十亿私家车排放的尾气中，数千辆自动汽车在街道上疾驰，只需轻触智能手机，便能迅速将你安全送达目的地。

## 脆弱的货物链条

这种无摩擦、方便、及时的运输网络虽然听起来不可思议，但其实已经存在，至少在运输货物方面已经如此。事实上，这正是我们社会中真正快速的地方，不在华丽的古德伍德汽车上，也不在高速公路快车道上疾驰的驾驶者身上，而是在随时将我们想要的东西送达这一点上。

想象一个城市中穿梭着自动驾驶汽车，每辆车顺畅地执行着委派的任务。如果你想得足够广阔的话，这个画面和了不起的全球物流系统的模样十分相像：火车、卡车、轮船和飞机持续运作，将我们所需要的货物从生产商运到制造商，再从制造商运给消费者。我们经常将其视为理所当然，但这毋庸置疑是人类最了不起的杰作。其原因伦纳德·里德（Leonard Read）1958 年在《我，铅笔》（*I, Pencil*）一文中给出了最好的解释。

里德的核心观点是，这个星球上有大约十亿个像铅笔那样的东西，但没有一个人知道它是如何被制造出来的。他写到，要生产如此简单的物品，你需要知道如何砍下雪松树获取木材，如何制作伐木工人工作时喝的咖啡，如何修建公路和铁路，让工人进入森林，取走木材，如何采购和涂抹铅、胶和漆，如何在斯里兰卡开采、塑造并运输石墨等等这些事情。里德得出结论，一支 HB 铅笔的生产有数百万人参与，起引导作用的不是核心蓝图，而是看不见的手的强大力量。

最近，《纽约时报》专栏作家托马斯·弗里德曼做了同样的事情。他在《世界是平的》（The World Is Flat）一书中，追溯了他写作用的戴尔笔记本的每个部件的供应链。在此过程中，他展示了全球物流网络将亚洲和美国的经济紧密联系起来，消除了国家间的距离及经济差异。

在很大程度上，根本原因在于美国企业家马尔科姆·麦克莱恩（Malcolm McLean）在20世纪50年代开创的"集装箱化"革命。他认为，几乎任何类型的产品或商品都可以装入标准尺寸的金属容器中（他的原件尺寸是8英尺乘8英尺乘10英尺）。这些容器可以通过起重机从卡车无缝地转移到船舶上，或者从船舶转移到火车上。紧接着，他将装船费从每吨5.86美元降低到了16美分。

今天，如倾倒的摩天大楼般大小的货船将数千个这样的集装箱运送至价值数十亿美元的由计算机控制的超级港口，然后通过一系列物流中心，货物被送至超市和仓库。这个系统的效率非常之高，而运送成本低到了多数商品最终销售价格的1%左右，这样一来，中国工厂的工人便能与美国工厂的工人更公平地竞争。

而且，和旅客运输一样，大加速有望为货物运输的效率带来进一步的提高。未来，每一件产品都将成为一个巨大的智能网络的一部分，即所谓的"物联网"，产品内置的射频识别（RFID）标签不断传送其位置和状态，自动驾驶的卡车将会不眠不休地将这些产品运送到客户手中。亚马逊公司的仓库已经差不多在用这种方式运作，机器人在过道里手舞足蹈，将适当的产品装进尺寸正好合适的箱子中。人类在这一系统中实际上成为了机器的一部分，他们配备着跟踪设备，以便工厂监控他们的运动（甚至连去离工作站太远的地方上厕所，主管都能知晓）。

正如大加速的其他部分，这些并非是强加给我们的东西。这个庞大的物流网络建立起来，正是为了满足我们的品位和需求。事实上，许多大公司已经出资数十亿美元，试图夺得短程运输的市场份额。它们认为，基于我们对即时满足的狂热追求，"按需经济"将会持续增长，我们将会订购各种各样的即刻送上门的产品或服务。我们不再耗费大量时间出门买商品，或者花时间自己动手做晚饭，只消几分钟的等待，一辆货车、自行车或者是一架无人机就会将我们想要的任何东西或任何人送达，不管是一道香脆的烤鸭卷，还是一个帮我们换床单的阿姨。

随着优步、谷歌和亚马逊等公司与 Zipal 或 Petal by Pedal 等精品服务商争相颠覆传统零售商，这些服务已经出现小规模的繁荣。英国一些新住宅甚至在前门安装了安全的"亚马逊储物柜"，以存放递送的物品。甚至乐购或沃尔玛经营的大型郊区购物中心可能也会变成配送中心，将我们每周所需的商品运送给我们，而不是需要我们亲自登门采购。

我们已经熟悉的自我强化循环又在发挥作用。因为消费者品位变化的速度加快，所以公司学会了更快地翻新产品。一个典型的例子是时尚产业，顾客品位变化的速度比传统的季节更替更快。Zara 和 H&M 等品牌的成功表明，在 21 世纪取得成功的公司能够以最快的速度将想法（例如最新的时装潮流趋势）转化成其他人可以购买的产品。特别是 Zara，这家公司之所以能够成功，在很大程度上是因为其生产系统能够将 T 台上的创新以比竞争对手更快的速度投入大规模生产。

如此的生产敏捷性也意味着，公司不用将大量资源投入夏季和冬季时装并且被迫降低服装价格，而是能每年拉多条生产线，加大受欢迎服装的生产，停止生产不受欢迎的服装。而与此同时，这种补给能力也意味着这些公司满足并助长了消费者喜新厌旧的心理，从而进一步加快了产品周期。

从长远来看，这些趋势会带来什么后果呢？最重要的影响是使经济以及我们的生活变得更加快速高效，但同时也变得更加脆弱了。比较优势这一亘古不变的经济原则将使世界经济某些领域的某些商品分工更细。然而，这种精益高效的系统总是容易受到突然冲击的影响。事实上，当产品销售或者更关键的原材料或子组件的生产集中在几家大型工厂或仓库中时，一场灾难就会影响整个供应链，使整个行业陷入混乱。

例如，2011 年，日本发生的地震摧毁了许多为大公司提供特定微芯片的工厂，从而扰乱了整个汽车行业。《纽约客》的詹姆斯·索罗维基（James Surowiecki）指出，优步和来福车的崛起使经济为之振奋，这在很大程度上是件好事。但是，正如詹姆斯·格雷克在《越来越快》一书中所写的那样，这一过程使供应链变得更紧密、更高效，与此同时也使其更容易被扰乱。

运输速度的加快也会助长我们熟知的大型化趋势。正如我们在对文化产业的研究中看到的那样，随时送达所需的背后需要大量的工作。虽然 3D 打印的兴起（另一种既源于又会助长我们对即时满足偏好的科技）可能会使制造过程更民主化、分散化，但许多东西还是需要运送上门，而承担这一工作的将越来越多的是能力和规模都足以驾驭这些庞大的物流链的公司，无论是凭借其规模，还是凭借其技术专长。

例如，亚马逊在成立的头十年间和传统零售商竞争的一个关键武器是，在许多情况下，亚马逊不用缴纳当地销售税，因为其配送中心在另一个税收更低的州，甚至是在欧洲的某一个国家。但是几年后，亚马逊突然开始缴纳当地销售税。亚马逊这样做并不是像有人愿意相信的那样，因为抵挡不住来自公众批评的压力，而是像科技作家法哈德·曼约奥所指出的那样，是为构建一个超级本地配送中心网络铺路，从而使亚马逊能够在最短的时间内送达客户订购的商品——最好是当天送达。事实上，亚马逊对 Prime 客户的承诺，已经从两天内送达，变成当天送达，甚至是下单一个小时后送达。

小公司拿什么与亚马逊相争呢？或者和谷歌的"Project Wing"相争？这些项目是使用无人机将包裹送到地面。谷歌 X 实验室的主管兼官方"登月队长"（captain of moonshots）阿斯特罗·特勒（Astro Teller）称，该项目旨在将联邦快递（FedEx）的当日送达革命升级为两分钟内送达。亚马逊、谷歌和美国国家航空航天局等机构已经开始实施分隔城市上空空域的计划，高速城际无人机在上层，当地运送在下层。突然之间，你家附近比萨店的配送摩托车看起来是那么过时。

这就引出了另一个问题。这种由少数超大企业主导的全球物流网络效率很高，但透明性不高。一个公司无论规模多大，即使是亚马逊或乐购的大小，对自己的供应链也无法完全掌控，它们毕竟没办法生产自己销售的每一件产品。相反，它要靠承包商来完成订单，而承包商又要依靠分包商。

迈克尔·霍布斯（Michael Hobbes）在《赫芬顿邮报》（*Huffington Post*）上的一篇精彩报告展示了这种承包—分包模式可能引起的种种问题。2012 年 11 月 24 日，位于孟加拉国达卡市的一个服装仓库发生火灾，导致至少 112 人死亡。据霍布斯称，其中许多人在警报响起时，曾要求离开岗位，但他们的经理又命令他们返回岗位，因为有订单要赶。

火灾发生后，有人在现场发现了西方品牌的标签，包括沃尔玛和迪士尼。但这两家公司自己并不知道这家工厂正在生产它们的商品。事实上，沃尔玛一年多前在这家工厂进行过检查，发现这家工厂不符合安全标准，所以禁止了供应商提供这家工厂的产品。事情的经过是，沃尔玛已经向一家名为成功服饰（Success Apparel）的公司下了（短裤的）订单，成功服饰将其转包给了另一家公司Simco。然后，Simco将一些订单分包给了这家不安全工厂的所有者，并且很显然没有告诉供应链中的上面两家公司。

这种承包—分包模式是快速融资和快速时尚的产物。霍布斯写道："如今，没有所谓的产品周期，只有产品。如果一件衬衫卖得好，沃尔玛就会让其供应商生产更多。如果发带莫名其妙地流行起来，H&M就会在这阵风吹过之前生产数百万只发带。"洪都拉斯为西方生产T恤的公司在过去有两个月准备订单的时间，现在它们只有一周时间。

为了完成这些订单，这些大型西方公司向大型东方公司求助，比如成功服饰、裕元（Yue Yuen）或利丰（Li&Fung）等"大型供应商"。这些公司虽然规模庞杂，但通常没有自己的工厂。所以，为了以最快的速度和最低的成本完成订单，它们会将订单承包给数千个不同的供应商。在消费者看不到的这个庞大的供应链的底部，就是那些不安全的工厂。这样做的好处是，消费者的口味得以以最快的速度、最低的成本得到满足，并且至少他们付出的部分金钱最终会落到制造商品的工人身上，创造了财富和机会，虽然这些财富和机会并不稳定。

这些庞大的后勤系统的不透明性也意味着它们容易受到操纵，尤其体现在那些大型的公司用来增强自身实力的种种方法上。我们已经知道，亚马逊使用其云服务器来托管其他人的网站，包括世界上许多大型的媒体或零售组织。在物流方面，亦是如此。现在，许多零售商不再试图与亚马逊的复杂交付网络竞争，而是通过在仓库中租用空间，来利用亚马逊的系统。这些零售商的商品存储在亚马逊的仓库里，能够以两倍快的速度送至亚马逊自己的客户手中，如此进一步巩固了亚马逊公司的市场优势。

以上证据仅仅说明亚马逊不过是一个仁慈的暴君。但不难看出，就像它监控亚马逊市场中的第三方卖家，并对其施加压力一样，亚马逊对供应链的控制也能赋予它检测及利用消费者趋势，或阻碍与之竞争的零售商的巨大能力。

垂直整合的垄断企业利用其地位达成自身目的的例子俯拾皆是。想想商品巨头嘉能可（Glencore）的案例。2011年首次公开募股时，嘉能可1637页的招股说明书声称它控制了全球一半以上的锌和铜市场，并且煤炭、粮食、石油以及几乎其他所有世界经济的重要构成要素，它都占相当大的份额。

不可否认，嘉能可的光环已经在和矿业巨头斯特拉塔（Xstrata）的大型合并中磨灭了。当时大宗商品价格正好开始下跌，但这家公司仍然价值数十亿美元，并且拥有巨大的市场力量。

那它是如何使用这种力量的呢？嘉能可最初是一家贸易公司，是我们在前一章讨论过的金融工具大师。2010年，由于热浪，嘉能可位于俄罗斯的农场收成不佳。因此，该公司在其他市场参与者之前知道了当年晚些时候小麦的价格将会飙升。为了确保这点，嘉能可高管利用其政治力量游说俄罗斯政府禁止粮食出口，如此一来，市场陷入恐慌，小麦的价格飙升，上涨了六成。

专门针对嘉能可，当然不公平。事实上，正如保罗·麦克马洪（Paul McMahon）在他的《疯狂抢夺》（*Feeding Frenzy*）一书中指出的那样，资金大量涌入大宗商品（2005年至2008年，指数基金的金额从460亿美元增加到2500亿美元）导致了大规模的投机增长。虽然此种现象不会决定市场的走向，但根据可靠估计，肯定会提高10%到20%的速度和强度上的波动。这会产生巨大的连锁效应，尤其是对那些必须购买此类商品最终产品的人。

当情况变糟时，其影响会蔓延至各行各业。例如，2010年的小麦价格飙升造成一系列国家的恐慌，导致它们限制谷物的进出口。因而，面包的价格飙升，并在很大程度上造成了整个中东地区的动荡不安，即我们所说的"阿拉伯之春"（Arab Spring）。

如果说嘉能可凭一己之力使胡斯尼·穆巴拉克和卡扎菲垮台，那有些言过其实了，但嘉能可肯定在其中发挥了不可忽视的作用。一如既往，受到伤害的总是最脆弱的一方。在富裕国家，即使小麦的价格翻倍，面包的价格也只会上涨10%。而在发展中国家，价格上涨直接对家庭预算形成冲击，尤其是那些已经将四分之三的收入用于购买食品的家庭。

如果这个世界正变得愈加动荡和混乱——确实如此，政治家已经疲于应对——这是因为，正如我们一再看到的那样，脆弱性和效率就像是同一枚硬币的两面，而我们生活的世界已极其高效。消费者需求、企业盈利和金融工程从地球和土壤中获取产品，并以越来越快的速度和越来越高的数量将它们传播到世界各地。我们甚至对这一过程毫无察觉，然而，我们的舒适和便利完全有赖于这些步骤的正常运行——亚马逊要做到在数小时内将我们想要的那本书送至我们手中，沃尔玛要能保证我们在推着购物车前去时正好能买到心仪的产品。

在以上种种变化的共同作用下，地球这个行星正不可避免地转变成一个单一的巨型网络，其宗旨便是将无论什么类型的原材料，都要以尽可能快的速度和尽可能低的成本，转化成消费者心仪的产品。

## 亚洲走向全球

这个全球物流网络覆盖面之巨大，似乎已没有进一步扩展的空间。事实恰恰相反。因为有一个事物将会为其扩展带来新的动力，甚至使世界各地的货物（以及人和思想）流动更加快速，这个事物就是亚洲的崛起。

以上对沃尔玛供应链的描述虽然可能令人感到不安，但同时也让人感到熟悉：这是一个东方制造、西方消费的世界。还记得在本书开始时提到的步行速度调查中，中国行人走路的速度也开始加快了吗？这一现象反映了过去十年左右全球经济的其中一个重要的转变。简单来说，就是东方已经学会不再等待，而选择了奋起直追。

我们都知道中国经济转型的规模惊人。1978 年，中国居民的平均收入为 200 美元。到 2014 年，这个数字变成了 6000 美元。而且，中国每六周的出口量相当于之前一年的出口量。这一转型的速度史上前所未有，用一位投资者的话来说，这一爆炸性的增长和变化过程，"就像是让卡内基、洛克菲勒、J. P. 摩根、马克·扎克伯格共同坐在一个房间里"。

印度的文化和中国截然不同。不过，印度同样是在力争繁荣，不顾一切地让尽可能多的人在最短的时间内获得第一世界居民的生活方式和地位。自对外开放以来，印度同样弥漫着一种工作能带来丰厚回报的新气息。如果茶水服务员和洗衣妇对此半信半疑，他们只需要看看全球富豪榜，截至 2008 年，全球最富有的 8 个人中，4 个是印度人。

在印度新崛起的富豪阶级中，炫富已经成为常态，中国亦如此。在孟买，穆克什·安巴尼（Mukesh Ambani）——巨型企业集团信实工业（Reliance）的子孙，建造了世界上最昂贵的私人住宅，27 层高，包含 3 个直升机停机坪、一个 6 层高的车库和一个不断产生人造雪的房间。英国可能发明了板球二十 20 比赛，但其测试比赛长达四五天，时间太长了，然而印度将其变成了一种全球现象——一场充满烟花爆竹、摇滚音乐、名人代言、百万美元合约的富豪狂欢。

受到加速精神感召的不仅仅是富人或中产阶级。商业大师 C. K. 普拉哈拉德（C. K. Prahalad）在金字塔底层宣讲着财富的福音，通过从印度贫民窟和村庄的十几亿人民中赚取微薄的利润来创收。联合利华之类的大公司已经尽职尽责地开发了一次性包装的肥皂、洗发水或零食，一方面为了盈利，另一方面也是为了训练这个巨大的新市场养成消费的习惯。

这一过程最终的结果很简单。在中国、印度、越南、孟加拉国乃至整个亚洲，以及越来越多的非洲国家，成百上千万的人正在养成积极进取的习惯。他们可能不像西方人那样挥霍无度（实际上，许多中国或印度父母为了让他们的孩子念大学，节衣缩食的程度令人咋舌），但他们仍然被卷入这个覆盖全球的庞大物流网络中，并为其再度扩张提供了新的动力。


## 更繁华的城市

拼图的最后一块是这些人将会居住的地方。因为我们忙于建设的不是国家网络,而是城市网络。这些城市是节点,是数据流、人、货物汇合的连接点。

细想一下,进展已经显而易见。全球物流系统连接一千个人口七百万的城市,比连接七百万个人口一千的村庄高效得多。在城市中,我们能享用超级本地配送、超高速宽带,更重要的是,能快速获得工作和机会。

这个城市化进程的规模同样令人难以想象。今天,有28个城市人口超过1000万。到2030年,联合国预计这个数字将达到41个,并且其中一半以上在亚洲。在印度,在野心的牵引和贫困的逼迫下,未来二十年大约将会有2.4亿人从农村迁往城市,城市人口几乎会翻一番。中国近期宣布,计划在北京周围建立另一个特大城市,所容纳人口相当于美国总人口的三分之一,面积接近堪萨斯州。在短短十年的时间里,中国将拥有221个人口超过百万的城市,而整个欧盟这样的城市只有35个。

因此,人类的未来属于城市。正如P. D. 史密斯(P. D. Smith)在《大都会:城市时代指南》(*City:A Guidebook for the Urban Age*)一书中所写,**"除非出现无法预料的全球性灾难,否则21世纪必然会经历人类历史上最伟大的城市文明繁荣。**预计到2050年,全世界四分之三的居民将成为城市居民,人数约64亿"。这个数字和目前全球人口数量相比只差一点。

未来的世界不仅拥有大量城市，还会拥有大量超级城市。我们已经能够看到未来城市上层建筑的骨骼：相隔250英里的里约热内卢和圣保罗相互靠近；墨西哥城不断膨胀，直至占据墨西哥的整个中心；中国东部沿海一带灯光闪闪。上述巨大的物流网络的建设，正是为这些超级城市服务。世界上的产品将会运送到这些城市，供城市里的人消费，大量的汽车也将会被运送到这里，形成严重的交通拥堵。这意味着，人类面临的最重要的问题可能是：这些超级城市究竟会是什么样的？

最糟糕的情况（似乎出现在非洲许多地方）是，经济增长跟不上飞快的城市化进程，许多新兴城市沦为贫民窟和棚户区，就像是刚果民主共和国的金沙萨市。这座城市拥有九百万或一千万居民，几乎没有污水处理系统，也没有中产阶级，五分之一的成年人携带艾滋病病毒，四分之三的人口无法享受正规的医疗服务。事实上，随着人口增长，非洲可能需要建设数十个新的城市中心，因为许多现有城市都已支离破碎。

然而，鉴于近几十年来经济的快速发展，更乐观的情况是，未来的超级城市将会像伦敦或柏林。在这些伟大的国际都市中，语言和文化不断创新，新的全球中产阶级能在这里工作、玩耍、碰撞（而新的全球精英阶层在摩天大楼上俯视着他们）。这些城市将会通过越来越快的宽带或常规航空旅行与其他创意中心链接在一起，而其容量预计会在未来二十年内增加一倍。套用本章前半部分的说法，这些城市将会使用敏捷的自动驾驶智能车辆，不会产生令人痛苦不堪的交通堵塞。

幸运的是，正如大加速一贯的情况，概率的天平总是倾向于更乐观的一方。事实上，有强有力的证据表明，这种大规模的城市化正是人类迫切需要的。诚然，超级城市充满贪婪和浪费：北京的人均能源使用量是中国平均水平的三倍。但是，能源浪费的部分原因在于，传统的城市核心被十分耗费能源的郊区包围。而新的生态城市将会更智能、更高效。在专门设计建造的韩国生态城市新松岛中，没有垃圾车，因为没有垃圾，所有的水都会被回收、重复利用。

更重要的一点是，城市的高速会体现在非常好的方面。我们已经看到，我们的生活节奏会随着社区规模的增大而加快，而罗伯特·莱文和其他人的研究均显示，创新水平、生产力、收入和其他好东西亦如此。

根据英国科学家杰弗里·韦斯特（Geoffrey West）的说法，这一过程遵循着一个非常简单的法则。较大社区中，公民之间互动的增加——部分原因在于他们移动速度更快，彼此碰面更频繁——导致其经济的规模和复杂程度的增长速度远超过其人口的增长速度。如果将某人置于较之前两倍大的城市中，他的生产力会神奇地提高15%。更妙的是，规模经济的增长意味着损耗更低的环境成本，当城市的规模翻倍时，其资源利用仅增加85%。

当然不光是好消息，较大社区公民之间互动的增加也意味着会出现犯罪更多、疾病更多等情况。但总的来说，城市化进程是件好事。韦斯特告诉《纽约时报》："随着城市越来越大，一切都开始加速。每个单位都变得更高效、更具创新性。在自然界中，没有与之相等的事物……城市是一切新事物的来源之地。"而且，一如往常，这一进程能自行加强。因为大城市需要更多机构和创新以保持系统运行，使越来越多的人进入这种加速的生活方式。

在接下来的半个世纪里，亚洲中产阶级将从约6亿人增长到约

30亿人，成为全球需求的主要推动力。这一前景对西方来说可能令人不安，因为我们发现我们自身和我们的品位已经逐渐退出了全球的领先地位。普华永道（PwC）的一份报告预测，到2050年，英法将被挤出全球经济前十名的行列。但对整个人类而言，这个世界将会变得更加繁荣、更加充满活力和创造力，因为这些丰饶的超级城市将会吸收并富裕上亿的农村人口。事实上，这正是最为重要的一点，它不仅会巩固大加速，而且会为之带来新的动力。我们可能仍然会承受恶劣和意外的后果，尤其是拥堵和污染，但总的来说，城市发展的前景一片大好。

还有一点需要说明，这可能是最为重要的一点。以即时满足为基础的经济和社会创造了一个庞大而复杂的物流机器，致力于包裹乃至人的快速移动。随着世界经济的增长，这个网络的复杂性也会增长，会有越来越多的国家和供应商受到看不见的手的指引。

正如我之前所说，这个宏伟的不断转动的机器是人类最了不起的成就。然而，所用的燃料却是地球的有限资源，当这些资源被耗尽时，会发生什么？我们总是渴求更多、更新、更快的东西，却终究欲壑难填。我们将在下一章探讨：地球能否应对？

# 第九章
## 加速奔向毁灭？

Chapter Nine

**很明显，美国胃的容量是有限的。但是过去十年，我一直在预测，我们已经到达这个极限，可这一天从未到来。**

**——家禽业分析师保罗·阿霍（Paul Aho）**

我在想出"大加速"时，发现这个名词似乎能够简明扼要地充分描绘出人类生活的不断加速。后来，我发现这个术语已经被地质学家使用，用来描述同一过程对我们生活的星球的影响。

二战后，科学家意识到，人类正在以越来越快的速度改变这个世界。不经意中，我们代替了大自然的位置。最近的地质时代"全新世"已经被"人类世"代替，人类正马不停蹄地将地球的每一个部分转化成前一章所描述的庞大经济体系所需的原料，"人类世"因此得名。

正如黛安娜·阿克曼（Diane Ackerman）在《人类时代》（*The Human Age*）一书中所说的那样，"我们已经殖民或涉足了地球上从海洋沉积层到大气层外的每一寸领地"。或者像生态记者马克·莱纳斯（Mark Lynas）所说的那样，"如今，地球总'净初级生产力'（植物利用太阳能产出的一切）的四分之一到三分之一用在了维持一个物种的生存上，这一物种就是我们人类"。

**这就是最广泛意义的大加速：人类对地球影响的大幅加速和加强。**正如本书所论述的那样，这一过程的驱动力是我们对方便的无尽渴求与贪婪。问题是，满足眼下的欲望耗费了我们如此多的精力，导致我们担忧后果的精力已经所剩无几。为了防止冰箱燃烧，我们研制了含氯氟烃，几十年后才意识到，这一物质正在损毁保护我们免受紫外线伤害的臭氧层。我们发现了地底埋藏数百万年的化石资源，并在几十年内将其几乎燃烧殆尽，而与此同时，它释放着温室气体，威胁着我们的未来。我们还用大海深处被挤压成石灰岩的三叶虫化石来涂刷墙壁、清洁牙齿。简言之，我们为了眼下之快，牺牲了长远，而且，随着我们需求的加强和时间视野的缩短，这种行为愈演愈烈。

因此，关于大加速，至关重要的问题也许是，**我们的欲求会不会让我们生活的世界走上毁灭的不归路？抑或是大加速能让我们找到解决我们所制造的问题的办法吗？**为了寻找答案，我们最好从看似简单的吃饭这一问题入手。

## 人类的毁灭性胃口

在大加速的作用下，我们的胃口和腰围都在不断增长：1980 年至 2000 年，美国男性平均增重将近 10 公斤，并且仍旧以一年一两斤的速度在增长着。以色列魏茨曼研究所（Weizmann Institute）

的依兰·埃里纳（Eran Elinav）把全球糖尿病和肥胖问题的飙升描述为"人类历史上最严重的流行病"。按照目前的趋势，2000 年出生的儿童中有 50% 最终会得肥胖症，三分之一会患糖尿病。

肥胖的部分原因在于我们的食量正在增加，尤其是肉类的摄入。例如，自 1980 年以来，普通美国人的平均鸡肉摄入量翻了一番。另一部分原因则在于我们吃的食物正在变化。我们越来越多地购买那些能够让我们轻而易举地产生最大愉悦的产品，这些产品加入了盐、糖、脂肪，入口便能产生滋味。结果，正如查尔斯·都希格（Charles Duhigg）在《习惯的力量》（The Power of Habit）一书中所写的那样，"炸薯条的味道能在触碰你舌头的那一瞬间，开始分解，并且会以最快的速度释放盐和油的滋味，点亮你的愉悦中枢，让你的大脑对此念念不忘"。

此外，我们逐渐不再使用新鲜食材进行烹饪，而是使用更加方便的即食食品和预先包装好的食物。在美国普通家庭中，每天的烹饪时间缩减到了 30 分钟，比 1970 年减少了整整一个小时。这些统计数据来自保罗·罗伯茨（Paul Roberts），他的《食品恐慌》（The End of Food）以及卡罗琳·斯蒂尔（Carolyn Steel）的《食物越多越饥饿》（Hunger City）是本章论据的重要出处。这两本书应该是任何对现代食品经济感兴趣的人的必读之作。到 2030 年时，烹饪时间预计会下降到 5~15 分钟。超市中，增长最快的类别是即食食品，这些产品不需要准备，只需要少量咀嚼，非常方便人们在车里或街道上狼吞虎咽。

我们没有时间思考正在吃的食物会带来怎样的后果，不单是因为我们的注意力时常被分散。在很多情况下，是因为这样做困难得多。血液中脂肪的存在会刺激食欲，并且会降低我们觉察到饱腹信号的能力。食品科学的发展带来了异曲同工的效果：许多含糖食品为了节约成品，已经不再使用实际的蔗糖，取而代之的是高果糖的玉米糖浆。然而，因为玉米糖浆是由果糖而非葡萄糖构成，所以不会触发通知大脑我们已经吃饱的身体机制。

换句话说，食品供应便利性的提升，使得我们逐渐脱离了未加工食物，现在大多数的家庭食物甚至没有一种是新鲜制作或从头烹饪的。1965 年，*Elle* 杂志中的食谱可以想当然地认为，其读者会剥兔皮；如今，它的读者大约从未见过哪只兔子的脖子上没有戴着一只可爱的小蝴蝶结。众所周知，电视厨师杰米·奥利弗（Jamie Oliver）仅仅用土豆、韭菜、洋葱等基本食材，就将孩子难倒了。

一如别处，我们的饮食变化也是由我们对新奇的渴求决定的。正如麦当劳曾在其年度报告中所述，食品公司一直致力于监控消费者不断变化的生活方式，"并随时准备中途拦截"。这份报告称："在扩大客户便利性的过程中，我们获得了市场份额。"这种心态催生了整个食品科学家和客户分析师行业，科学家们塑造了我们食品消费方式的方方面面，口味制造者们探访全球，试图判定培根口味、绿茶口味或当地食物的爆红究竟是一时之风，还是一种长久趋势。菲多利公司（Frito-Lay）生产沃尔克斯食品（Walkers）和乐事薯片等众多品牌，其位于达拉斯的研究中心每年耗费 3000 万美元，以确保其产品易食可口；在这家研究中心的实验室中还有一台价值 4 万美元的咀嚼模拟器。

这些公司遇到的困难正如之前的章节所说，是我们不仅渴望新奇，还想要熟悉。雀巢食品消费者互动部门负责人彼得·莱斯伍德（Peter Leathwood）告诉保罗·罗伯茨："人类在食物方面天生非常保守。因为，当人类尚在以狩猎采集为生时，食物的味道如果突然有所不同，这是一种警告。"也就是说，食品公司必须费尽千辛万苦生产对消费者来说既足够新奇、又足够熟悉的产品。

那为什么还要冒险研制新产品呢？因为企业利润表需要如此。随着食物商品化，价格因超市不断施压（我们将在本章的后段探讨这种现象）而降低，企业要想盈利，唯一的办法就是增加产品的价值。其秘诀是不卖谷物，而是在谷物内加入某种健康的维生素，并在标签中说明这点；也不卖面包和果酱，而是将其变成 Pop-Tart（上面有果酱的小圆饼）。

正如罗伯茨所写，这样的新产品：

**对制造商来说至关重要（截至 20 世纪 90 年代末，食品行业总收入的三分之一来自最近推出的产品），其表现却难以预测（只有三分之一的产品能存活三年）。公司必须不断发布新产品（目前每月约有 1500 种），希望至少其中一些能够存活下去。为了研发层出不穷的新产品，食品公司已经成为产品永动机，不断将消费者的欲望转化成一批又一批的高利润产品。**

推动这一过程的常常是雀巢或卡夫这样的食品制造商，它们体量已经十分庞大，但如果只有一种成功的产品，难以到达其最低利润线。罗伯茨说："如今，食品公司规模巨大，有多个产品线，它们已经不能靠一年只有一两种成功产品生存下去，它们需要数十种新产品，以确保持续增长。"这又是爆款模式：食品公司要么下重注，要么不断进行合并，使自身规模增大、收益抬高，而这也使得生产足够多的新产品以满足市场变得更加困难。

食品公司持续盈利的能力取决于不断迎合消费者的便利需求。为此，他们将不择手段，使用各种神经学伎俩，然后才会开始担心这些食物对我们腰围的影响。然而，不光是新产品层出不穷。我们常常忽略的一点是，为了满足我们的需求，食品链的每一部分都被重新精心设计过了。


## 全球夏季与单调口味

当你走进一家超市时，常常会看到琳琅满目的绿色食品，这是因为看到水果和蔬菜会让我们感到更快乐。而且，如果我们在一开始采购时买到了充足的健康食品，后来就更有可能大肆购买垃圾食品。超市也会尽力确保每种商品数量充足，因为超市最可能赶走消费者的一点是在人们需要的时候缺少熟悉的商品。因此，为了保险起见，超市会大规模地超量订购，以确保每种产品都是充足的。

同样，因为我们知道食物"应该"长什么模样，食品公司会坚持要求其供应商提供的产品达到严格标准。在英国，鳄梨重量的差别不能超过目标重量半盎司（约 14 克），而法国市场供应的四季豆必须完全是直的，正好 10 厘米长。在以上两种情况下，不符合标准的食材就会被丢弃，这造成了大量的食物浪费。（据估计，美国食物总数有四成被丢弃，每年造成的损失大约为 1750 亿美元。）

我们之前讨论的物流网络在这里发挥了作用。为了确保食物在需要时送达，所要花费的功夫多到不可思议。例如，一艘停靠在泰国港口的中国渔船抓的鱼要供应给一家荷兰公司，首先要确保这批鱼恰好在适当的时间到达英国的加工中心，然后配上适量的酱汁和土豆泥，做成可以微波炉加热的鱼饼。

在位于谢菲尔德附近的 Pennine Foods 这样的公司里，英国的即食食品在将近 6 米宽的搅拌机中得到加工，然后被送进家用车库大小的烤箱中烤熟，包上可以直接上架的"零售包装"，最后被运往大大小小的商店、超市。这些供应商需要时刻保持警惕，以满足我们不断变化的想法。如果天气连续晴朗或下雨，使得人们都去超市买特定的商品，那这些商品就必须在货架上等着，以免变幻无常的消费者改道去其他地方消费。

我们对货架上应该有特定商品的期待很强烈，以至于消除了季节的差异。特别是蔬菜和水果，在这方面，我们已经进入了食品作家乔安娜·布莱斯曼（Joanna Blythman）所谓的"永久性全球夏季"时代：无论是一年中的什么时候，我们总能买到同一产品。简单地举一个例子，为了弥补季节更替带来的不便，美国的超市在一年中分别使用加利福尼亚州、智利和危地马拉生长的相似的覆盆子，并希望消费者永远觉察不出其中差异。

然而，便利是一把双刃剑。这一系统提供的产品往往并不是味道最好的产品，而是最适合全球物流网络严苛标准的产品。卡罗琳·斯蒂尔在《食物越多越饥饿》中指出，我们吃金帅苹果，不是因为这种苹果是金色的，或者长得比较"帅"，而是因为这种苹果产量稳定，可以提前采摘，易于储存且适合运输，能在南北半球种植，并且可以全年采摘。她说："随处可见的澳洲青苹果也具有这样的种植和运输属性，虽然这种苹果硬得像炮弹，酸得要人命。"

这一过程最终会导致一系列全球单一文化的出现。面对全球农业对少数精选品种的巨大需求，苹果或豆类或其他任何类型的农产品的地方品种将逐渐消亡。斯蒂尔说，在英国销售的草莓中有四分之三属于 Elsanta 品种，这一品种将数百个其他本地品种挤出了植物链；同样，逾九成的美国牛奶产自同一个奶牛品种。植物生物学家加里·马丁（Gary Martin）声称，由于这种不可阻挡的方便顾客的统一性趋势，过去一个世纪以来，我们栽培的植物的多样性减少了75%。

这样的系统存在一个严重的问题：极易遭到破坏。二战后不久，由于恶性香蕉枯萎病"巴拿马病"的蔓延，人们不得不在全球停止使用"格罗·米歇尔"（Gros Michel）品种，转而使用劣质的"矮卡文迪什"（Dwarf Cavendish）品种。因为市面上的香蕉品种多是由印度偏远森林中的一株特定植物克隆出来的，所以非常容易受到类似流行病的侵害。难怪汤米·汤普森（Tommy Thompson）在2004年的美国卫生部长离职演讲中说："我无论如何也闹不明白恐怖分子为什么没有袭击我们的食物供应系统，因为这非常容易办到。"

即使在农产品部门之外，对生产速度和运输便利性的需求也常常超过对良好口味或品种的要求。我的前同事安德鲁·布朗（Andrew Brown）是一位作家兼业余面包师，他在冰箱里将同一批天然酵母养了十多年。他特别憎恶快速真空搅拌法，这一方法由英国烘焙工业研究协会发明，现在英国约八成的面包是用这种方法生产的。用安德鲁的话说：

快速真空搅拌法之所以效率如此之高，是因为去掉了面包最宝贵的成分：时间。没有时间（和好谷物、水以及盐），你不可能做出好面包……如果你去掉等待的过程，压缩发酵的时间，你做出的面包不会有香味，也没有特点。为了让最终的结果能够下咽，你很可能不得不依赖各种添加剂，比如酶和乳化剂，还有大量的工业酵母，这样面包就会快速发起来。传统面包师使用温和揉捏的办法，而 Chorleywood 式面包靠超快速的"高剪切"搅拌，面团可能会变得极其热，需要用冰冷却。然后，等短短几分钟，再醒发大约45分钟就可以了。

《伟大的英国烘焙》(*The Great British Bake-Off*)? 扯淡。

不仅面包如此,对速度、食品安全以及运输便利性的要求意味着对于所有类别的食物,味道都必须先去除,然后再由人工添加。比如,批量生产的饼干在烘烤后只能保有 3% 的味道,因而我们尝到的味道是后来喷洒上去的。这些食物中含有额外的添加剂,脂肪、盐和糖尤其普遍,因为我们已经养成了对这些味道的嗜好。罗伯茨指出,现在甜味剂的使用在美国十分普遍,甚至连罐装蔬菜中都有,以至于美国的消费者认为未加甜味剂的食物淡而无味。


## 富足星球的错觉

以上例子表明,现代全球农业系统的目标常常不是为了顾客的便利,而是为了供应商的便利,将(在时间、金钱和营养方面)尽可能少的投入转化成尽可能大的利润。结果,我们吃的苹果没那么脆了,面团出现了酸味。但从整体上来看,现代全球农业系统也为我们带来了巨大的利益。

最明显也最重要的好处是,现代全球农业系统帮助我们养活了这个世界,其规模是以前难以想象的。1950 年至 2000 年,全球人口增加了 2.5 倍,但食品产量增加了 3 倍多。最现代化的农民生产的粮食比其前辈多得多。现在,美国农民的生产力比撒哈拉以南的佃农高出 2000 倍,而在 1900 年,美国的产量比他们只高出 10 倍。

这一变化在很大程度上归因于一次简单的意外事件。正如保罗·罗伯茨所描述的那样，在20世纪40年代后期，纽约州奥兰治的垂钓者发现，莱德利实验室（Lederle Laboratories）所属的一家工厂的下游出现了品相特别好的鱼类。原来，这家公司开发了一种名为四环素的化学品，这是一种用于治疗内部感染的抗生素。鱼类接触到工厂泄漏的此种化学品，得以将更少的能量用在抵抗感染的免疫系统上，从而能将更多的能量用于加快生长。当这种药物被添加到火鸡、牛、猪等牲畜的饲料中时，这些动物也长得很大个儿。于是，抗生素革命诞生了。

如今，此类发现不再是偶然。输入输出等式在食物链上上下下占据着至高无上的地位。动物已经从牧场搬到了棚子里，以谷物为食，不再吃草（因此长得更大）。它们被补充了维生素、抗生素以及其他任何需要的东西，通常是为了弥补这种饮食变化带来的不足。从基因到生活条件，能调整的都被调整过了。比如，鸡被饲养在持续的光照下，因为这样它们就会吃更多、长更大。罗伯茨描述了其中原理：

遗传学的突破使得诸如 Aviagen 和 Cobb-Vantress 之类的商业育种公司能够操纵决定禽类生产的大多数因素，包括胸部肌肉量（对优化白肉产量至关重要）、消化道效率（能加快鸡将谷物转化成肌肉的速度）等。如此培育出来的鸡简直是行走的肉类机器，是1975年的鸡的两倍大，鸡胸部分每块也将近一斤重，而且还能以出奇快的速度长成这种相扑选手般的身材。

这难以避免地对人类产生了种种影响。农业中抗生素的大量使用导致具有抗药性的超级细菌出现，威胁人类健康，并且抗生素还削弱了居住在我们肠道的有益细菌，给我们的健康带来了各种各样的连锁影响。然而，对这些动物而言，代价更加深重。如今，鸡的肌肉增长速度十分快，其速度是五十年前的五倍，鸡身体的其他部分根本无法跟上，导致鸡的腿部和心脏疾病很常见，此外还有诸如所谓"翻转综合征"之类的疾病。

这些鸡生活在密集式养鸡场里，它们的笼子不超过 A4 纸的大小。它们的死亡也毫无尊严可言。当这些鸡一到成熟，不再能足够高效地将额外的饲料转化成更多的重量时，它们就会被处死。不幸的是，鸡在死的时候，会疯狂地扑棱翅膀，这会造成大量乳酸进入肌细胞，从而损害庞大的鸡胸肉。虽然工厂正在努力克服这个问题，但更快捷方便的方法是"发货时解决"。通过在鸡胸肉中注入盐和磷酸盐使其保留水分，这样做还能顺便增重，提高利润。

密集式饲养的鸡是一个很好的例子。实际上，任何产肉、奶、蛋的物种的生长周期都加快了，因而品种都被迫受到了改造。由于每年都有几周时间，母鸡会更换羽毛，在此期间无法下蛋，所以在中国台湾等地，母鸡被"强制脱毛"，通过停止供应饲料十天，使母鸡羽毛加快脱落。在鱼类养殖场，一个笼子里能饲养多达五万条鲑鱼，这些鱼在笼中四处游动时，由于在笼子边缘以及彼此刮擦时受伤，会产生畸形并且生长寄生虫。而鳟鱼成了"三倍体"，一种非雌非雄的状态，这样它们就不会将生长能量投入生殖系统，从而节省了饲料成本，并且在被宰杀收拾时损失的鱼肉也会更少。

对有些人来说，这样做的道德代价太高了。卡梅伦的前任首席顾问史蒂夫·希尔顿（Steve Hilton）在他的《更人性化》（*More Human*）一书中问道："将活着的小鸡扔进绞肉机，仅仅因为它们是雄性的；在不用止痛药的情况下，剪掉小猪的尾巴，打断它们的门牙，以免出现'压力引起的同类相残'，将它们一大块的耳朵剪掉，以便识别；奶牛的奶被挤到无法再挤的程度，导致奶牛的实际寿命只有自然寿命的三分之一。以上这些事例，我们都觉得没什么问题，我们到底是怎么了？"

从根本上来说，是因为我们的食物以及整个自然世界已经成为另一种商品，成为从原材料一直到我们吃饱吃好这一价值链的一部分。这就意味着我们的食物和我们周围其他的一切一样，经历着不断地转型和创新。因而，食物也具有同样的效率趋势和大型化趋势。

你对此采取什么立场，取决于你所持的观点。你可以哀悼当地小型农业的衰落，也可以惊叹这些过程确保了数十亿人能以比从前更低廉的价格，更容易地买到食物。比如，大型超市以最低的价格为消费者提供了种类多到不可思议的商品，据估计，仅沃尔玛就将美国的杂货花费降低了一成。

不过，仅仅因为这一过程对消费者有利，并不意味着我们应该对其后果视而不见，就像上一章的后勤链条一样。例如，为了维持如此低价仍然盈利，超市向供应商施加了巨大的压力——特别是通过让他们负责库存（包括前面提到的大量过剩的水果和蔬菜），从而将超市需要的存储空间最小化。供应商为了应对这种压力，必须提高效率，扩大规模，以便在谈判中坚持立场，并且保持收益增长。

结果，嘉吉（Cargill）或泰森（Tyson）之类的公司控制了食物链的大部分。81% 的美国牛肉市场掌握在四家大型加工企业手中，包括前面提到的两家公司。全球茶叶贸易由三家公司控制。而仅 Fresh Express 一家公司就生产了美国超过四成的预包装沙拉。虽然美国养猪场数量仅为三十年前的十分之一，其平均规模却比那时大十倍。

在这种情况下，只要这些企业的竞争对手不是垄断型的联合企业，市场就仍能发挥它的作用。即使面对的是垄断企业，竞争压力仍会迫使它们通过生产越来越多的廉价产品来提高利润。

虽然对于消费者来说，这结果很棒，但也会产生一些意外的后果，比如"超大分量"的快餐使我们发胖。世界农场动物福利协会（Compassion in World Farming）的菲利普·林伯里（Philip Lymbery）在其《末日农场》（*Farmageddon*）一书中指出，这种全球农业系统下生产的鸡肉含有比之前更多的脂肪，虽然味道更好，但营养价值更低。现在超市供应的典型鸡肉，每份比 1970 年的鸡肉多 50% 的卡路里，多三倍的脂肪。脑科学与营养研究所（Institute of Brain Chemistry and Nutrition）的迈克尔·克劳福德（Michael Crawford）教授声称，这一行业是在"生产脂肪，而不是生产肉类"。

这一系统还有其他弊端。动物不再必须由牧场饲养，也就意味着你可以随意将饲养场安置在监管最松、补贴最高的地方。利润压力意味着，当供应链底部的人开始使用马肉代替牛肉放入意大利宽面中时，没人会仔细调查，甚至没有人会意识到这点，就像没人知道沃尔玛的短裤订单最终分包给了谁一样。

除此之外，食品情况和那些纺织公司还有另一个相似之处。当你的工厂能够每周处理一百万只鸡时（许多大型公司具备这种能力），你需要让一百万只鸡的生产成本迅速下降，否则就是你的利润率迅速下降。在整个食品行业，利润率非常低，生产系统却非常高效，因而任何形式的混乱都会以极快的速度蔓延至整个网络。疾病当然也包括在内。现代全球化物流网络所创造的奇迹意味着，病原体能在任何人发出警报前，从加拿大的莴苣田或泰国的养猪场来到我们的餐桌上。

其至连我们为解决这些问题所做的努力也常常适得其反。保罗·罗伯茨描述了加拿大 2004 年在遏制不列颠哥伦比亚省 H7N3 禽流感爆发过程中所做的"努力"。他们在鸡舍中放满一氧化碳气体，结果鸡没被杀死，病毒颗粒却被挤出了谷仓。他们又用巨大的便携式击晕器电击遭到感染的鸡，然而老弱的鸡被杀死了，健壮的公鸡却没死。于是，"在处死这些鸡的过程中，产生了满是油、病毒、鸡毛以及其他颗粒的浓烟"。据估计，在美国商店销售的 69% 的猪肉和 92% 的家禽都携带大肠杆菌，因为将其从食物中去除耗费的成本太高了。

下一个问题是，食品行业和其他任何行业一样，都被卷入了金融市场。长期以来，农产品和其他行业脱节，与这些行业的波动性之间有一道屏障。然而，普林斯顿大学的一项研究表明，西方农产品市场已经开始和其他所有行业一起经历上下起伏。我们只需要想想前一章讨论的"阿拉伯之春"，就能想象到这可能会造成的动荡。


## 从盛宴到饥荒


然而，对我们的农业系统最根本的指责不是针对其残酷性或不公平性，而是针对其不可持续性。

在西方，空气重新变得干净，河流恢复了清澈，森林重新变得茂盛，宜人的绿地出现，野生动物重新拥有了静谧的家园。之所以如此，部分原因在于，全球供应链使我们能够输出我们的生活方式对环境造成的破坏，或者将其隐藏起来。我们看不到肥料流失造成的死水区或者密集动物饲养形成的污水池，虽然现在一个生猪或奶牛饲养场产出的排泄物和一个小型城市一样多。（2007年，北卡罗来纳州杜普林县饲养了230万头猪，所排粪便是整个纽约的两倍。）

甚至绿色革命这一让我们能够在20世纪下半叶养活地球上飙升的人口的农业奇迹，也是通过化肥的加倍使用和采用改良的水稻和小麦品种实现的。大量使用化肥所能带来的收益正在递减，因为土壤自身的基本养分正在逐渐流失。美国加州素来有世界蔬果篮子之称，但根据林伯里的说法，这是一个"用数十亿美元变出的魔术"，是使用水和化学物质从极度缺乏自然养分、像棕色聚苯乙烯一样的土壤中获取的丰收。

世界其他地方也在使用同样的模式。无论是发达国家，还是发展中国家，雨水都无法满足农业需求，所以我们正在以越来越快的速度从地球含水层抽水，这种水可以理解为"化石水"。在印度的一些地方，地下水位每年下降6米，需要专业的石油钻探设备才能找到地下水。干旱状况严重的加州，也在使用类似的技术——但机器抽取的水越多，将来剩余的水就越少。美国大平原下的奥加拉蓄水层（Ogallala reservoir）提供了美国三成的饮用水，但可能会在二十五年内完全干涸。

问题不仅出现在陆地上。根据联合国粮食及农业组织的说法，海洋鱼类打捞现象如此严重，以至于超过半数的野生鱼已经被打捞殆尽。由于大部分渔获物是小鱼，所以被做成了饲料或油，来喂养其他鱼、鸡或猪。鱼类资源快被耗尽了，有些人甚至建议将这一过程倒过来，应该用陆地动物喂鱼。这就是典型的"拆了东墙补西墙"。

当然，使用世界上的资源让我们的生活变得更舒适，这合情合理。我们一直非常擅长在短期收益面前忽视长期代价，而这种倾向在大加速的作用下只会加剧。然而，我们现在才刚刚意识到我们为了满足眼下欲求剥削了过去和将来的后果。短期看来，可能会导致政治和经济动荡，尤其是"水战"（water wars）。《纽约时报》专栏作家托马斯·弗里德曼指出，叙利亚内战爆发前，发生了几十年来最严重的旱灾，导致数千人离开他们的家乡，来到繁忙的城市。长期看来，这种情况会对生态系统造成广泛的创伤。

那么生态系统目前状况如何？截至 2008 年，人类每年的消耗量比地球可持续生产的数量高出 30%。为了弥补这种差距，我们开采了越来越多的历史资源和地质资源：到 2050 年，全球七成的热带雨林和针叶林将会被砍掉，而此过程会使土壤退化，变得更加疏松。

当然，并非所有自然资源都将被耗尽。页岩气和石油的开采改变了能源市场，成功将"石油峰值"的到来推迟了数年，甚至数十年。然而，即使到了那时，无论地球的化石燃料资源有多么丰富，我们也不能将其用光。因为如果我们这样做了，地球就会变成一个桑拿室，即使是最极端的气候变化怀疑论者，也承认这点。

事实上，甚至连我们用来拯救自己的方法，也常常带来意想不到的后果。当我们意识到空气污染正在造成成千上万的人死亡时，我们取缔了气溶胶的使用，却发现气溶胶产生的雾霾在抑制全球变暖，结果空气治理的后果是全球变暖突然加速了。而且，我们依然没有解决空气污染的基本问题——太多人开车。由于成千上万的车辆排出的颗粒物，伦敦的牛津广场现在是欧洲污染最严重的一个地方。

我们面临的最重要的问题无疑是气候变化。事实上，这一问题首先说明了我们没能抵抗诱惑，将长期利益放在了短期利益之上。就像我们生活中的其他变化一样，气候变化也充满许多不可思议的反馈循环，并且以意想不到的方式引起了相互增强的副作用。

正如大加速不仅影响了我们前进的速度，气候变化不只是我们向大气中释放多少碳的问题，还有一些广泛的因果关系。比如，我们向空气中释放的碳越多，海水吸收的碳也越多，海水就越酸（海水的 pH 值现在很可能是两千万年来的最低值）。另外，还有一些突然出现的明显的临界点。

随着西伯利亚和北冰洋的冰川融化，暴露出来的深色地表将发散更多热量，加快全球变暖。而在融化的水的润滑下，更多的冰将会滑落，于是又加快了这一进程。尽管我们十分担心冰川融化会导致海平面上升，但同样值得担心的还有北方永久冻土层的融化。这些冻土层中含有 1.5 万亿吨的二氧化碳，是目前大气中二氧化碳含量的两倍，类似的融化也将释放格陵兰冰盖下古老的甲烷，这种温室气体的作用比二氧化碳强二十倍。

以上种种使得一个本就不稳定的世界突然变得更加不稳定。从 20 世纪到 21 世纪初，全球的富裕主要建立在三大优势上：廉价的能源、廉价的水和宜人的气候。而现在这些都可能在未来几年受到威胁。例如，科学家估计，假设我们继续照现在的速度向大气中排放二氧化碳，到 2050 年，美国西部和中西部地区有八成可能将会出现"超级干旱"。

专家表示，从气象角度来看，20 世纪是异常稳定的时代。然而，对于今天遍植全球的高度专业化的单一作物来说，少许波动就会造成灾难性后果。而且，与往常一样，无论是什么程度的破坏，受害程度最深的总是最贫困的人。富裕国家能够用钱自保，但在粮食短缺时，运输粮食的船只会驶向中国或美国的港口，非洲国家将会难以果腹。

对于许多环保主义者来说，这些问题是使自然世界成为供应链的一部分的必然结果：自然世界沦为另一种以尽可能快的速度用完的商品。放眼未来，这种生态系统的压力不可能缓解。首先，世界上将会出现数十亿的人口增长。可能也没有人们曾经担心的那么多，一方面因为，在发展中国家妇女教育取得了巨大进步；另一方面因为，富裕的城市居民比贫困村民生育的孩子少。然而，世界将会变得更加富裕，这点也会造成一系列问题。

正如我们在前一章所见，亚洲和非洲越来越多的人渴望达到西方的生活水平。但养活一个美国公民，吸收他造成的污染，需要相当于 9.5 公顷的地球面积，欧洲和日本在 4～5 公顷之间，而全球平均值仅为 1.8 公顷。如果将目前美国的生活方式在全世界普及，那么我们将需要一个 2～4 倍地球大小的行星，用来生产充足的水和谷物，喂养需要饲养屠宰的数十亿额外的牛、猪、鸡。

虽然我们不可能所有人都像美国人那样生活，但这并不意味着我们没有在尽力而为。麦肯锡公司（McKinsey）估计，到 2030 年，全球用水的需求量将从 4.5 万亿吨上升至 6.9 万亿吨。这个数字比目前的供应量多出约四成，这使得人类必须建立大型项目（此类项目已经在中国展开），将水从湿润地区转移到干旱地区。同样到 2030

年，世界又需要增加目前一半那么多的食物，不是因为有更多人要养活，而是因为生活方式变得更加富足。还要再建数千座发电站供电，以及其余种种基础设施保障我们的生活。

使如此未来成为可能的一种途径是提高能源的使用效率。在过去的一个世纪里，我们在能源效率方面取得了巨大进步，然而我们为了更高的便利性，损耗了这些进步。例如，自福特 T 型车的时代以来，普通美国汽车的油耗表现几乎毫无变化，虽然发动机的效率大大提高，但这些汽车也变得更大、更豪华了，装满了各种各样的装置。而降低家庭用暖用电的成本，我们就会在家里装更多设备，换更大的屏幕。

## 地球已到达极限？

有些人看到未来的情形如此暗淡，于是得出结论：如果我们想确保我们对地球的索取没有超过我们对地球的贡献，唯一具有可持续性的解决方法是让人口数量大幅减少，以减轻地球的负担，比如减少到 20 亿。或者想办法限制发展，防止我们过上破坏生态的生活。又或者拥抱慢文化，从技术带来的快节奏中抽离出来，让生活更加宁静和充实。

这种想法的最极端形式体现在乌托邦式的权威主义，可以在类似拉吉·帕特尔（Raj Patel）的《价格战争》（*The Value of Nothing*）的书中见到，一些激进人士将这本书视作重塑世界经济的必读作品。帕特尔在这本书中宣称："如果要吃肉（我认为不应该吃肉），应该是全球定量供给，每个人每年 25 公斤肉、50 公斤奶——超过这些，气候就会受损……这意味着，每周最多两个香肠、一小块鸡肉、一小块猪排，牛奶只够吃麦片和喝茶时用。"

然而，我们在前几章看到的一切表明，要想让人们接受这些限制，十分困难。就算西方国家的我们能够克制自己，东方国家的数十亿中产阶级消费者真的会响应我们的号召，停止购买汽车和肉类吗？事实上，谁能告诉非洲苦苦挣扎的村民，他们必须为全球的利益牺牲自我？在全球范围内，约有15亿人无法享受电力供应，另有5亿人还在用煤做饭。即使化石燃料会使全球变暖加速，我们真的能不让他们发展吗？

我们不应该奢望人性转变，我们必须与人的需求和欲望的不满足作战。让我们回到里德·霍夫曼关于如何建立一家初创企业的说法——跳下悬崖，并在下坠的过程中组装一架飞机。但我们拿来冒险的不是一家公司，而是我们赖以生存的星球。鉴于踩刹车也毫无用处，我想我们最好的解决办法是快速发明一些翅膀。虽然这一点听起来让人很不舒服，但唯一能够现实地解决地球存在的种种问题，维持目前以及未来更多、更富有的人口的方法，正是当初让我们陷入这种生态破坏的技术、创新、贸易策略。

从表面上来看，这一论点可能听起来很疯狂，特别是如果你认为问题在于加速资本主义其自身，而非其恶劣的副作用的话。但有非常令人振奋的迹象表明，我们能够克服我们面临的问题。事实上，这些问题可能没有许多人担心的那么严重。

例如，回到食物生产这个话题，目前人类种植的粮食已经足够养活自己。问题在于，首先，许多粮食被用来制造生物燃料，或者用来饲养猪、牛、鸡；其次，有大量粮食被浪费掉了。我们生产的食物中，共有三成被农场、超市、消费者扔掉了。和提高能源效率一样，减少食物浪费也是一种双赢策略，因为在帮助地球的同时，也给我们省了钱。

我们并不用担心食物耗尽，至少目前不会。当前地球表面约有12%（约16亿公顷）的陆地面积被用于农业生产。在《疯狂抢夺》（本章的另一宝贵资料来源）一书中，保罗·麦克马洪引用了国际应用系统分析研究所的冈特·费希尔（Gunter Fischer）的研究成果：据估计，地球表面还有13亿公顷土地可供使用，如果我们愿意侵占森林或自然公园，甚至还有更多可以使用。麦克马洪指出，在俄罗斯和东欧，特别是在南美洲或非洲，有大量"土地储备"，南美洲和非洲都能轻易将其耕种土地的数量增加两倍。

再说产量差距的问题。麦克马洪说，目前西欧和东亚正在让现有的农业技术发挥出最佳效果，已生产出约90%的理论最大粮食产量，虽然确实造成了大量的土壤侵蚀，但这个问题可以利用其他农业技术，在不损失产量的情况下，将伤害降至最低；与此同时，在美国，这一数字仅为70%；在南美、俄罗斯和东欧，则不到50%；在撒哈拉以南的非洲国家，还不到25%。弗雷德·皮尔斯（Fred Pearce）在他用来揭露人口过剩的事实的《人口之震》（Peoplequake）一书中写道："非洲的问题在于农业不行，而不是人太多。"

不错，供水可能是农业扩张的一个限制因素，但欧洲只抽取了其6%的可再生淡水资源，亚洲也只抽取了20%。更重要的一点是，全球只有11%的农田灌溉使用的是喷水器，其效率要比传统方法高很多，而只有1%的农田使用的是滴灌，这种灌溉方法更加高效。麦克马洪说，目前只有极少数农田做到了每一滴水都用在了庄稼上，这在很大程度上是因为灌溉的水是免费的，于是农民并不在乎节约用水。

简言之，扩大和改进当前的农业生产，为世界提供食物和节约水的进程存在着巨大的进步空间。而世界人口正以每年8千万的速度增长着。然而，农业面临的主要问题常常是这些资源并不存在于被迫切需要的地方，特别是水。这一问题只有建设昂贵的基础设施才能解决，所以，问题并非无法克服。

有些环保主义者谴责"食物运送里程"（food miles），希望我们只吃离我们距离最近的地方种植的食物，然而他们谴责的这个问题并不重要。根据威尔士大学（University of Wales）的一项研究，从农场到杂货商店的产品运输只占其总环境影响的2%。此外，现代市场十分高效，产品运输轻松无比。事实上，和用小货车将当地农产品运到20英里开外的农贸市场相比，像沃尔玛这样的公司用一辆巨型卡车将满车的农产品运输300英里耗费的能量更少。同样，即使算上半个地球的运输，用草饲养出的新西兰羊肉和牛奶所造成的环境危害也远远低于用谷物饲养的英国同类产品。


## 农业新技术，不只转基因


一旦你将改良现有技术的种种可能考虑在内，情形将会变得更加光明。这也是加速的系统自身的必然趋势，因为这一系统致力于用最低的能量投入，生产最大量的食物。

在荷兰，有人提出建设"猪城"的想法。请设想一个76层高的农场，牲畜能在被宰杀前，在其中舒适生活，它们的粪便会被清理进沼气池。据计算，1000个按照类似方案设计的30层高的垂直农场，能满足整个伦敦的饮食需求。

更重要的是，随着信息革命到达巅峰，食物正受到供应链效率的全新影响。企业家杰夫·斯蒂贝尔（Jeff Stibel）写道："走在最前端的农产品公司用传感器测量不同土壤是否具有适当的水分和养分。多数公司会将这些信息发送给农民；另一些公司直接把信息发给施肥机器人，这种机器人会自动向那块土壤喷洒水分或肥料。"

然后是原料成分这方面。经过长期的监管延迟，"黄金大米"终于逐渐登上世界餐桌。这种大米富含 β-胡萝卜素，人体能将之转化为维生素 A。世界上每年有数百万人死于营养不良，这种大米有可能避免这一状况，也可以避免发展中国家数十万儿童患上可预防性失明。在以色列，科学家培育出无毛鸡。这些鸡可以承受热带气候，并且会占用更少的空间。其他创新者正在试验海上藻类养殖场，这种养殖场不仅能提供富含能量的肥料、食品和生物燃料，还可以吸收大气中的二氧化碳。

类似例子还有很多。荷兰是食品科学研究的重要基地，那里的飞利浦公司开发出了特殊的 LED 设备，能够准确地提供植物所需的波长，可以提高室内农业产量。还有人已经培植出耐盐马铃薯，并且研究出了如何用稀释过的海水进行灌溉。巴基斯坦目前正在种植数千公顷的这种马铃薯品种，那里有 2.5 亿人生活在被盐污染的土地上。与此同时，在美国，科学家已经研制出了"抗热"豆，能够在比普通品种的耐受温度高 3℃ 的气温下茁壮成长。

这些还不是最激进的创新，想象一下如果把我们对技术那样的颠覆性精神用在食物上会怎样。如今我们已经熟悉了转基因作物的概念，而且这种作物现已成为全球农产品消费的主要产品。但转基因作物的潜力仍然很大。绿色运动十分痛恨的农业巨头孟山都公司

（Monsanto）认为，转基因至少能将每英亩玉米的产量从200蒲式耳（约7.274立方米）增加到300蒲式耳（约10.911立方米）。一家名为FuturaGene的公司已经创造了一种用于木材贸易和生物燃料的桉树品种，其生长速度比一般品种高出四成。又是在荷兰，科学家消除了西红柿的睡眠需求，创造了一种全天24小时生长的品种，这种品种不需要每天8小时的黑暗环境。而多亏了计算能力的加速，另一种基因科学使克隆动物的难度和成本大大降低，确保了最健康、最有生产力的样本能够被保存，并得以进一步加强。

然而，这仅仅是开始。世界各地的科技公司及其创始人正着眼于自然世界。2013年8月，当第一个由人工牛肉〔由马斯特里赫特大学（Maastricht University）的牛干细胞种植而成〕做成的汉堡出现在伦敦举行的新闻发布会上时，据有关人士透露，主导这一项目的是谢尔盖·布林，谷歌公司的联合创始人。同样，在中国，互联网巨头阿里巴巴深具魅力的创始人马云已经向一家内蒙古乳品公司投资3.2亿美元。他绝非中国唯一的"农业科技"企业家，全球最大的个人电脑供应商联想的母公司，将农业列为五大重点投资领域之一。此类公司正将中国农业推向21世纪，农业产量也因此而持续飙升。

事实上，新兴的农业技术运动将颠覆精神运用到食物生产方式的例子比比皆是。在日本，东芝公司已将一家废旧的磁盘驱动器工厂改造成一个温室，每年生产300万棵生菜；这间温室十分干净（那里的"农民"身着生物防护服），所产植物不需要被清洗，而且不需要使用杀虫剂。麻省理工学院的迦勒·哈珀（Caleb Harper）开发了"城市农场"项目，使用传感器监测每个植物对水分、营养素和碳的需求，并且提供合适波长的光线，使植物的光合作用与味道最大化。这些技术减少了 98% 的用水量，使植物的生长速度提高了三倍，营养价值翻了一番，并且味道也得到了加强。

从摩天大楼到防空洞再到集装箱，都能运用这些种植方式。哈珀告诉《连线》杂志："这就不需要人们趁荷兰的夏天或西班牙的冬天采摘营养成分不成熟、缺乏味道的绿色西红柿，然后将其运送到数百公里外，用二氧化碳将其熏成红色了，你只需订购西红柿，它就会在距你几条街道外的地方被摘下，送到你手中时还很新鲜。"

哈珀认为，农业种植应该分成在田间种植的商品作物和高价值的易腐作物两种，后者可以种在餐馆的后院里。机器手臂在水果刚好成熟时，会迅速前去，将其摘下。在伦敦，一家名为"零碳食品"（Zero Carbon Food）的公司将废旧的地铁隧道改造成植物苗圃，将废水用在循环灌溉系统中，并将从奥运村回收的地毯粉碎，用来种植农产品。

或许，我们完全不需要种植更好的水果和蔬菜。《纽约客》最近介绍了一个叫 Soylent 的食物替代品，混合了人体所需的所有关键维生素、矿物质、氨基酸。Soylent 这个名字令人毛骨悚然，来自查尔顿·赫斯顿（Charlton Heston）主演的一部电影中的一种用人肉做成的特效食物。Soylent 由罗布·莱因哈特（Rob Rhinehart）创造，他公开自己的配方，众筹了资金，以进行进一步的研发。Soylent 自身并非毫无问题，当罗布向混合物中加入的钠太少时，他感到"头晕目眩"；当他加入太多镁时，他"感觉到整个身体都在剧烈疼痛"。虽然现在这种食物替代品狂热已经逐渐退去，但这一想法确实完全契合将三餐视作简短的必需品而非悠闲的享受的现代趋势——而且还省下了钱，节约了因去餐馆大吃特吃而浪费掉的食物。

汉普顿溪食品（Hampton Creek）等公司同样富有想象力，并且具有更强的能力。这些公司做的不是取代传统食物，而是彻底改造食物。这家旧金山的初创公司正在对全世界植物中发现的所有蛋白质进行编目，分析其构成和特性，然后将其重新组合，做出与现有产品完全相像的食品，或者创造全新的食物。该公司得到了比尔·盖茨和香港亿万富翁李嘉诚的融资，曾由 YouTube 的前任首席数据科学家短暂地担任过领导，但在销售过程中遇到了麻烦。不过，它用人造蛋制成的蛋黄酱，无疑是使用植物学专业知识和强大的计算能力研制肉类产品商业替代品的首次尝试。

这些公司不仅大多坐落在硅谷，有硅谷领军人物的支持，而且都具备科技公司那种超大的、富有颠覆性的野心。汉普顿溪食品公司的竞争对手之一 Impossible Foods（"不可能的食物"）承诺要做出"你这辈子吃过的最好吃的牛肉"，它们将一种特殊氨基酸和其他具有肉香的化学品加入从液化大豆、小麦和菠菜中分离的蛋白质里。其宗旨是彻底消灭养牛业，以此帮助人类拯救世界。

该公司创始人帕特·布朗（Pat Brown）称："我们对成功的定义是，从外太空看，世界的模样大不相同，而不是全食超市（Whole Foods）所描绘的那样。"并非只有他这样乐观。3D 打印技术的先驱比尔·奥尼尔（Bill O'Neill）希望我们能在家打印出许多这种奇怪的新型营养混合物，他预言，此类项目背后的生物物理学家将成为"本世纪的超级英雄"。

尽管短时间内我们不会都开始吃植物制成的汉堡，但以上这些事例以及另外几十项创新证明世界不会停滞不前。计算能力的加速提高，会帮助我们以前所未有的精准性理解生物学和遗传学，能够为巨大的进步开辟空间。例如，豆类或其他豆科植物总是被用作轮种植物，其原因在于这些植物具有将氮气直接从空气中带回土壤的独特能力。我们对作物施肥时，正是在人为模仿这一步骤，使用高耗能且释放碳的哈伯－博施法（Haber-Bosch process）制造氮气给土壤施肥。如果我们能够分离出根茎细菌（豆科植物根瘤的共生物）中的适当基因，我们就能取缔人工氮。这样既可以节省能量，避免肥料流失造成的污染，又可以帮助降低碳排放量。

## 未来是光明的

并不存在一个神奇的办法能够将世界上所有的生态问题全部解决。在未来的一段时间里，还会有许多人继续挨饿，生态系统的很多方面也会持续退化。在自然资源分配方面，这个世界仍旧非常不公平，甚至天平的倾斜还会继续加剧。然而，让我们陷入如此困境的大加速也正是我们摆脱困境的唯一方式，我们需要让养活自己的能力的加速度超过人口增长和我们的胃口增长的速度。

如果激励机制发生变化，其他变化也将自动发生。当出现某物稀缺的况状时，稀缺品价格上涨，这会刺激替代物的研发，就像能源的变化一样。相互的竞争也会确保更好、更高效的方法被采纳。地球的其他系统也会和食物系统一样经历这种变化。正如工业分析师彼得·马什（Peter Marsh）所说："人们担心自己制造的产品也正制造着环境问题，这种想法很正常。但对这一情形更确切的说法是：不是世界上的制造业太多，而是世界上有太多糟糕的制造业。"

随着物联网的发展，全球供应链变得愈加复杂、准确、自动化，并且大幅提高了能效，减少了浪费。同样值得注意的是，经济体系越复杂精密，全球供应链的效率就越高，消耗的资源也就越低。例如，1981年至2007年间，中国粮食产量增长了近200%，而肥料使用量仅增加了50%。未来，我们也许会开始在自己的家中通过3D打印生产商品，可以杜绝大量的浪费；或者我们可以使用更加复杂高效的纳米材料，这种材料可以回收再利用。

能源方面，在撒哈拉沙漠中安装太阳能电池板能够满足欧洲的大部分需求，此外还有冰岛的火山、挪威的河流。如果能破解核聚变，我们将获得无限的便宜且无污染的能量，这些能量可以用来淡化海水，为每个房屋和每个农场提供全部所需用水等各种用途。或者还有非常大的可能性，我们能捕捉火车或房屋使用过的能量，将其输送回能源网再利用。

甚至人类面临的最大挑战——气候变化，也能通过我们的聪明才智得以解决，或至少得到改善。最近，科学界和政治界正在就"地球工程"的伦理问题进行激烈的争论。"地球工程"是指刻意而非在无意间改变地球大气所含的物质，涉及的想法包括用铁屑向海洋施肥、促进藻类的生长（这些藻类能吸收多余的碳）、向平流层注入烟尘从而使太阳光线反射回去，以及像建设一个巨型轨道镜网络这样更加荒诞的想法。

有些人认为，这些想法大胆得有些过分，这些拙劣的尝试几乎是在用更多难以避免的生态破坏行为来为我们犯下的罪行赎罪，可以想见这些行为必定会带来意想不到的后果。其他人指出，我们已经在无意中做了很多激烈的干预，因而审慎地刻意做出一些也无可厚非。值得注意的是，在联合国为了说明气候变化的影响而作出的大量预测中，其中那个将气温升温控制在公认的安全阈值 2°C 以下的预测里，已经将地球工程的大规模使用算了进去，尽管这些技术的效果目前尚未得到证实。

必须明确一点，地球工程绝对是最后不得已才会做的选择。一方面，它可能会鼓励人们继续污染，因为他们认为技术可以解决问题；另一方面，和世界上的其他事一样，成本和收益会分配不均。

在所有提案中，最具说服力的可能是向大气中注入烟尘等气溶胶。即便如此，也会造成温带（富裕）地区降温幅度更大，而热带（贫穷）地区降温幅度更低的情况，这会改变全球天气的模式，天空的颜色也会因此而改变；而且，一旦停止注入气溶胶，地球气温将会迅速反弹至原来的变化轨迹，比起气温缓慢变化，反弹造成的转变会更加可怕。不过，我们可能别无选择。进行这样的赌博也许是防止我们生活的星球变得炽热难耐的唯一的短期主义解决办法了。

如果我们足够幸运，技术的加速进步可能会带来其他解决办法。在新泽西州，一位叫作克劳斯·拉克纳（Klaus Lackner）的研究人员研发了一棵人造树，这棵树枝叶茂盛，上面涂有一层碳酸钠树脂，吸收二氧化碳的效率是天然叶子的一千倍，并且还能将二氧化碳储存转化为小苏打。根据他的计算，一亿棵这样的树（大规模生产的话，每棵树的成本和一辆车的制造成本相同）可以吸收人类的全部碳排放。生产得越多，吸收得就越多，副产品还可以冷却储存，转化成环保燃料。不可否认，目前每去除一吨二氧化碳需要花费高昂的成本，但如果人们真的对这一问题十分重视，这也是众多可行的解决方案中的一种。

归根结底，全球变暖可能像大加速的其他许多副作用一样，不过是所谓的"假蜜蜂问题"：哈佛微机器人实验室为了解决"蜂群衰竭失调"（Colony Collapse Disorder）造成的蜂巢数量下降问题，生产了微型机器人帮助植物授粉。

对环保游说团体来说，因为人类的无知而损害了大自然创造的系统，所以人类需要生产出这样的东西，真是莫大的讽刺。这种想法有其道理，但我们面对的严酷事实是，如果伤害已经造成，有办法解决总好过一筹莫展。我们可能觉得，我们想出的解决食物需求、能量需求、碳排放问题的许多方案毫无美感可言，毕竟没人会觉得无毛鸡好看。但是，我们能找到解决办法，并且这些解决方案能随着大加速带来的越来越先进的技术和设备发挥作用。虽然我们可能只会在其他办法皆已穷尽的时候，才会使用这些解决方案，但当直接的成本和收益计算最终指向正确的方向时，我们一定会用。

对于我们作为一个物种所面临的问题，当然不能过分乐观。正如大家所见，大加速的许多方面与我们的长远利益相悖。在金融方面，短期投资者可能还没等到解决我们面临的最大问题的项目出现成果，就失去了耐心。所以，在核聚变等项目中，我们只能寄希望于深谋远虑的长期政府投资，这类项目可能是长达数十年、需要数十亿美元资金投入的坑，也可能是人类经历过的最激动人心、最具变革性的冒险，这要看你怎么想。

颇具讽刺意味的是，现代经济趋向巨型化的一大益处是：创造了庞大的硅谷公司，其所有者不受股东压力的影响，可以认真考虑向政府投资大量资源，发展自动驾驶汽车、太空电梯，通过卫星或气球向全球提供超快速 Wi-Fi 之类的"登月"项目。而这些项目不仅有益于人类，还会进一步推动大加速的进程。

改善监管也会有所帮助。我们面临的许多问题之所以会出现，是因为资本主义制度没有考虑外部因素（产品的环境和物力成本）的固有能力。很多原材料的再生能力是有限的，随着黄金、钕、水等资源的愈加稀缺，它们的价格会上涨，从而反过来改变生产者和消费者的行为。而世界上目前还没有相关机制能让一家化肥公司将因清理其产品造成的硝酸盐流失的成本算在销售价格中，或者让石油公司为其出售的每桶汽油造成的万亿分之一摄氏度的地球升温付出代价，或者让西班牙种植草莓的农民和加利福尼亚种植橄榄的农民补偿他们正在抽取的含水层的水。

倾斜税收制度，使生产者更多地考虑到其产品的全部成本（包括环境成本），并不是反对资本主义制度之举，相反，这样做会让这一制度正常运转，确保它没有短期剥削共享资源的倾向。此外，这样做还会提供一个更加可持续的框架，让大加速的经济要求以及硅谷的颠覆性影响在这个框架内发挥其应有的作用。例如，经证明，碳税和排放权交易这两项基于市场的措施，能够以低成本减少排放。

当然，这些举措不受选民欢迎，因为它要求人们现在为他们以后造成的危害付费，然而结果正如我们所看到的那样，选民很快就会接受这种痛苦。但这些举措也容易受到没有收取此类费用并从中获利的"搭便车"国家的削弱。如何解决这个问题，是目前政治面临的巨大挑战之一。垂直农场或人造肉也许在先期需要一些税收优惠助力，但只要成本划算，就一定会在市场中出现。然而，撒哈拉地区的地球工程或太阳能农场则需要那些狡猾的、注重短期收益的政治家坐下来，互相协商，这件事至今尚未取得显著成功。

就像我们面临的其他许多问题一样，我们面临的农业问题和环境问题远非不可解决。在未来的几十年里，我们的星球和我们的物种要走的道路虽注定坎坷不平，但正如马克·莱纳斯在他调查人类对地球影响的《神一样的物种》（*The God Species*）一书中所说，并没有令人信服的生态原因说明"世界上的每个人在下一个五十年不能享受与富裕国家同一水平的繁荣"。没错，无情的加速进程为我们带来许多生态问题，但也向我们提供了用发展和智慧解决这些问题的工具。我们要做的就是明智地使用这些工具。

# 结 论

机器人对每个人的威胁，就像是白人对印第安人的威胁。

——库尔特·冯内古特（Kurt Vonnegut）

本书主要探讨了大加速正如何改变我们的社会。在各个领域，大加速进程正在颠覆我们的生活，这种颠覆对我们既有利又有害，在为我们带来新机遇的同时，也带来了新的危险。

我们很容易对这一过程感到悲观，认为其坏处超过好处。无疑，其恶劣影响确实更容易见诸报端，引起人们的注意。比起了解高频交易悄无声息地在数十亿交易中节省出几分钱，从而抬升了所有储蓄和养老金的价值，想象高频交易造成的噩梦般的股市崩盘更加容易；面对信息媒体，比起接受孩子们的大脑基本没问题，想象屏幕发出的闪烁的光正在摧毁他们的大脑更加容易。然而，归根结底，加速是我们渴望也应得的东西。对紧跟其上的多数人来说，大加速提供了一条通往更方便、更舒适生活的捷径。

然而，在本书结束之前，还有最后两个问题值得探讨。首先，有什么东西能破坏大加速进程，或者使之骤然停止？其次，大加速正将我们带向何处，加速的未来到底是什么模样？


## 衰老的星球居民

人们对于大加速最常见的一种反应是，要求回归缓慢，渴望可以回到生活更简单、更容易理解的时候，或者至少停下来喘口气。正如我们所见，有些人表示，环境的崩溃能迫使我们重新思考什么更加重要。也有人发出了有关长期经济危机的警告，因为庞大的资本主义机器一味追求短期利润，不顾长期繁荣。还有人担忧我们目光短浅的短期主义行为会阻碍创新，例如，美国对基础设施的投资现在处于二十二年来的最低点。

但是，回归缓慢毫无可能性。正如本书所表明的那样，加速已经深入系统骨髓，要想将其剔除，发生巨大改变的不仅是我们周围的环境，还有我们的生理系统。即使西方真要从匆忙和喧嚣中撤退，也为时已晚——病毒已经逃出实验室，世界上的其他地区已经感染上了消费、创新、颠覆的欲望。

然而，也有人指出了大加速的又一个祸根：老龄化。在撒哈拉以南的非洲地区，年龄中位数（median age）目前只有不到 20 岁；在印度，大约是 27 岁；然而在中国，这个数字要高出整整 10 岁；而在日本和德国，要再高出 10 岁。全球范围内，年龄中位数正在快速上升。老龄化的社会（由于女性往往比男性寿命更长，也将是一个更加女性化的社会）显然会对医疗保健和养老金体系的成本造成巨大影响。对此，西方已经难以应对。

老龄化会影响我们成为什么样的人。一颗衰老的星球可能不太会关心颠覆性创新，而是更关心安全性和熟悉感，弗雷德·皮尔斯在其著作《人口之震》中将这样的社会描述为"一个稳定、睿智，已经褪去青春期的焦躁，进入安稳中年的社会"。确实存在着有趣的证据支撑这一想法：美国生物学家罗伯特·萨波尔斯基进行了一系列实验，研究人们的兴趣如何随着年龄而变化。他发现，到了三十五六岁，最晚四十多岁，我们就会对新音乐、新美食、新习惯普遍失去兴趣——我们已经找到了喜欢的东西，并且会坚持这些喜好（如果你的父母对寿司等新菜式有所疑虑，想想这点）。

与此同时，也有各种与之相反的趋势。首先，在颠覆和加速的环境下长大的一代人有可能更愿意更新自己的兴趣——不是每个家庭都有老奶奶对 iPad 或脸书兴趣盎然的故事吗？其次，创新是个人洞察的结果，在很多时候也是协作的结果，会有比以往更多的人能够并且擅长这种协作。例如，印度每年为全球增加数千名合格的工程师和企业家；我们还看到，中国正以生产智能手机的速度培养博士。

随着智力取代体力成为经济成功的关键，这种劳动者还能再投入工作数十年。硅谷的例子已经充分说明，只需要几个奋发努力、资金充足、富有远见卓识的人，就能颠覆一个又一个行业，推动加速进程继续向前。因此，老龄化带来的也可能是创新类型的变化：将来的风险资本家投资的可能不是青少年使用的聊天应用，而是个人护理机器人、远程医疗系统，或者帮助老年人走路的骨骼增强器。

## 充满可能的未来世界

就算由于某种未知的原因，人性安定了下来，也无法减缓推动大加速的另一种力量——越来越快的技术进步。正是这一点，真正地在承诺（或威胁）要改造我们的生活，而我们也只能被迫承受。**我们脑中的未来常常比如今的世界更加快速，而且，未来的景象很可能将超出我们的想象。**

到目前为止，加速进程一直集中在信息技术和生产力领域，但这两个领域的加速发展已经逐渐对社会经济的其他领域产生了激烈影响。然而，当如此强的原始计算能力和数据处理技术被应用在了生物学或材料科学领域时，会发生什么？

正如我们能筛选数据，并将其分解成不同组成部分一样，信息技术很快也能赋予人类破解遗传密码或物质本身的能力，我们可以将其重建，形成新异的排列。超导石墨烯、透明铝、合成元素、可修复和复制自身的结构、纳米材料等等，这些都有望改变我们周围的世界以及我们对它的影响。

至于生物学，由于计算能力的加速，如今在车库中（或通过邮递样本）就能进行基因测序，而同等水平的基因测序曾经需要在装满世界上最强大计算机的实验室完成。J. 克雷格·文特尔（J. Craig Venter）是世界上首个人工细菌 Synthia 的创造者。他明确表示，希望将生物学转化为工程学，重新混合生物体，使其具有更好、更方便的形状。我们已经创造了乳汁中能提取蜘蛛丝的山羊；类似乐高玩具的 DNA 生物构建模块"生物积木"（BioBricks）能够拼接在一起产生优良的酶或蛋白质，为进一步创造提供了近乎无限的可能；有一种已经提出的构想，如果能将土壤装在小瓶中送到火星上，也许能转化成夯实的建筑材料。

正如大加速的其他方面，可以想见，这些发展将会带动其他领域的发展，而其中许多可能令人不快或担忧。尽管执法部门尽了最大的努力，但网上教人们如何使用 3D 打印技术——以一袋塑料或金属粉末为原料生产出属于你自己的手枪——的视频已经被下载数千次。在本文撰写时，一台能够制造枪支的 3D 打印机的价格在10000 英镑左右，但等这本书上架时，价格应该已下降了很多。美国已经开始实施一项秘密计划来保护总统的 DNA，以免被外国势力收集。他们还反过来收集外国领导人的遗传物质。也许要不了多久，白宫的主人（或者生物技术公司的一名心怀不满的员工）就能发射一种病毒炸弹，专门研制出来针对普京或某个特别令人讨厌的老板。

这些基因黑客的攻击也许听起来来有些牵强，不过我们可以设想一个思想实验：一个开明的新型独裁国家，比如新加坡，宣布其科学家分离出一组基因。他们认为这组基因决定了人类的智商，于是从现在开始，全国的胚胎将会经过筛选，剔除那些基因不正常的胚胎，或者，随着基因科学的进步，调整这些基因，确保其正常。想象一下当新闻中充斥着这个爱因斯坦之国的消息时，其他国家的一些父母受其压力也会跟着这样做，大家唯恐在基因军备竞赛中落后。

你甚至都不需要让基因科学超过目前的水平。一种名为CRISPR 的非常强大的新技术让编辑人类或动物的基因组像编辑Word 文档那般容易。生物工程师用它来复制和粘贴基因，使酵母消耗植物物质并排出乙醇（一种有可能拯救地球的生物燃料）。而在中国，生物工程师也在用它改变无法存活的人类胚胎，试图（尚未成功）纠正特殊的基因突变。

以人类目前的基因技术，不需要走到那一步，就能产生影响。即使不能从头开始塑造更好的新型人类，从理论上来说，基因工程也能从一对夫妇的 20 个样本中挑选出"最佳"的精子和卵子组合，然后用它们培植更多精子和卵子，与其他的配对。经过几代，你就能拥有一个完美无缺的人类版本。

这一前景有多令人兴奋，就有多令人恐惧，特别是它将现有的贫富差距变成了真正难以跨越的巨大鸿沟。不过，令人感到安慰的是，想象一下这种超级人类在具备了所有工程、数字、遗传技术的知识储备后，能力会有多么强大。尼克·博斯特罗姆（Nick Bostrom）说："想象一下，在一个普通人都具备艾伦·图灵（Alan Turing）或约翰·冯·诺伊曼（John von Neumann）的智力水平的世界，人工智能领域的进展速度会出现什么样的变化？"

当然，目前我们多数人的关注点都聚焦在数字革命上，特别是希望计算机能更好、更快、更便宜地完成我们的工作这一想法上。用专业术语说，就是所谓的"资本偏向的技术变革"——资本和劳动力之间传统的收入分配正不可避免地倾向于前者，也就是拥有最好的计算机和最快的机器的人。本田公司最近在日本本土开设了一家超精密的超自动化工厂，如果其技术在全球汽车行业得到推广，生产相同数量汽车所需的员工人数将低于 100 万人，比目前的所需人数低了一个数量级。

随着机器人和算法的复杂性成倍增长，越来越多的行业面临着消亡，比如堆放工、作曲家、外科医生、会计师、记者。现在有许多人认为，这些创新虽然对整个人类大有裨益，但比起它创造的就业机会，它其实摧毁了更多的就业机会。富士康是一家生产 iPad 以及成千上万其他商品的中国公司，这家公司近期宣布扩大一百

倍的机器人使用，因为人力越来越贵。美国有一种新型工业机器人
"Baxter"，其创造者声称它能执行与人类所做相同的任务，但每小
时只用花费 3 美元。科技初创公司是很好，但与传统工厂相比，它
们雇用的人很少。

即使情况极其乐观，自动化创造出了我们难以想象的产业和机
会，我们还是有可能不再为大体量的公司工作，而是做着零散的创
造性工作，或者沦为家庭佣工，过着更加零碎、散乱、不确定的生
活（前提是假设新的统治阶级还喜欢使用老式的人类创造者或人类
服务人员）。而如众人所见，政治和政府在应对这些变化方面，难以
避免地动作迟缓。

因而，被这种新的生活方式赋予权力的人与那些落后的人之间
的隔阂很可能会进一步加剧。这转而会造成更多的政治混乱，特别
是考虑到这些新技术在使这个世界变得更加奇妙的同时，也使其变
得更加脆弱、疯狂了。

已经有人提出，伦敦、硅谷、谷歌应该发挥其自由意志，脱离
它们所在的这个无可救药的世界。他们认为，民族国家正在一个漏
洞百出、陈旧不堪的代码库上运行，需要重新启动。然而，这种想
法在短期内，甚至中期内，都是不可能发生的。所以我们需要那些
富有想象力和远见卓识的政策制定者，想出种种方法，使得我们能
够平等地分享颠覆的成果，以免少数人的技术乌托邦成为多数人的
反乌托邦。

## 人类的最后一项发明

在这种计算机能力加速的背后，还有一个更具革命性的可能——随着我们与人工智能和机器人的融合，或者是被直接替代，"人类世"可能会迅速让位于"技术世"。这将会随着所谓的"最后一项发明"的出现而发生，即一种足够聪明、能够自我升级的人造智脑。到那时，人类的存在就会变得无关紧要。

雷·库兹韦尔认为，要到达这点（他称为奇点），很可能要通过"非生物大脑皮层"（nonbiological neocortex）的开发，让这种设备能够嵌入我们身体，或者更可能的是，成为云的一部分，从而增强我们大脑的计算能力。他说："我们已经将自己的大部分个人、社会、历史、文化记忆外包给了云，最终我们也会外包我们的等级思维。"

对库兹韦尔来说，未来是很奇妙的，智能纳米机器人在我们的大脑和血液中游走，清除我们的缺陷，提高我们的身体性能。他指出，我们已经创造出了血细胞大小的设备，可以检测并摧毁癌细胞，或者产生胰岛素，抵消糖尿病的影响。牛津马丁学院的纳米生物学家索尼娅·特里格罗斯（Sonia Trigueros）创造了新的纳米级抗菌药物和碳纳米管，可以将化疗药物直接送入细胞，并且能在 25 小时内杀死 95% 的癌细胞。

如果计算机能力的成倍发展也能反映在这个领域，这些医疗设备会在三十年内变强十亿倍。到那时，我们便能毫无障碍地进行终极升级，从生物体转变成数字化大脑。数字化大脑理论上由"计算质"（computronium）构成，是一种假设性物质，其中原子的排列能使计算达到物质可能达到的最快速度。库兹韦尔滔滔不绝地说道，

"随着时间的推移，我们将把我们身处的这个银河系的小角落里适合这一用途的大量质量和能量转化成'计算质'"，到那时，唯一需要担忧的就是我们在向星辰进军时的光速限制。

然而，其他人对未来的挑战没有这么乐观。英国前皇家天文学家马丁·里斯（Martin Rees）教授对此十分担忧，他甚至和其他重要思想家（包括 Skype 的一位联合创始人）联手在剑桥大学建立了一个新的研究所：生存风险研究中心（Centre for the Study of Existential Risk）。他们担心生物技术、纳米技术和人工智能会造成情况快速地、大规模地恶化，以致人类无法及时做出反应：相当于股市的闪电崩盘，但发生在真实世界。

虽然这可能听起来有些牵强，但他们想出的情况异常逼真。恐怖组织、心怀不满的实验室工作者，甚至天真的理想主义者都可能策划出一场超级瘟疫。例如，美国威斯康星大学麦迪逊分校的科学家人工研制了一种几乎和西班牙流感（在一战后造成数千万人的死亡）完全相同的病毒，然后试图发表他们的成果。还有，地球有可能发生灾难性的气候变化，或者一个或多个国家在试验和运行地球工程时出现可怕的错误，这些都会导致所谓的"闪电崩盘"。此外，还有所谓的"回形针设想"（paperclip scenario）*。

这是尼克·博斯特罗姆提出的思想实验，他率先警告，人工智能在带来巨大机遇的同时，也将带来种种灾难性危险。这个思想实验的基本论点是，第一个真正的人工智能（AI）不可能和我们从科幻小说中看到的有任何相似，不会像托尼·斯塔克（Tony Stark）

---

* 回形针设想是指设想某人因为回形针不够用，于是为 AI 设定了一个要求它最大限度地生产回形针的目标，AI 为了这个目标想尽所有办法生产回形针，在用掉可以调用的所有资源后，AI 消灭了人类，继续生产回形针。

的搭档JARVIS那样是具有人类声音的C3PO型帮手，也不会像《终结者》（*Terminator*）中的天网那样拥有狂妄自大的邪恶力量。相反，其智慧不可能和人类有任何相像之处。

这点为何如此重要？因为它会以与我们截然不同的方式看待世界。假设你为这种人工智能设置了一项简单的任务：比如将核心编程设置为最大限度地生产回形针，或计算圆周率的值，或解决黎曼假设。为了实现这一目标，人工智能的行动逻辑将会是最大限度地利用它所拥有的资源——即使这些资源已经被人类占用。

如果人类变成了阻碍，人工智能可能会生产出一种自我复制的纳米神经毒气，这种气体会从地球的每一个角落产生。又或者，如博斯特罗姆所说：

> 如果人工智能判定它当前无法战胜人类，那么人工智能可能会选择先不直接针对人类。由于人类会因生存的地球环境遭到破坏而灭亡，于是人工智能开始让纳米技术工厂和装配机进行大规模的全球项目建设。这种建筑项目可能是在几天或几周内，快速在整个地球表面建造核反应堆、带有冷却塔的超级计算设施、太空火箭发射器或铺设太阳能电池板等各种装置，人工智能的目的是让所有这些装置都为它的目标贡献最大化的价值。

一旦整个太阳系变成计算质或回形针，那么人工智能就可以用含有自身代码的冯·诺伊曼探测器进军星辰，在整个宇宙中不断自我复制。即使是一条看似良性的命令，例如，将人类的幸福感最大化，也可能产生意想不到的后果，因为人工智能会让我们不断体验一种神经上的幸福感，就像是《黑客帝国》（*The Matrix*）的终极版本，只不过是由我们自己愚蠢的指令造成的。

这可能听起来像是危言耸听，或者有些荒谬可笑，但是博斯特罗姆和这一领域的其他人都相当充分地说明了我们为什么理应感到恐惧。真正的人工智能（可以定义为具有自我升级能力的计算机）可能会在"军备竞赛"的环境下出现，因为在这种环境下，人们的主要目标是先让人工智能发挥作用，然后才是担心其后果。

控制世界上第一个超级人工智能的前景是如此具有诱惑力，任何人都可能因此而走捷径。我们能够理解为什么金融公司或国家军队特别想开发能够智胜对手的人工战略家，因为它可以改善自身，使自己的速度超越所有对手。然而，即使这些人工智能的本体被装在"黑匣子"中，不能影响外部世界，看似友好，而一旦被释放，考虑到其极高的智力和能力，如若它们开始谋求自身目的而非尊崇我们的目的，我们将束手无策。

真正的人工智能的思考和行动速度可能是人类无法比拟的，就像流氓算法（rogue algorithm）能在人类未及时按下停止按钮前对金融市场造成严重破坏。正如博斯特罗姆指出的那样，尽管我们认为傻瓜和天才的智力千差万别，然而从宏观角度来看，二者实际上无甚差别；和一条狗或一只蜥蜴相比，爱因斯坦和典型的真人秀电视选手都很聪明，然而和智力能够随着硅谷的速度而非进化的速度提高的人工智能相比，他们显得很傻。

即使像库兹韦尔预测的那样，未来的超级智能也许是人类和机器智能的融合，而不单纯是人工智能，那么他们也可能会迅速演变成完全不同而且极其独特的生命体。想象一个比人类更聪明的大脑，遨游在奇妙的数字王国中，为了想方设法提高自身的智力或者整个集体的智力，生成了几十个或一百万个自己的副本，这将是一件轻而易举的事情。博斯特罗姆说，人类可能会发现自己"在一两个小时内就被赶下了智力最高的位置"。

博斯特罗姆说："在智能爆炸发生之前，人类就像是小孩子在玩炸弹。玩具的威力和我们的幼稚行为之间存在着巨大的不匹配……现在玩炸弹的小孩子不止一个，而是很多个，每个都能使用一个独立的触发机制。要求我们所有人都恢复理智，放下手中危险的东西，其可能性微乎其微，甚至可以忽略不计。"因而他认为，发展超级智能"很可能是人类有史以来面临的最重要、最艰巨的挑战"，也很可能是最后一个挑战，因为它将夺走人类的决定权，无关好坏。

当然，也可能会出现一些难以克服的障碍，使得计算机无法实现真正的感知或者与之相仿的能力。不过，正如我们在金融市场中所见，不需要智能，算法也能造成严重破坏。无疑，如今这方面最好的尝试也十分粗糙。比如，本田耗资数百万美元研制的 Asimo 机器人可以模仿某些人体动作，但只能以一种怪异的半蹲方式四处行走。它能拿喝的东西给你，但你需要花大量时间预先把吧台和桌子的位置编入程序。

即使计算机仍然只是我们使用的工具，这个工具也是拥有强大能力的工具。IBM 的早期人工智能 Watson（为了问答节目 Jeopardy 而设计）现在用于医疗诊断，其服务器上有数百个版本在同时运行着。《连线》杂志的一项研究发现，对人工智能的私人投资每年增长 62%，而这些研究成果很快就能被用来支持亚马逊的推荐或谷歌的搜索引擎。根据这份研究报告：

和所有公用设施一样，即使人工智能改变了互联网、全球经济和人类文明，它也将变得极其稀松平常。人工智能会让没有活动能力的物体活跃起来，就像一个多世纪以前的电力一样。之前通了电的所有事物，如今都被我们欣然接受了。这种新型的公用人工智能提高的不仅是我们的个人能力（加深我们的记忆、加快我们的识别速度），更是人类这一物种。

因此，博斯特罗姆的警告可能不会成真。人工智能很可能是逐渐而非爆炸性地进入我们的生活，就像是一个受欢迎的却不会逾矩的热心朋友，在它的帮助下，我们会越来越擅长解决人生道路上的困难。当然，如果他所说的情况有任何极小的可能会出现，我们理所当然地应投入必要的时间和才智加以阻止。随着很多人因使用这些新型计算服务而变得更加聪明，会带动更多的人去使用，形成良性循环，这也恰好体现了我们在其他领域看到的相同的巨型化倾向。

正是由于这一原因，任何类型的"智力爆炸"都会得到高度关注，无论它是以何种形式发生——生物、科技或者两者混合。如果某人、某物或某团体的智力因此而得到提高，超过了人类的基准，即使是一点点，那么理论上，它就能借此优势继续提高；而其速度之快，远非人类所能赶上。这样的变化可能发生在几十年间，也可能发生在几分钟内，不管怎样，必然都会造成巨大的破坏性结果。

到目前为止，我们所看到的一切迹象都表明，我们几乎一定会毫不迟疑地投入对超级智能的创造中。毕竟计算机速度和我们自身性能的提高可以很快就带来回报，也许不会为我们所有人，但肯定会为广大消费者和少数拥有相关设备和工序的企业家带来回报。如果有一样东西放在受大加速影响的各个领域——从金融到我们的社会习惯再到环境的状态——皆准，那就是我们愿意为了当下的便利，不顾未来面临的风险。而从各方面来说，对超级智能的渴求都将成为这一趋势的终极表现。

我们的社会，各个领域都在快速发生变化。东方正在崛起，西方正在衰落，旧有的确定性和习惯被抛弃。数字精英们宣称，他们要颠覆我们的家园、工作、食物、基因，甚至生死本身，而我们大概也只能为他们加油。

　　回想本书开头的情景，在新兴大都市中，人们的步伐越来越快。他们是在满怀信心地走向成功的未来，还是在匆匆追赶？他们的步速加快，是因为他们想要如此，还是因为他们被迫如此？答案是两者兼有。

　　21世纪社会的本质或者说它的基本驱动，就是加速。正因为如此，速度目前是，而且以后也会是我们生活中最重要的力量。这一过程在带来奇迹的同时也不可避免地会带来恐惧，毕竟加速的代价是前途注定颠簸不平。无论如何，在时代的潮流下，被匆忙裹挟的我们必然要拥抱这样的未来。

# 致 谢

首先，读者，谢谢你，谢谢你和我一起坚持了如此之久。(除非你是我的一位朋友，直接翻到最后，看是否提到了自己的名字，如果是这样，你应该感到羞耻。)我希望这本书读起来的感受就像我写它时那样有趣。

其次，无论是否出现在本书中，我还是要感谢那些同意接受采访的人。感谢书中提到的所有作者，是你们的书籍、文章和研究帮了我大忙。然而限于篇幅，我只能列出一小部分。不过，robertcolvile.com 网站上有本书涉及的每个主题的阅读清单，还有一些新文章。请一定上来打声招呼。

这本书虽然探讨的是速度，却花了很长的时间才完工。而没有很多人的帮助，这本书根本就不会存在，他们是：迈克尔·菲什威克（Michael Fishwick）以及 Bloombury（布鲁姆斯伯里）出版社的所有人，他们愿意在一个新手作者身上冒险，并且对他付出了极大的耐心；艾莉·詹姆斯（Elly James）是第一个相信这本书的人，然后她又将接力棒交给了她的同事希瑟·霍尔登－布朗（Heather

Holden-Brown）；安德鲁·怀特（Andrew Wright）给我混乱的初稿带来了秩序；朱莉娅·金斯福德（Julia Kingsford）、亨利·沃伦纳茨（Henry Volans）、卢克·麦吉（Luke McGee）、哈里·威尔逊、安杰拉·拉塞尔斯（Angela Lascelles）、乔恩·科尔曼（Jon Coleman）以及其他人，他们都读过本书的不同篇章和版本，并且给出了鼓励和批评。

还有很多人，以大大小小的方式帮助过我：埃德·郝克、马克·福赛思（Mark Forsyth）、尼尔·奥布赖恩（Neil O'Brien）、马克斯·彭伯顿（Max Pemberton）、戴维·博达尼斯（David Bodanis）、科尔维尔一家、科尔曼一家、佩勒姆（Pelham）一家以及其余长期容忍我的朋友们。我在《每日电讯报》和BuzzFeed的所有同事：莉兹·亨特（Liz Hunt）、罗杰·海菲尔德（Roger Highfield）、伊恩·马丁（Iain Martin）、弗雷泽·纳尔逊（Fraser Nelson）、本·布罗根（Ben Brogan）、托尼·加拉格尔（Tony Gallagher）、布莱尔尼·戈登（Bryony Gordon）以及其他许多人，感谢你们给我的机会和灵感。要特别感谢克里斯·迪林（Chris Deerin）、萨莉·查特顿（Sally Chatterton）以及《每日电讯报》评论团队的其他人，没有你们，这本书就不会存在，是你们的无情嘲弄鞭策我最终动笔写出这本书。

还有很多人我应该感谢，所以如果没有提到你，而你觉得应该提到，请收下我的谢意。最后也最重要的是，我要感谢我的儿子爱德华（Edward）（他对本书撰写的贡献十分有必要提及），还有他的母亲安德烈娅（Andrea）。像她这样对丈夫书中的每一页进行校对的妻子实在难得。更加难得的是，她容忍我在蜜月期间写出了一章。

我很幸运，感恩一切。

## 大加速：
## 为什么我们的生活越来越快

[英]罗伯特·科尔维尔 著

张佩 译

**图书在版编目(CIP)数据**

大加速:为什么我们的生活越来越快/(英)罗伯特·科尔维尔著;张佩译.—北京:北京联合出版公司,2018.12

ISBN 978-7-5596-2771-1

Ⅰ.①大… Ⅱ.①罗…②张… Ⅲ.①社会学—研究 Ⅳ.① C91

中国版本图书馆 CIP 数据核字 (2018) 第 257326 号

THE GREAT ACCELERATION:
HOW THE WORLD IS GETTING
FASTER, FASTER

by Robert Colvile

北京市版权局著作权合同登记号 图字:01-2018-7648 号

| | | |
|---|---|---|
| 选题策划 | 联合天际 | |
| 责任编辑 | 管　文 | |
| 特约编辑 | 何　川 | |
| 装帧设计 | 左左工作室 | |

未读
UnRead
思想家

关注未读好书

| | | |
|---|---|---|
| 出　版 | 北京联合出版公司 | |
| | 北京市西城区德外大街 83 号楼 9 层　100088 | |
| 发　行 | 北京联合天畅文化传播公司 | |
| 印　刷 | 三河市冀华印务有限公司 | |
| 经　销 | 新华书店 | |
| 字　数 | 260 千字 | |
| 开　本 | 880 毫米 × 1230 毫米 1/32　11.25 印张 | |
| 版　次 | 2018 年 12 月第 1 版　2018 年 12 月第 1 次印刷 | |
| I S B N | 978-7-5596-2771-1 | |
| 定　价 | 68.00 元 | |

未读 CLUB
会员服务平台